# MÉMOIRES

DE

# LOUIS XVIII.

IMPRIMERIE DE VANDERBORGHT FILS.

# MÉMOIRES
## DE
# LOUIS XVIII,

RECUEILLIS ET MIS EN ORDRE

PAR M. LE DUC DE D****.

TOME PREMIER.

Bruxelles;
LOUIS HAUMAN ET COMP<sup>e</sup>.

1832.

# MÉMOIRES
## DE
# LOUIS XVIII.

## CHAPITRE PREMIER.

Préambule. — Naissance de l'auguste auteur de ces Mémoires. — Les Enfans de France. — Le gouverneur. — Le précepteur. — MM. de La Vauguyon, Coëtlosquet et Radonvilliers. — Les gentilshommes de la Manche. — Réflexions d'un prince sur les princes. — Le dauphin. — La dauphine. — Leur mort. — La marquise de Pompadour. — La comtesse Dubarry. — Vie des jeunes princes. — Éducation. — Règles de conduite. — Contraste des frères. — Calomnies réfutées. — Louis XVI.

L'histoire se charge d'écrire la vie des rois ; mais il n'est pas défendu aux rois de préparer des matériaux à l'histoire. La Providence m'ayant réservé, dans ses secrets desseins, la glorieuse quoique pacifique mission de relever le trône de saint Louis pour réconcilier la France avec l'Europe, je puis me flatter que la postérité ne dédaignera pas de connaître les vicissitudes de l'existence agitée qui a été mon partage, depuis mes premières années jusqu'au jour où, après vingt-cinq ans d'absence, je suis venu attacher mon nom à l'ère constitutionnelle du royaume.

J'aime aussi à me persuader que j'écris ces Mémoires pour le plaisir tout littéraire de les écrire : cette occupation fut quelquefois une consolation si douce pour moi dans l'exil, que je me croirais en quelque sorte ingrat de la négliger sur le trône. Si un jour ces pages, confidentes de mes souvenirs, sont ouvertes à la postérité, on y aura respecté, j'espère, ce cachet de narration familière qui autorise tantôt les minutieux détails, tantôt les omissions capricieuses d'un écrivain qui a désiré s'affranchir de l'étiquette du style historique. Quand j'ai laissé publier de mon vivant un extrait de ces Mémoires (1), je voulais connaître par anticipation quelle différence il y avait entre les éloges des courtisans et la critique. On ne m'accusera pas d'avoir revendiqué en cette occasion les priviléges de mon titre. J'ai prouvé que le roi qui a donné la Charte pour détrôner le despotisme et l'anarchie, savait observer religieusement, comme auteur, les lois de la république des lettres.

Je pourrais me dispenser ici de parler de mon origine et de ma naissance, car c'est une affaire

---

(1) S. M. fait ici allusion au *Voyage de Paris à Bruxelles*.
(*Note de l'Éditeur.*)

de généalogiste ; mes armoiries sont celles de la première nation du monde. Je serai donc court sur ce chapitre. Je naquis à Versailles, sur la paroisse de Notre-Dame, le 17 novembre 1755, troisième enfant du dauphin. Mon frère aîné portait le titre de duc de Bourgogne ; le second le titre de duc de Berry. Je reçus celui de comte de Provence. En attendant la cérémonie du baptême, on m'ondoya par précaution, et l'on me donna en 1762, sur les fonts baptismaux, les prénoms de Louis-Stanislas-Xavier. J'acquérais par là dans le ciel trois patrons au lieu d'un, et sur la terre deux protecteurs dans les personnes de mon parrain et de ma marraine, dont le premier était mon aïeul en ligne directe.

Le dauphin mon père voulut que nous fussions élevés, mes frères et moi, en fils des rois très-chrétiens. Si je ne suis pas dévot, ce n'est pas la faute de notre gouverneur, ce bon duc de La Vauguyon, qui eût mérité la canonisation, si ce n'était ses complaisances pour madame Dubarry. Qui sait même si, dans sa charité de courtisan envers cette illustre pécheresse, il ne se croyait pas un peu excusable en se rappelant avec quelle indulgence le fils de Dieu avait sur la terre traité sainte Madelaine et la Cananéenne.

Le duc de La Vauguyon jouissait à juste titre de la réputation d'un homme de bien. Il aimait ses amis jusqu'à leur rendre service ; il aimait aussi les dames, mais il craignait leurs séductions, et les fuyait par prudence. Il avait de l'instruction, un grand discernement; une politesse parfaite, et une perspicacité qui lui faisait découvrir le vent de la faveur au plus léger souffle. Simple dans ses goûts, affable avec ses inférieurs, il avait néanmoins l'art de produire son mérite, et savait toujours attirer quelques parcelles de celui des autres sur lui-même. Il veillait sur nous avec un soin extrême, ne nous quittant que pour aller chez le roi; il dirigeait nos études, nos récréations. C'était enfin un gouverneur consciencieux, et nous ne pouvions être en meilleures mains.

Nous avions pour précepteur M. de Coëtlosquet, ancien évêque de Limoges, qui, sans être un Bossuet ni un Fénélon, était un prélat pieux et sage. On s'est contenté de mettre son nom dans les Dictionnaires biographiques, et c'est pour réparer cet injuste silence à son égard que je veux en dire ici quelques mots.

M. de Coëtlosquet était bien le meilleur homme du monde, comme aussi le plus commode. Incapable de faire le mal, il ne pouvait le soupçonner dans les autres : aussi il voyait tout sans se douter de rien, sans chercher à deviner ce qu'on jugeait à propos de lui cacher. Plus amateur de son bréviaire que des belles-lettres, quoique, soit dit en passant, il s'endormit quelquefois en le lisant, il cherchait surtout à obtenir les bonnes graces du chef de l'église, comme le plus sûr moyen de gagner le ciel ou le chapeau rouge, s'il faut en croire la médisance. On disait aussi tout bas qu'il était fort bien avec les jansénistes, et un peu moins bien avec les jésuites, parce que leurs actions commençaient à baisser; mais ce qu'il y a de certain, c'est que nous n'eûmes jamais qu'à nous louer de sa conduite à notre égard.

Notre sous-précepteur en chef, l'abbé Radonvilliers, avait plus d'érudition. Il aurait pu faire un excellent homme de lettres s'il n'eût pas été aussi bien en cour, ce qui lui faisait dérober à la gloire ses plus précieux instans : aussi n'a-t-il laissé que des ouvrages que l'on connaît à peine. Pieux et mondain tout à la fois, il se montrait tour à tour indulgent et sévère; il avait autant d'esprit que d'adresse, et savait cacher son ambition sous un air de simplicité et de désintéressement qui trompait les plus fins.

Son collègue, M. de Montbel, et nos sous-gouverneurs, les chevaliers de la Ferrière, de Beaujeu, le marquis de Sineiti, dont le souvenir, je crois, n'est guère conservé que dans ma mémoire, étaient tous hommes de bien, et amis de la paix. C'est là que se borne leur éloge.

Je ne dirai qu'un mot ici de nos gentilshommes de la Manche, dont je compte parler plus tard. C'étaient alors MM. de Montesquiou, de Marbeuf, de Louppé, de Liewray, de Montaut et de Boisjelin, qui méritent tous d'être cités. Le premier partagea par la suite ma confiance avec le comte de Modène; je l'aimai presque, et il ne me le rendit qu'à demi. Son nom reviendra si souvent dans mes Mémoires, qu'on s'apercevra du faible que j'avais pour lui.

Nous autres princes avons quelquefois la manie de croire à l'amitié de ceux que nous affectionnons, et cette confiance nous entraîne souvent dans bien des mécomptes, dans bien des erreurs. Trop heureux le monarque qui ne cherche pas à pénétrer trop avant dans le cœur humain! Trop heureux celui à qui les leçons de l'infortune ne viennent pas dessiller les yeux, et donner une expérience qu'il n'aurait jamais acquise sur le trône! Quant à moi, j'ai pu de bonne heure connaître les hommes. Dépouillé du prestige des grandeurs, j'ai pu les étudier en observateur ordinaire : aussi suis-je plus difficile à tromper qu'un autre ; et si l'on me prend quelquefois pour dupe, c'est parce qu'il me plaît de le paraître, car c'est une ruse qui n'est pas sans charmes pour celui qui l'emploie.

Je voudrais faire le portrait de mon père ; mais je me reconnais indigne de peindre tant de vertus. Son ame pure ne pouvait habiter long-temps sur la terre. Sa couronne n'était pas de ce monde, et il mourut jeune. Des bruits étranges coururent sur sa mort ; la calomnie n'épargna pas le duc de Choiseul. Les jésuites, après leur chute, se plurent à le noircir d'affreux soupçons. Ce fut la cause de l'éloignement que mon frère aîné montra toujours pour ce ministre ; et cependant, je le déclare, il est innocent du crime que ce maître intrigant, l'abbé Georgel, lui impute. Il était aussi incapable de le commettre que mon aïeul de le laisser impuni.

Le travail et les austérités d'une piété extrême usèrent de bonne heure la vie du dauphin. Il ne se ménageait pas ; il remplissait avec une exactitude rigoureuse ses devoirs de prince et de chrétien. Il se brûla le sang ; il détruisit les principes de son existence, et la France eut à pleurer le trépas prématuré d'un prince qui, s'il eût vécu, eût peut-être évité au royaume la catastrophe d'une sanglante révolution, et à sa famille l'échafaud et l'exil

Ma mère, bien digne d'être l'épouse du dauphin, était le miroir fidèle où se réfléchissaient toutes les vertus de son mari. Comme lui, elle était bonne, pieuse, indulgente, attachée à tous ses devoirs, n'ayant en vue que le bonheur des autres, aimant les Français comme sa famille. Son caractère, naturellement grave et mélancolique, n'excluait point une douce gaîté, qui en elle était un charme de plus. Elle était le modèle de son sexe, l'espoir d'une grande nation, et, en montant sur le trône, elle eût montré toute l'influence que les vertus d'une femme peuvent exercer sur le bonheur d'un peuple. Avec toute la philosophie dont quelques esprits étroits ont voulu me faire un crime, le sort m'a éprouvé par trop de vicissitudes pour que je n'aie pas eu dans le malheur la superstition des souvenirs ; et je me suis surpris quelquefois, au milieu de grandes calamités, à invoquer l'ombre sacrée de ma mère et celle de mon auguste père.

Leur mort, qui arriva en 1765, nous causa de cruels regrets, à mes frères et à moi ; car, malgré notre grande jeunesse, nous sentîmes toute l'étendue de notre perte. Berry était alors notre aîné ; je venais ensuite, puis d'Artois, Clotilde et Élisabeth. On ne pouvait certes penser qu'avec d'aussi nombreux rejetons, la souche royale pût jamais s'éteindre, et cependant aujourd'hui elle ne repose que sur une seule tête. Si je meurs avant Monsieur, trois frères seront montés successivement sur le trône n'ayant pour héritier qu'un seul descendant, un faible enfant ! Mais la naissance miraculeuse de mon petit-neveu prouve que la fortune de la France le réserve à de grandes choses, et qu'elle veillera sur lui.

Le roi pleura beaucoup son fils ; il parut frappé de sa mort, dont les soins de madame de Pompadour eurent peine à le distraire. Je ne parlerai pas de cette dame, l'ayant peu connue ; car je n'avais qu'onze ans lorsqu'elle mourut. Cependant j'éprouvais déjà pour elle un certain éloignement, et elle m'aurait presque fait peur, si le décès de mon père m'eût fait échoir en partage le titre de dauphin. A l'opposé des femmes de sa sorte, on ne faisait pas l'éloge de son cœur. Je ne sais si c'est à tort ; mais je puis certifier du moins qu'elle commençait à peser au roi, et qu'il se consola facilement de sa perte.

Après la mort de la marquise, Louis XV respira plus librement : on aurait dit un enfant échappé aux lisières. Il usa quelques années de sa liberté, que la marquise d'Esparbé essaya vainement de lui faire perdre. Il échappa à ses manœuvres ; mais ce ne fut que pour se laisser prendre dans des rets mieux ourdis. Le monarque le plus noble de l'Europe devint l'esclave d'une grisette, pour ne pas dire plus, de cette madame Dubarry, dont la beauté était, je crois, l'unique recommandation. Ce fut un étrange spectacle pour la France que les cinq ou six ans de faveur de cette femme, à qui le caprice pouvait bien accorder une nuit, mais qui, plus heureuse que la sultane des contes arabes, sut amuser son royal amant au delà de *mille et une*. Par l'inconvenance d'un tel choix, la couronne perdit une partie de son lustre ; le règne de l'infortuné Louis XVI acheva de lui enlever son dernier prestige. Et enfin, elle se brisa, non de vétusté, mais par la faiblesse de celui qui la portait.

Notre aïeul avait une manière toute particulière d'envisager la royauté. Il la voyait tout entière sous son manteau à fleurs de lis, et peu lui importait ce qu'elle deviendrait après lui : aussi il s'occupa beaucoup plus du présent que de l'avenir ; il fit de grandes fautes, et prépara la révolution qui amena la perte de sa famille. Puissent ceux à qui est confiée la mission de réparer tant de maux réussir dans cette tâche difficile.

Dès que mon père eut cessé de vivre, nous commençâmes pour ainsi dire une ère nouvelle. A la piété, au recueillement, succéda quelque chose de plus mondain, qui ne nous déplut pas. Nous vîmes tous nos saints se transformer en galans chevaliers ; les exercices religieux furent remplacés par les divertissemens de toutes sortes, analogues à notre âge et à nos goûts ; on chercha plus à nous être agréable qu'à nous contenir dans de justes bornes. Enfin je ne tardai pas à comprendre que nous ne ferions que ce qui nous plairait.

Nous continuâmes, le dauphin et moi, à nous livrer à l'étude, parce que cela nous convenait. Quant à d'Artois, qui était moins avide de science, il profita de sa liberté pour s'arrêter tout court. Je tâchai de le faire rougir de son inaction ; mais il me répondit qu'un fils de France était fait pour manier l'épée et non la plume. Cette phrase chevaleresque eut un succès inouï à Versailles ; on en tira des pronostics pour l'avenir : l'histoire dira s'ils se sont réalisés.

Voyant les choses différemment, je crus que, malgré le sang royal qui coulait dans mes veines, il m'importait de ne pas toujours avoir besoin de recourir au savoir des autres ; que d'ailleurs n'étant pas l'héritier du trône, et ne devant jamais commander les armées, puisque la politique nouvelle de la cour ne le permettait plus, je devais chercher dans l'étude les élémens d'une distraction agréable et d'une considération qui me serait toute personnelle. Je persistai donc à m'instruire, et, loin de me relâcher, je me livrai au travail avec une nouvelle ardeur. Il me sembla que cette révolution ne plaisait pas à mes précepteurs ;

la sollicitude de ces braves gens à mon égard était telle, qu'ils auraient volontiers pris le soin de penser, d'agir et de parler pour moi, afin de m'en éviter la peine. L'obstacle que je mis à cette charitable intention leur sembla une ingratitude de ma part, et leur inspira une sorte d'aigreur pour leur élève, qu'ils surent dissimuler, et qui devint le germe de l'espèce de défaveur dont ma jeunesse fut environnée.

Plus je cherchais à me rendre digne de l'estime publique, en me livrant à de glorieux travaux que facilitait une mémoire prodigieuse, et moins j'atteignais ce but tant désiré. D'Artois, au contraire, par une voie toute différente, trouvait à son approche tous les cœurs ouverts; toutes les physionomies riantes. On vantait sa grace, sa bonté, son esprit, sa gentillesse; il était vif, gai, ardent, aventureux: il devait plaire à la nation. Ses défauts mêmes passaient chez lui pour des qualités; son impétuosité était de la franchise, son dégoût de l'étude une absence de prétention, son ignorance une aimable simplicité, sa prodigalité une noble munificence; en un mot, les flatteurs ou les intéressés en faisaient sous tous les points un digne descendant de Henri IV, oubliant sans doute que ce grand roi aimait aussi les beaux-arts, quoique n'ayant pu les cultiver.

La faiblesse de mon jeune frère était principalement une vertu que ne pouvaient trop apprécier ceux qui désirent adroitement gouverner les princes, et établir sur eux un empire d'autant plus à redouter, qu'on ne s'en aperçoit que lorsqu'il est trop tard pour en secouer le joug. J'avoue que sous ce rapport j'étais moins digne d'être recommandé à l'amour de la nation. Je me tenais dans une réserve qui ne permettait pas facilement de m'approcher, et encore bien moins d'exercer sur moi une influence que tant de gens briguaient d'obtenir : on traita cette réserve d'orgueil. Je ne prodiguais point mes hommages à toutes les femmes : on m'accusa de ne les point aimer. Je devais être un mauvais maître, car nul ne me dominait. Je manquais de laisser-aller, donc je n'avais point de sensibilité ; ma retenue passa pour de la duplicité, mon aptitude au travail pour une ambition déguisée ; on me fit un crime de ma mémoire, de mon éloignement pour l'éclat, de mon respect pour l'opinion publique ; on calomnia mes goûts, mes actions, mes paroles, jusqu'à mon silence, et on me reprocha si souvent d'aspirer au trône, que l'on finit par faire naître en moi le désir de me rendre digne d'y monter un jour, si la Providence daignait m'y appeler. Ce fut là mon unique complot, ma seule intrigue ; et Dieu m'est témoin que les démarches que j'ai faites n'ont eu pour but que l'intérêt de ma famille et de la nation. Tout mon tort a été de reconnaître l'incapacité de la première à bien gouverner, et d'avoir quelquefois conseillé les moyens de la sauver des fautes qui partaient du trône, et qui toutes tendaient à compromettre notre existence et notre avenir. J'ai donc parfois mis la main au gouvernail sans la permission du pilote, dont les bonnes intentions ne me rassuraient pas. Il fallait raffermir la couronne; je me flatte d'y avoir réussi, et de manière à ce qu'elle reste inébranlable sur nos têtes tant que ma Charte sera la loi fondamentale de l'état.

Ce fut ainsi que je respirai dès mon enfance, au milieu d'une atmosphère de défaveur. A mesure que j'avançai dans ma carrière, j'ai eu à lutter contre des ingrats, contre le clergé, la noblesse. Ils n'ont pas compris qu'en leur refusant d'abord quelque chose, c'était pour leur assurer beaucoup à l'avenir; ils ont méconnu ma sagesse et ma prévoyance; et m'en ont su mauvais gré. Les insensés! Je connais mieux qu'eux l'esprit humain; j'ai suivi pas à pas les progrès de mon siècle; je sais ce qui convient à ses lumières, et le heurter serait se briser contre l'écueil qu'une main habile doit éviter.

Néanmoins j'avais des flatteurs; j'étais fils de France : c'est assez dire; et pourtant je connaissais l'opinion du public à mon égard : la vérité a un parfum qui pénètre même dans les lieux d'où elle est bannie. Cette connaissance me donna de l'humeur, m'aigrit; je m'adonnai par fois à des mouvemens d'impatience, causés par l'injustice des hommes. Dès-lors on me redouta, on m'aima moins encore; je le vis, je m'en affligeai, et je fus longtemps à m'accoutumer à une disgrace que j'avais tout fait pour détourner.

2.

Le dauphin, plus tard le malheureux Louis XVI, ne fut pas mieux apprécié avec ses vertus parfaites, son amour du bien public. Il était bon, mais il manquait de fermeté; il avait le coup d'œil juste, mais une extrême méfiance de lui-même; il ne savait ni refuser, ni accorder à propos; il supposait aux autres ses bonnes intentions, et jugeait les hommes d'après lui. Aimant peu à se mêler des affaires d'état, il les abandonnait souvent à ses ministres, même à sa femme, et se délassait dans la solitude, lorsqu'il pouvait quitter un instant le rôle de monarque, oubliant qu'un roi ne doit jamais cesser de l'être, qu'il n'y a pour lui ni entr'actes, ni délassemens, et que, nouveau Sisyphe, il doit constamment rouler le fardeau de la royauté sur la pente brillante qui lui a été assignée.

La cour n'aimait pas Louis XVI; il était trop étranger à ses mœurs, et ce monarque ne sut pas assez l'écarter pour se rapprocher du peuple; car il y a des instans où un souverain doit savoir opter entre l'une et l'autre. Que de maux mon malheureux frère se serait épargnés, ainsi qu'à sa famille, s'il avait su tenir d'une main ferme le sceptre que la Providence lui avait confié!

## CHAPITRE II.

Comment on élève les enfans de France. — Propos du dauphin au duc de Chartres. — De quelle manière il est réparé par son frère cadet. — On rend le comte de Provence suspect au dauphin. — Le duc de Choiseul. — La duchesse de Grammont. — Mot du duc d'Ayen. — Cabales à la cour. — Chute du principal ministre. — Le duc d'Aiguillon. — Portrait de Louis XV. — Ce qu'il pensait et disait de son petit-fils. — Ses frères l'aimaient peu. — Ses filles. — Les tantes des princes. — Le duc d'Orléans. — Le duc de Chartres. — Le prince de Condé. — Le duc de Bourbon. — Le prince de Conti. — Le comte de la Marche.

J'en demande pardon au duc de La Vauguyon, à M. de Coëtlosquet, à l'abbé de Radonvilliers, mais je suis forcé d'avouer que nous aurions pu être mieux élevés. On chercha à déraciner les excellens principes que nous avions reçus de notre auguste père, et à nous inculquer l'idée de la supériorité que nous devions avoir sur les autres hommes. Si l'on ne fit pas de nous des dieux, c'est que la religion le défendait ; mais on voulut du moins que nous fussions une race intermédiaire, quelque chose de plus que des mortels, si bien que nos jeunes têtes finirent par se le persuader. Berry qui, quoique doué d'un excellent cœur, avait l'écorce un peu rude, ne trouvait jamais qu'on lui rendît assez de respects, et il fut long-temps à se corriger de ce défaut.

Un soir que nous recevions, l'un et l'autre, la visite du duc de Chartres, il se trouva offensé de n'être traité par lui que de monsieur.

— Vous êtes familier, monsieur le duc de Chartres, lui dit-il d'un ton hautain ; il me semble que vous pourriez bien m'appeler monseigneur.

Le duc, surpris d'une aussi brusque attaque, se troubla, balbutia ; je vis son embarras, et je vins à son secours.

— Pourquoi, dis-je à Berry, exigez-vous que le duc de Chartres vous qualifie de monseigneur ? il serait plus naturel qu'il vous appelât mon cousin.

Dirai-je aussi, tandis que je suis en train de faire mon éloge ; qu'ayant lu dans un journal qu'un vaisseau avait échoué sur une des îles de la côte de Guinée, et que les hommes de l'équipage, pris par les insulaires, étaient en danger de mort, j'engageai mes deux frères à souscrire avec moi pour la délivrance de ces malheureux. Mon aïeul fut touché de ce fait. Il envoya deux bâtimens à leur recherche. Ils me durent la vie, et je me rappelle toujours avec plaisir l'instant où ils nous furent présentés.

Non content de me calomnier aux yeux de la nation, on parvint encore à me rendre le dauphin défavorable, sous prétexte que je faisais de la science à ses dépens, que je riais de certains barbarismes qui lui échappaient. Quel est l'écolier qui n'ait pas à se reprocher une telle faute ? Hélas ! si Paris est quelquefois bien petite ville par ses caquets, la cour ressemble aussi beaucoup à un ménage bourgeois.

La médisance avait ses grandes et ses petites entrées à Versailles : elle n'épargnait personne. Le duc de Choiseul était alors premier ministre, et par conséquent le point de mire de toutes les haines, de toutes les intrigues; mais on avait soin d'en faire mouvoir les ressorts dans les coulisses, car on le craignait. C'était l'idéal du grand seigneur. Impérieux, hautain, faisant plus de bruit que de besogne, homme d'esprit et de sens, vendu corps et ame à la maison d'Autriche, plus Lorrain que Français, ennemi implacable, ami dévoué, prodigue de son bien et de celui des autres, aimant les dames et les philosophes, négociateur habile, ayant le talent d'être bien avec les parlemens, les littérateurs, les artistes ; enfin il s'était placé sur un vaste piédestal qui paraissait inébranlable. Mais au milieu de son triomphe, très humble valet de sa superbe sœur, il alla se heurter contre celle qui, du néant, s'était en quelque sorte élevée sur le trône de mon aïeule. Le choc qu'en reçut le premier ministre fut si violent, qu'il se brisa comme verre, tandis qu'en évitant cet écueil, il aurait pu voguer sur une mer tranquille.

Sa destinée ne le voulut pas, et encore moins la duchesse de Grammont. Cette dame, laide et sans graces, aux formes d'une virago, altière et passionnée, amalgamant l'amour et la politique, s'avisa un beau jour, à l'aide de ses lourds attraits, de vouloir emporter d'assaut le cœur du roi, car son unique désir était de succéder, coûte que coûte, à la charge de madame de Pompadour Il paraît que l'attaque fut si rude, que le monarque, peu jaloux d'être le vaincu dans ces sortes de combat, où il y a si peu de gloire pour un roi à être le vainqueur, éluda depuis avec elle ces terribles tête-à-tête.

Le duc d'Ayen tint à ce sujet un propos assez piquant.

Un zélé parlementaire, séide du duc de Choiseul et de sa sœur, disait devant ce seigneur, relativement à quelque rigueur exercée contre le parlement de Bretagne : — Le roi viole la justice.

— Eh! mon dieu, répondit le duc d'Ayen, il lui rend ce que lui a fait à lui-même la duchesse de Grammont.

Celle-ci voyait d'un œil d'envie toutes les femmes de la cour. Elle faisait les gros yeux aux unes, la moue aux autres ; il suffisait d'être jolie pour s'attirer quelque signe de sa mauvaise humeur; et si par hasard le regard royal s'arrêtait de prédilection sur quelque visage séduisant, aussitôt l'active madame de Grammont cherchait à noircir la favorite présumée dans l'esprit du monarque, par le venin de la calomnie. Elle ne perdait pas surtout de vue le Parc aux Cerfs, et, véritable Argus, sa surveillance ne s'endormait jamais de ce côté. Mais madame Dubarry vint terrasser tout à coup ce dragon femelle. Elle triompha sans combattre, car elle était établie dans la place avant qu'on le soupçonnât. Ce fut pour la duchesse un coup de foudre qui anéantit tous les châteaux en Espagne de sa faveur.

Cependant elle ne se tint pas pour battue ; et, non contente de lutter contre l'audacieuse rivale qui avait usurpé ses droits, elle força son frère à descendre dans la lice ; mais madame Dubarry, sans malice et sans fiel, et qui ne demandait qu'à jouir paisiblement de son pouvoir sur le roi, dédaigna long-temps de ramasser le gant qui lui jetaient la sœur et le frère : ce ne fut qu'à la dernière extrémité qu'elle s'y décida.

Le duc de Choiseul, qui se mourait d'envie de trouver la favorite charmante, se déclara contre elle, par la seule raison qu'il n'osait résister à sa sœur. Ce fut une maladresse ; il aurait dû savoir qu'on ne combat jamais à armes égales une femme qui a pour elle *le bon droit*, c'est-à-dire, le cœur du souverain. Mais il y a souvent dans les plus grands politiques quelque chose de malencontreux, une force irrésistible qui les pousse à leur perte en dépit de la prudence et de la sagesse qui semblent guider toutes leurs actions. Où en chercher la cause ? si ce n'est dans ce mélange d'orgueil, de folie, d'envie et de haine, adversaires redoutables dont il est rare que triomphe celui qu'ils subjuguent.

Tout souriait cependant au duc de Choiseul. Le public et presque toute la cour étaient pour lui: le roi croyait à son habileté; la favorite ne demandait pas mieux que de lui plaire; les puissances alliées le voyaient avec plaisir; il venait d'unir de nouveau la maison d'Autriche à la France, par le mariage de mon frère le dauphin avec l'archiduchesse Marie-Antoinette. Cette jeune princesse était arrivée à la cour, fort bien disposée en faveur du ministre, et toute prête à lui donner des preuves de sa reconnaissance; mais la duchesse de Grammont était là, il n'osa la braver, et il fut perdu!

Il eut pour successeur le duc d'Aiguillon, homme inhabile, méprisé et détesté de la France entière, amant et valet de madame Dubarry, ennemi de la vertu partout où il la recontrait, assez mauvais diplomate, grand parleur, vivant au jour le jour sans nul souci du lendemain, gouvernant l'état en courant, prenant de toutes mains, ou n'empêchant pas du moins les autres de prendre, téméraire, inconsidéré, et ayant plus d'usage du monde que d'esprit.

Mais je m'écarte de mon sujet, et je me vois forcé de revenir sur mes pas afin de ne point négliger divers détails sur mon adolescence que je suis bien aise de consigner ici. Je me reporterai donc à une époque bien penible, la mort de la dauphine ma mère. Nous passâmes de ses conseils éclairés, dignes en tout de ceux de mon père, sous la direction de mon aïeul, qui s'acquitta de cette tâche avec une complète indifférence, qu'il ne prit pas même le soin de dissimuler. Ce roi, surnommé le bien-aimé, s'aimait lui-même avec une véritable insouciance; il ne pouvait donc avoir un amour bien vif pour les autres. S'il s'occupait de son peuple, c'était pour s'en méfier et se mettre en garde contre lui; la gloire et la prospérité de l'état étaient ses moindres soucis; il n'en avait d'autres que de faire la guerre à l'ennui qui le poursuivait partout, et c'était le seul genre d'hostilité qui l'inquiétât véritablement. Quant à la paix, peu lui importait si elle régnait dans le royaume, pourvu que ses habitudes, ses goûts personnels ne fussent pas troublés. Le grand point pour lui était de tuer le temps: il eût fallu lui inventer de nouveaux sens ou de nouveaux plaisirs, comme à Xerxès. Du reste, ce prince avait de l'esprit, du tact; il aurait pu gouverner sagement s'il eût voulu s'en donner la peine; mais jamais il ne la prit, et l'état n'en alla pas mieux. C'était bien un de nos anciens rois fainéans perfectionné seulement par la civilisation.

Sans confiance en ses ministres, il les supportait comme un mal nécessaire, comme un simple grand seigneur supporte un intendant, et parce qu'il croyait que d'autres à leur place ne feraient pas mieux. Galant auprès des dames, il avait fini par les aimer en homme de mauvaise compagnie.

Cependant il ne s'attacha à madame Dubarry que parce qu'elle ne ressemblait à aucune des femmes de cour qui avaient jusque là reçu le mouchoir. Mais ce n'est pas à moi à appuyer sur de telles erreurs, peut-être même ai-je déja trop médit de mon aïeul.

Cependant il m'est, je crois, permis de dire que si ce bon roi avait quelque affection pour ses filles, il n'en témoignait guère à ses petits-fils. Il ne nous voyait qu'aux heures voulues par l'étiquette; il nous embrassait en cérémonie, et mettait de la majesté jusque dans ses caresses. Jamais il ne s'informait de nos progrès dans l'étude, de notre vie intérieure, de nos chagrins ni de nos plaisirs. Du reste, ceci ne pouvait l'inquiéter, car il avait donné ordre qu'on prévînt tous nos désirs. Et si ce n'était pas agir en père prudent, c'était du moins prouver une indulgence excessive.

Je ne sais pourquoi il me chérissait encore moins que mes frères. Berry avait une franchise et une brusquerie qu'il aurait pu craindre quelquefois; tandis que moi, j'étais doux, soumis, respectueux devant lui; je souriais à la favorite, je lui faisais même à la dérobée quelques mines d'amitié, je me montrais bienveillant envers tous ceux qu'il distinguait, et cependant je ne gagnais rien à ce manége innocent. Le roi me supposait toujours des arrière-pensées dans mes actions les plus simples; il prétendait que je troublerais le règne de son successeur, et cela me désesperait, moi qui connaissait l'injustice de telles imputations. Il m'est revenu que lorsqu'il fut question de mon mariage avec la princesse de Piémont, notre ambassadeur chargé de traiter cette affaire ayant appris au roi que celle qu'on me destinait pourrait bien ne pas avoir d'enfans, S. M. s'était écriée en parlant de moi :

—Tant mieux! l'ambition du Provençal ne pourra du moins se porter que sur lui-même!

Le roi me jugeait mal. Il voyait d'Artois d'un œil plus indulgent; il se reconnaissait dans son caractère, dans ses manières, et souvent il lui adressait un demi-sourire de satisfaction qui nous donnait beaucoup à penser.

Le dauphin et moi n'allions donc chez notre aïeul qu'avec répugnance : aussi éprouvions-nous de la joie quand quelque événement nous dispensait de la visite obligée; la plus légère indisposition nous servait de prétexte pour nous tenir éloignés de la présence royale. Mais il n'en était pas de même à l'égard des filles du monarque, de nos chères et vénérables tantes : elles nous traitaient en enfans gâtés, nous permettaient de faire chez elles tout le bruit possible, cédaient à toutes nos fantaisies; elles voulaient, disaient-elles, se dédommager envers nous de la sévérité qu'on avait eue pour elles dans leur jeunesse; aussi nous leur rendîmes affection pour affection. J'étais le favori de madame Victoire, elle me trouvait du jugement et de la modération : — Il tempérera, disait-elle, la fougue de ses frères, et réparera les fautes qu'ils commettront.

Berry annonçait dans sa jeunesse un caractère tout opposé à celui qu'il a montré depuis ; il était vif, impétueux, brusque jusqu'à la rudesse, et jamais on n'aurait alors deviné en lui cette timidité, cette méfiance de soi-même, qui depuis nous devinrent si funestes à tous. Quant à d'Artois, chacun le voyait à cette époque tel qu'il a été plus tard ; il est donc inutile que je fasse ici un portrait que tout le monde connaît.

Je parlerai peu des autres membres de la famille, que nous voyions fort rarement et toujours avec méfiance ; car on nous avait appris de bonne heure à regarder les princes du sang comme nos ennemis naturels, et ceux que nous devions redouter le plus. C'est ainsi qu'on jeta dans nos cœurs une semence de crainte et de haine même qui a eu peine à disparaître plus tard.

En effet, il semble que plus un prince est éloigné du trône, et plus il aspire à s'en rapprocher, et par conséquent à faire disparaître les obstacles qui l'en séparent : souvent la soif du pouvoir triomphe de la vertu la mieux affermie. Un roi ne peut donc exercer une surveillance trop active sur ceux qui, par le sang, auraient à lui succéder dans le cas où ses héritiers directs viendraient à manquer; il doit les tenir constamment dans sa dépendance, leur donner assez d'importance pour ne pas les mécontenter, et trop peu pour qu'ils en abusent.

Nos rapports avec les princes étaient donc, comme je l'ai dit, très-peu fréquens; ils venaient nous voir lorsque l'étiquette l'exigeait, mais nous ne leur rendions pas leurs visites, car l'étiquette de la cour proscrivait cet usage depuis les dernières années du règne de Louis XIV. Avant cette époque, les princes du sang et même le roi et la reine honoraient les gentilshommes les plus distingués, d'une visite, dans les grandes occasions, et quelquefois même dans l'intimité. On trouva plus tard que c'était déroger à la dignité du trône : on abolit d'abord cette coutume à l'égard de la noblesse; puis ce changement s'étendit jusqu'aux princes du sang, ainsi que je viens de le mentionner.

La famille royale, avant la mort de Louis XV, était ainsi composée : le duc d'Orléans, petit-fils du régent, et premier prince du sang, né en 1725. Quoiqu'ayant un peu trop d'embonpoint, il était fort bien de visage; il avait de l'esprit, peu d'ambition. Affable, prévenant, il se faisait généralement aimer, et le méritait par ses qualités. Il évitait de se mettre en évidence, et n'avait pris parti pour les parlemens qu'à contre-cœur, aussi il s'empressa, dès qu'il le put, de se rallier au roi. Ce prince fut épris de madame de Montesson, finit par l'épouser en secret, et l'éleva au rang dont ses vertus la rendaient digne.

Le duc de Chartres, fils du duc d'Orléans, né en 1747, et par conséquent notre aîné, aurait pu néanmoins être admis dans notre intimité; mais il existait parmi nous des préventions contre lui, dont le dauphin, devenu Louis XVI, ne se défit jamais, et qui amenèrent une bien funeste catastrophe. Ceci viendra dans son temps. Le prince de Condé avait pris, par droit d'héritage, le nom du héros de la famille, titre qu'il ne démentit pas sur le champ de bataille, où sa bravoure se montra dans tout son éclat. Peut-être pouvait-on lui reprocher, dans la vie privée, de manquer d'énergie et de vigueur, mais l'opinion publique a varié sur son compte; ses hauts faits d'armes ont d'abord excité un enthousiasme qu'a refroidi ensuite son raccommodement avec mon aïeul lors du parlement Maupeou. Plus tard, pendant l'émigration, il devint l'idole de nos compagnons d'infortune. Il était roux, borgne, manquait d'instruction et d'amabilité; mais ses vertus nous contraignirent à lui rendre justice.

Le duc de Bourbon, son fils, avait un an de moins que moi. C'était un excellent jeune homme, brave comme son épée, mais fort infatué de son rang; ardent, fougueux, grand amateur de dames, à commencer par la sienne qu'il enleva sans cérémonie, attendu qu'on la lui tenait trop en réserve; ayant d'ailleurs fort peu d'ambition, et incapable de troubler l'état pour son propre compte. Cependant il nous inquiéta beaucoup lors de la fâcheuse affaire avec d'Artois. Il y mit une opiniâtreté que ses amis traitèrent d'héroïsme, et qui établit entre lui et nous une froideur qui ne s'est jamais démentie depuis, et qui a même fini par nous éloigner totalement. Il existe un membre de ma famille qui ne pourrait entendre, sans tressaillir, le nom du duc de Bourbon.

Son fils venait de naître, cet enfant infortuné qui devait être le *tu Marcellus eris* de la race des Condé, et dont les belles qualités firent regretter doublement son sort funeste.

Le prince de Conti venait après lui ; celui-ci s'était acquis une réputation en se montrant toujours opposé aux autres, et le système d'opposition était, je crois, son plus grand mérite ; du reste, ne craignant ni le ciel ni l'enfer, il se livrait à tous les excès, et mourut comme il avait vécu.

Son fils, connu d'abord sous le nom de comte de la Marche, commença par la soumission, et finit par la désobéissance. Il fut de ces princes qui jettent peu d'éclat pendant leur vie, et qui seraient totalement oubliés après leur mort, si les généalogistes ne se chargeaient de les rappeler aux souvenirs des peuples.

# CHAPITRE III.

Mariage du dauphin. — Maison de Lorraine. — Marie-Antoinette. — Défauts de ceux qui vivaient dans son intimité. — Motifs de sa colère contre le prince Louis de Rohan. — Négociations à ce sujet. — Portrait de M. Cheney, premier valet de chambre du comte de Provence. — Bonnefoy, son subordonné. — Lecture que le comte de Provence faisait en secret. — Anecdote d'intérieur. — Colère du sieur Cheney. — Ce que lui dit le duc de La Vauguyon. — Première aventure du comte de Provence. — Citation scientifique à ce sujet.

J'aime mieux parler de ma famille que de m'appesantir sur les premières années de ma vie, sur les faits et gestes d'un enfant, dont les espiègleries et les gentillesses sont toujours admirables pour des parens, mais fort ennuyeuses pour les autres.

Le mariage de mon frère avec Marie-Antoinette me déplut souverainement, je l'avoue. L'Autriche avait des intérêts si opposés à ceux de la France, que je redoutais l'intervention d'une archiduchesse au milieu de nous. Je connaissais la faiblesse du dauphin, sa nonchalance à se laisser guider par les autres, et je redoutais surtout l'empire que sa femme prendrait nécessairement sur lui : cette princesse, élevée à l'autrichienne, pouvait-elle oublier ses premiers principes d'éducation pour devenir toute française? C'était au moins douteux ; et on devait craindre au contraire que le cabinet de Vienne ne trouvât en elle, un auxiliaire tout disposé à le servir.

D'ailleurs, cette maison de Lorraine qui était presque notre sujette, ce souvenir des Guises qui avaient été si funestes à la France, cette prétention chimérique, mais sérieusement soutenue, de descendre en ligne directe de Charlemangne, firent naître en moi des réflexions fort graves ; car malgré ma jeunesse, je cherchais à lire dans l'avenir, et j'aurais tout autant aimé qu'on donnât à l'héritier présomptif du royaume une autre femme que l'Autrichienne ; mais on ne me consulta pas. La princesse arriva munie de la liste de ceux qui devaient particulièrement partager ses bonnes grâces. C'étaient pour la plupart des Lorrains et des descendans des Guises. Cependant l'heureuse étoile de sa mère mit près d'elle un Français, Autrichien dans le cœur, l'abbé de Vermont, personnage mystérieux, toujours derrière la toile, mais dont l'immense influence, pour ne pas paraître au grand jour, n'en était que plus dangereuse. C'est lui qui gouverna ma belle-sœur jusqu'au dernier moment; et chaque soir, avant de s'endormir, il cherchait les moyens de faire quelque chose le lendemain en faveur de l'Autriche. Du reste, dénué de capacité, sans connaissance des affaires, n'aimant que les brouillons et les intrigans, et se tenant à l'écart tandis qu'il faisait agir ses amis, il était comme l'araignée qui ourdit sa toile dans l'ombre afin d'y faire tomber plus sûrement sa proie.

Ma belle-sœur avait en son conseiller une confiance sans bornes : il finit par l'éloigner de nous, et lui donner des préventions contre les sincères partisans de la monarchie. Je me flattais de tenir le premier rang parmi ceux-ci ; aussi ne me témoignait-elle que de la froideur, lorsqu'il ne s'y mêlait pas la crainte de mon ambition qui consistait à vouloir la grandeur de la France au détriment de l'Autriche.

L'archiduchesse, à son début, conquit tous les cœurs ; elle était belle, séduisante, gracieuse ; elle éblouit : son succès fut complet. On lui voua un culte comme à une divinité, qui fit même pâlir celui de la sultane favorite. D'ailleurs les Choiseuls donnèrent le mot d'ordre, et comme ils attendaient tout de la femme du dauphin, ils voulurent ne lui rien refuser.

Cela dura jusqu'à son avènement au trône ; et huit jours après la reine avait déjà perdu la moitié de ce que la dauphine avait gagné. La cour commença par dépouiller l'idole que le peuple brisa plus tard. Ma belle-sœur ne méritait ni cette haine ni peut-être l'engouement qu'on avait d'abord montré pour elle. J'avoue que j'éprouve un certain embarras à expliquer ma pensée à son égard. Nous n'avons jamais été bien ensemble, je n'ai même guère à me louer de ses procédés ; néanmoins, je tâcherai d'être impartial dans mon jugement : d'ailleurs ses infortunes m'inspirent une réserve dont j'espère ne jamais m'écarter, et cette idée m'aidera à contenir l'explosion d'un mécontentement qui pourrait faire naître parfois d'anciens souvenirs.

La reine aimait ses enfans et le roi : c'était peut-être tout ce qu'elle aimait en France, à l'exception de madame de Polignac qui, en obtenant ses bonnes graces, devint bientôt en quelque sorte un nouveau membre de sa famille, car elle avait pour elle l'affection qu'on porte à une sœur chérie : ce fut un tort. Madame de Polignac, douce, bonne, affectueuse, ne possédait aucune des qualités qui peuvent être utiles dans une favorite. Son influence ne put servir l'état ; elle l'employa uniquement à s'enrichir, elle et ses créatures ; elle s'environna de nullités dont elle forma bientôt un rempart autour de la reine, voulant la rendre, pour ainsi dire, invisible à tous ceux qui étaient étrangers à la sphère dans laquelle elle vivait. Cette sphère, où se confondaient les haines, les mortifications, les craintes, les espérances personnelles, devint le centre de petites intrigues, et d'ambitions étroites, desquelles ne pouvaient surgir aucunes de ces pensées généreuses qui font la gloire des empires en les raffermissant lorsqu'ils menacent de s'écrouler.

La guerre, la paix, l'administration intérieure, la surveillance au dehors ne pouvaient entrer en balance chez la reine contre l'acquisition d'un tabouret, d'un cordon bleu, d'une toque à la mode, d'un faisceau de plumes. Voilà les grands intérêts qui occupaient cette cour frivole, où l'on croyait ne pouvoir mieux employer son temps qu'à danser, chanter, jouer la comédie, surveiller les ouvriers qui travaillaient aux dispositions d'une nouvelle fête. Les hommes et les femmes ne dédaignaient pas cette occupation, qui passait pour la quintessence du bon ton. Il fallait surtout se procurer de l'argent, n'importe à quel prix, pour soutenir une pompe ruineuse qui cachait derrière elle un affreux abîme! Aussi tous ces insoucians virent-ils arriver la révolution sans se douter de ce qu'elle leur réservait, et ce n'est qu'en devenant sa victime qu'ils commencèrent à la connaître. Malheureusement les innocens furent engloutis avec les coupables dans ce naufrage commun!

Le début de Marie-Antoinette, ai-je dit, fut tout à son avantage. Je me rappellerai toujours le premier moment qui la mit dans l'intimité en présence de nous tous. Ses regards se portèrent d'abord avec empressement sur son époux, puis sur le roi et sur le reste de la famille. Elle semblait chercher à reconnaître sur nos physionomies les caractères qu'on lui avait tracées à l'avance : je ne sais pourquoi son examen s'arrêta plus long-temps sur moi. Elle m'adressa la parole de l'accent le plus doux, me demanda mon amitié en retour de la sienne qui, me dit-elle, m'était déjà toute acquise ; elle me pria de croire qu'elle se regardait dès ce jour comme un membre de la famille, qu'elle voulait ne vivre que pour nous, et nous sacrifier toutes ses habitudes. C'était du miel qui coulait de ses lèvres autrichiennes, et elle n'eut pas à sa plaindre des complimens que je lui rendis en échange.

Dès le lendemain, mon frère suivait déjà sa jeune épouse comme un esclave ; il était ébloui de ses graces, de son mérite, de sa dignité virginale ; il ne voyait qu'elle, ce qui était déjà un acheminement à ne voir que par elle, et ceci ne se fit pas attendre. La dauphine ne dédaigna pas pendant quelque temps d'étendre sa bienveillance jusqu'à la favorite ; mais reconnaissant bientôt combien cette dame était odieuse à mon frère, elle ne balança pas à s'en éloigner. Un grief terrible de la part de madame Dubarry vint encore fortifier cette résolution de Marie-Antoinette, et dès lors il y eut guerre ouverte entre la future reine de France et celle qui régnait en quelque sorte sous le nom de Louis XV. En voici la cause.

J'étais chez le dauphin lorsque je vis entrer ma belle-sœur, le regard en feu, le visage baigné de larmes, et la voix tremblante de courroux. Nous nous empressâmes de l'interroger sur son trouble ; elle nous répondit que la veille, au souper du roi, la comtesse Dubarry avait lu publiquement une lettre du prince Louis de Rohan, ambassadeur à Vienne, dans laquelle ce diplomate s'égayait aux dépens de l'impératrice Marie-Thérèse. Attaquer sa mère était frapper la dauphine dans l'endroit le plus sensible. Des sarcasmes partis du prince Louis et répétés par la favorite étaient un crime irrémissible à ses yeux, dont il lui fallait le châtiment sur l'heure.

Mais de quelle nature devait être ce châtiment? La question était difficile à résoudre. Frapper personnellement la favorite eût été risquer trop gros jeu; son empire sur le cœur du roi était trop solidement établi, et parerait le coup qu'on lui porterait, si même il n'en tirait vengeance. D'ailleurs, en riant comme elle des plaisanteries de l'ambassadeur, il avait partagé son forfait, et ne pourrait par conséquent approuver sa punition. Restait le prince Louis, que nul ne soutenait avec chaleur; il devint dès lors la bête noire de la dauphine; elle le lui prouva dans mille occasions, et dès qu'elle fut sur le trône elle se hâta de lui retirer son ambassade.

Du reste, la douleur de Marie-Antoinette dans cette occasion me parut si sincère que j'en fus presque touché. Quant au dauphin, il partagea toute l'indignation de sa femme contre madame Dubarry, et je fus forcé d'employer sur lui toute mon influence pour l'empêcher de faire un éclat; mais je ne pus y parvenir.

La cour sut bientôt le mécontentement de ma belle-sœur; les conseillers de la favorite en furent effrayés; et comme tous mauvais cas sont niables, dit-on, on ne vit d'autre moyen d'apaiser l'orage qu'en niant le fait. On voulut même mettre le roi en avant; mais il recula, prétendit ignorer toute l'affaire, et éluder d'en parler au dauphin. En revanche, il lui envoya des émissaires pour l'inviter à se calmer, et surtout pour lui faire pressentir qu'il regarderait comme une injure personnelle toute vengeance exercée contre la comtesse.

Mon frère eut d'abord peine à entendre raison; mais sa femme, plus prudente, sentant que les choses avaient été poussées assez loin, fut la première à l'engager à la modération, et la paix se rétablit.

On cherchait aussi à me marier, et, selon l'usage, je fus le dernier à être consulté dans cette circonstance; j'appris presque par les gazettes que j'étais fiancé à la princesse du Piémont, en attendant qu'elle vînt me réclamer pour époux. Cette princesse avait une sœur plus jeune qu'elle qu'on destinait à d'Artois. Allons, me dis-je, puisque la chose est conclue, autant vaut celle-là qu'une autre. Puis, je me mis à rêver à ma fiancée, ni plus ni moins qu'un des troubadours de la province dont je portais le nom. Mais avant d'en venir aux détails de mon mariage, je veux passer en revue certaines particularités de cette époque de ma vie qui s'offrent maintenant à mon souvenir.

J'avais un premier valet de chambre nommé Quatresous de La Motte de Cheney, homme de famille parlementaire, très entiché de sa noblesse, qu'il aurait à peine troquée contre la mienne, tant il était fier de son arbre généalogique, dont cependant la date était assez récente. Ce M. de Cheney me surveillait avec une vigilance extrême; on eût dit que ma vertu lui avait été donnée en garde comme ma personne, et qu'il devait rendre compte de l'une et de l'autre.

Ce personnage, fort estimable d'ailleurs, était l'être le plus insipide du monde, et j'avais fort à faire pour me retenir de le lui dire vingt fois en un jour. Son respect m'assommait, sa probité me faisait mal aux nerfs ; bref, je ne pouvais le souffrir. Il s'en apercevait, mais n'en était pas moins le même, un Argus en permanence, qui se plaçait entre moi et toutes les jolies femmes de chambre que je rencontrais sur mon chemin ; car depuis longtemps ma famille avait accordé à ces demoiselles l'insigne honneur de présider à notre entrée dans le monde.

Malheur donc à celle qui se trouvait sur mon passage en même temps que le vigilant Cheney, car il lui faisait de gros yeux, et la coudoyait rudement. Cette conduite contrastait avec mon sourire gracieux et mon regard éloquent, que je ne manquais pas d'adresser à la dame pour la dédommager de l'impolitesse de mon premier valet de chambre. Celui-ci avait près de ma personne un rival redoutable dans le sieur Bonnefoy, l'un de mes valets de chambre de quartier : grand garçon bien taillé, de bonne mine, âgé de vingt-cinq ans, mauvais sujet à faire plaisir, adorateur des femmes, joueur de profession, ami de la bonne chère, menteur hardi, spirituel, malin, ayant enfin tous les défauts qui attirent aux gens de son espèce les faveurs de leurs maîtres, lorsque ceux-ci sont jeunes et qu'ils veulent s'en servir pour goûter de la liberté qu'on leur refuse quelquefois.

Aussi le sieur Bonnefoy était-il fort avant dans mes bonnes graces, et il le méritait par le zèle qu'il mettait à m'être agréable. Il avait toujours quelques drôleries à me conter; il m'amusait, flattait ma vanité, me traitait en homme raisonnable, et se mourait d'envie de me faire échapper aux lisières où l'on me retenait. Il me procura une foule de livres qui me semblèrent fort curieux; j'y puisai des idées toutes nouvelles, et cette lecture devint pour moi une seconde éducation qu'on n'avait pas jugé convenable de me donner jusqu'alors.

Aussi j'étais beaucoup plus dégourdi que mon frère aîné. Celui-ci avait encore toute l'innocence d'une jeune fille. Nous rions, d'Artois et moi, de sa timidité et de sa gaucherie en présence des dames; il en avait même une telle frayeur, que je crois que, s'il eût osé, il aurait fui à l'aspect d'un jupon, comme à l'aspect de Satan lui-même. Cependant, lorsqu'il fut question de le marier, on voulut apprivoiser le prince sauvage : le duc de La Vauguyon, en sa qualité de gouverneur, se chargea de ce soin; il y eut même à ce sujet des pourparlers; j'ignore quel en fut au juste le résultat, mais je sais que le dauphin parut un jour furieux devant nous en se plaignant qu'on avait voulu le faire tomber dans un guet-à-pens, et depuis ce moment il ne leva plus les yeux sur une femme, et montra encore une plus grande répugnance à se trouver en leur présence.

Cependant cette vertu farouche parut un peu s'apprivoiser, lorsqu'on lui présenta comme sienne la charmante Marie-Antoinette. Mais il ne tarda pas à reprendre le même genre de vie. Je pourrais raconter à ce sujet mille particularités des plus plaisantes, si les convenances ne défendaient de mettre le public dans de telles confidences.

Quant à moi, voyant mon mariage approcher, il me prit fantaisie de me divertir aux dépens de M. de Cheney. Ainsi donc, un beau matin qu'il venait de faire à mon intention une leçon de morale à un jeune homme de mon service, j'allai à lui, et élevant la voix de manière à me faire entendre de cinq ou six personnes qui étaient là :

— Cheney, lui dis-je, avez-vous rempli les ordres du duc de La Vauguyon pour me mettre à même de ne pas arriver auprès de ma femme un peu moins neuf que le dauphin auprès de la sienne?

— Miséricorde! monseigneur, que me demandez-vous? reprit Cheney.

— Je présume, continuai-je avec un sang-froid digne du prince Machiavel, qu'il doit y avoir un cérémonial particulier pour cette grande affaire. Je ne pense pas que ce soit à ma femme de m'instruire.

Allez donc au moins en causer avec M. de Brezé.

— Mais, monseigneur?...

— Je ne connais rien à vos mais... Pour se marier il faut savoir ce que c'est que le mariage, et il me semble que le catéchisme ne dit pas tout sur ce sacrement. Je ne veux pas me marier en aveugle ; j'aime à savoir ce que je fais.

A ces mots éclata une hilarité que le respect ne put contenir qu'à demi. Les rires mal étouffés des assistans indignèrent le sévère Cheney, en même temps qu'ils le déconcertèrent au dernier point ; sa tête se troubla, et je vis l'instant où il allait presque oublier que le sang royal coulait dans mes veines. Il se maîtrisa cependant, s'en tint pour l'instant aux soupirs et aux roulemens d'yeux ; mais en revanche il alla le lendemain conter au duc de La Vauguyon les propos *indécens* que je lui avais tenus la veille. Le duc lui rit au nez, et lui dit qu'il était tout naturel qu'en entrant dans un nouvel état, je désirasse en connaître les charges et les bénéfices.

Le pauvre homme, stupéfait, demanda d'un air piteux ce qu'il avait à faire dans cette circonstance difficile.

— En vérité, mon pauvre Cheney, dit le duc, vous me ferez croire que vous n'en savez pas plus que mon élève. En ce cas, choisissez-lui un professeur pour cette leçon indispensable.

Voilà mon Chency qui se retire la tête basse, et qui, faisant de l'affaire un cas de conscience, va du gouverneur au confesseur. Celui-ci lui répond qu'il donne l'absolution pour ces sortes de choses, et qu'il ne saurait par conséquent en donner la leçon.

Pendant que Cheney cherchait ainsi un conseiller, Bonnefoy, plus habile, avait été droit au but.

L'usage voulait qu'une demoiselle de l'Opéra fût mise en réquisition pour cette cérémonie préalable; mais Bonnefoy m'avait vu regarder quelquefois avec plaisir la fille d'un valet de pied, dont la fraîcheur et la belle santé semblaient une garantie suffisante contre les périls d'une semblable épreuve. Il eut le talent de la décider à venir causer avec moi de mon prochain mariage.

Je soupçonne que mon titre de prince inspira à cette complaisante personne un respect qui ressemblait à la pudeur; mais elle y mit tant de façons, que le professeur avait plutôt l'air de l'élève.

Quand Cheney la vit sortir, il se douta qu'il n'y avait plus rien à faire pour mon éducation, et fit un signe de croix pour remercier le ciel d'avoir perdu son temps à chercher ce que d'autres avaient trouvé à sa place.

— Cheney, lui dis-je quand il parut devant moi, je vous croyais plus de zèle pour la prospérité de notre maison. Si je n'avais eu d'autre serviteur que vous, la princesse qu'on me destine m'aurait trouvé fort mal élevé.

## CHAPITRE IV.

On veut marier le comte de Provence. — Il cherche des renseignemens sur sa fiancée dans l'*Almanach royal*. — Son colloque avec Bonnefoy. — La princesse de Piémont. — Formation de sa maison et de celle du comte de Provence. — Le marquis de Bièvre et le docteur Lieutaud. — Cromot de Fougy. — Intrigues de famille. — L'abbé de Vermont. — Louis XV raconte d'une manière plaisante au comte de Provence sa résolution de le marier. — Les Choiseul. — Ce qui brouille le comte de Provence avec la dauphine. — On lui donne le régiment de Provence. — Mot du roi à ce sujet. — Ce que dit le comte de Provence et ce qu'on lui fait.

Je l'ai déjà dit, on songeait à me marier. Les mariages des princes sont des affaires d'état; mais comme je pris intérêt de bonne heure à la politique du royaume et à celle de l'Europe, de bonne heure aussi je m'occupai de savoir avec quelle puissance je pouvais contracter ce nœud politique. J'avais entendu dire que S. M. tenait à resserrer les alliances de famille, et je ne voyais en Espagne et à Naples aucune princesse de mon âge; il ne restait donc que la Saxe, la Bavière et la Sardaigne à exploiter; heureusement que le duc de La Vauguyon vint me tirer d'incertitude, en m'apprenant sous le secret que je serais l'heureux époux de Marie-Joséphine de Savoie.

Je me hâtai de recourir à l'almanach royal pour savoir au juste la date de naissance de ma fiancée, et j'appris qu'elle avait deux ans deux mois et quinze jours de plus que moi, attendu qu'elle était née le 2 septembre 1753, et moi le 17 novembre 1755. Je l'aurais autant aimé ma cadette, car il me semblait convenable de vieillir avant ma femme; mais, sur ce point comme sur beaucoup d'autres, il fallut me soumettre à ma destinée de prince.

Je pris aussi mystérieusement des informations pour savoir si la princesse était belle ou laide. Bonnefoy me tombant le premier sous la main, fut celui auquel j'adressai d'abord ma question.

— Elle est superbe, monseigneur, ne manqua-t-il pas de me répondre; puis voyant que j'exigeais de la franchise, il finit par m'avouer qu'il ne savait pas davantage que moi à ce sujet. J'eus donc recours au duc de La Vauguyon. Il m'assura que la princesse Joséphine était fort bien; d'autres me parlèrent dans le même sens, tellement que mon imagination s'enflamma, et que je m'avisai de me croire amoureux en attendant que les choses reprissent leur cours ordinaire. Le portrait de la princesse, quoique flatté suivant l'usage, vint un peu refroidir à la vérité cette flamme naissante; mais c'était celui d'une femme, et quand on est jeune, il est rare que l'imagination ne prête pas quelque charme à celle qui vous en promet le moins.

On ne me consulta pas davantage sur la manière dont ma maison et celle de ma femme seraient composées : ce fut la comtesse Dubarry qui se chargea des nominations, au grand courroux des Choiseuls, qui s'étaient mis en tête de n'y placer que leurs créatures. M. de Coëtlosquet devint mon premier aumônier : les peines qu'il s'était données à mon égard lui méritaient ce dédommagement. J'eus pour premier gentilhomme de la chambre le marquis de Caumont (la Force), homme de haute naissance et de mince mérite. Le duc de Laval (Montmorenci), admirateur passionné de la comtesse, fort avant dans ses bonnes graces, et désirant obtenir les miennes, que je ne lui accordai pas. Le vicomte de Laval venait en survivance ; son âge le rapprochait du mien, il était de 1751. Le comte d'Ouches et le marquis de Bouillé furent mes premiers chambellans. J'eus pour maîtres de la garde-robe le comte de Crancy et le marquis d'Avaray, dont le fils ne tarda pas à devenir mon fidèle Achates, bien que, avant d'en venir là, je lui aie donné pour prédécesseurs d'autres amis. Son attachement ne m'a été bien connu que dans l'émigration, et c'est aussi à cette époque que je me réserve d'en parler. La liste se terminait ainsi : le marquis de Sinety, *premier maître-d'hôtel;* le marquis de Montesquiou Fezensac, *premier écuyer;* M. Mesnard de Cleste, *premier maréchal-des-logis;* le marquis de Lévis et le comte de Chabrillant, *capitaines des gardes;* le comte, depuis prince de Montbarrey, *capitaine de mes Cent-Suisses;* le chevalier d'Arg, bâtard, le comte de Toulouse, frère du duc de Penthièvre, *premiers fauconniers et chefs des oiseaux du cabinet;* le comte de Montaut, *premier veneur;* le marquis de la Feuillée, *capitaine des gardes de la chambre;* le marquis de Gauville, *capitaine des chasses de l'apanage.*

Ma maison n'était pas bornée à ce nombre de seigneurs. La chapelle, par exemple, comptait environ vingt-cinq aumôniers, chapelains ou abbés en exercice. Je signalerai parmi eux l'abbé Gros de Besplas, issu d'une noble et ancienne famille de Montpellier, homme d'un rare mérite, bon prédicateur, et qui m'aurait converti si j'avais eu besoin de l'être. Je l'aimais beaucoup, et je causais souvent avec lui : il méritait un évêché, mais ses talens portaient ombrage à certaines gens, et il n'en eut pas.

On m'accorda par la suite un plus grand nombre de gentilshommes d'honneur, les marquis de Montbel, de Fumel et de Donissan, les comtes de Virieu, de la Châtre, du Lau, de Spare, de Modène, le vicomte de Bernis et le chevalier de Béarn ; celui-ci était particulièrement dévoué à madame Dubarry. Je citerai encore le marquis de Bièvre, écuyer ordinaire, noble de la veille, fils de Maréchal, l'ancien premier chirurgien de Louis XV, et qui se donnait un titre de sa pleine autorité. Je me moquais de sa vanité, tout en aimant sa personne; il avait de l'esprit, mais une manie de faire des calembours qui le rendait fatiguant quelquefois. Du reste, je ne l'admis jamais dans mon intimité, quoiqu'il s'en soit vanté.

Lieutaud était mon médecin. Dans ce siècle d'incrédulité presque générale, il avait, auprès de ses confrères, le ridicule de croire à la médecine. Je m'amusai à le contredire, et lui jouai plus d'un bon tour. Vingt fois il se serait donné au diable, s'il y avait cru comme à Esculape; et quant à Dieu, un athée en médecine était selon lui pire qu'un athée en religion, car on pouvait douter qu'on eût une ame, mais comment douter de l'existence du corps?

J'eus d'abord pour pages MM. de Bufferent, *premier*, de Lanorau, de la Motte, de Goy, Hocquart, de Chaffoy, de Marsac, de la Rivière, de Lieuray, de Biencourt, de Pont de Vie et de Chourses, jeunes gens turbulens, indisciplinés, toujours en querelle avec les pages du roi, et ne valant pas mieux qu'eux: aussi était-il fort difficile de les contenir dans de justes bornes.

Le surintendant de mes bâtimens, et qui finit par devenir jusqu'à sa mort l'*omnis homo* de ma maison, était Cromot Dubourg, premier commis des finances, personnage habile, sûr et sévère, se faisant craindre de tout ce qui était sous sa domination, et en un mot, tyran subalterne, tel que les princes ont quelquefois besoin d'en avoir pour mettre l'ordre chez eux. J'abandonnai ce soin à celui-ci, et je ne pouvais me confier à de meilleures mains. C'était du reste un galant homme, et fort amateur du beau sexe.

J'achève ici la liste de ceux qui composaient ma maison. Si d'autres noms me reviennent plus tard à la mémoire, je les transcrirai, car je me complais dans ces souvenirs de ma jeunesse.

J'avoue que j'aurais autant aimé distribuer moi-même les charges de ma domesticité, que d'être forcé de m'en rapporter au choix d'un autre; mais je ne me plaignais point, je savais qu'un prince ne doit se fâcher que lorsqu'il a assez de puissance pour ne pas avoir tort, et que le monde ne nous considère pas d'après ce que nous valons, mais d'après ce que nous pouvons.

Tandis que je me tenais tranquille, chacun se démenait autour de moi à qui mieux mieux, tous voulant vivre à mes dépens par excès d'attachement à ma personne. Mes tantes se mêlèrent aussi d'intriguer dans cette circonstance. Ces excellentes princesses, alors au nombre de quatre, ne jouissaient que d'un crédit bien minime; le roi les aimait beaucoup, mais s'en occupait peu. Madame Adélaïde seule, en sa qualité d'aînée, obtenait de temps en temps quelques légères faveurs de sa majesté. Quant à mesdames Victoire, Sophie et Louise, elles n'avaient guère que les honneurs de la représentation. La dernière gagna à se faire religieuse; elle devint dans le cloître une puissance, et elle méritait que Dieu fît une distinction en sa faveur.

La haine que mes tantes portaient à la maison d'Autriche rejaillissait sur la dauphine, et les disposait en faveur de ma fiancée. Elles se faisaient, le plus innocemment du monde, le plaisir de la brouiller avec Marie-Antoinette, afin d'acquérir plus d'influence sur moi par l'entremise de ma femme. Je voyais ce manége, mais je ne m'en inquiétais pas, car j'étais décidé à ne me laisser dominer par personne; d'ailleurs, je connaissais déjà trop de causes de divisions entre moi et la dauphine pour que je crusse devoir en augmenter le nombre par les conseils de mes bonnes tantes.

J'ai déjà parlé de l'abbé de Vermont, qui dirigait en secret Marie-Antoinette. Je ne sais pourquoi ce digne personnage m'aimait encore moins que personne; peut-être était-ce parce que le connaissant de longue-main, je m'étais expliqué sur son compte à une bonne ame qui s'était empressée d'aller lui rapporter ma confidence. Aussi, dès ce moment, j'eus en lui un ennemi juré, qui ne négligea aucune occasion de me faire du mal. Il était de la cabale Choiseul, détestait par conséquent madame Dubarry; il me fit un crime, auprès de ma belle-sœur, des politesses que je croyais devoir faire à la favorite du roi. Ce fut la cause qui commença à mettre la division entre la dauphine et moi, et à élever une barrière qui nous sépara à jamais. L'abbé de Vermont s'y prit de bonne heure pour me noircir dans l'esprit de Marie-Antoinette, et avant la mort de Louis XV, il y avait déjà rivalité et haine dans l'intérieur de la famille royale.

Mon aïeul aimait peu la dauphine, simplement parce qu'il craignait mon frère aîné, dont la sévérité était une censure perpétuelle de sa conduite. On sait déjà que son affection pour moi n'était pas non plus des plus tendres. Ne pouvant trouver les moyens de faire revenir le roi de ses pressentimens à mon égard, je me trouvais souvent dans une position fort difficile; et peut-être en augmentais-je encore les embarras en cherchant à en triompher par ma réserve et ma prudence; car souvent une sage retenue est plus nuisible qu'un excès de confiance en soi-même et la présomption.

Lorsque mon alliance avec la princesse de Piémont fut décidée, le duc de La Vauguyon vint me dire que le roi m'ordonnait d'aller lui parler. Je tremblai un peu d'un ordre qui sortait complètement des règles ordinaires, et dont je ne pouvais deviner le motif, car je ne voyais jamais Louis XV qu'avec d'Artois, à des heures prescrites. Une audience particulière de sa majesté, sans que je l'eusse sollicitée, me donnait donc fort à penser. Je repassai rapidement dans ma mémoire tous les griefs qu'on pouvait avoir à me reprocher, et bien que ma conscience ne fût chargée que de quelques peccadilles de jeune homme, je ne me présentai pas sans effroi chez le roi.

Il était seul dans son cabinet, et se tenait debout,

le dos appuyé contre un grand bureau de marqueterie qui occupait une partie de l'appartement du côté de la fenêtre. Mon aïeul jouait dans ce moment avec une jolie chienne de chasse qu'il affectionnait beaucoup. Je m'approchai du roi d'un air timide et embarrassé ; mais je m'aperçus bientôt qu'il était en bonne disposition à la manière dont il répondit à mon compliment. Nous avions tous notre sobriquet dans la famille, et Louis XV ne les employait jamais que quand il était de bonne humeur.

— Bonjour, Provençal, me dit-il ; vous me paraissez en parfaite santé. Tant mieux, sur ma foi ! car jamais vous n'en eûtes plus besoin : vous allez vous marier.

— On m'a communiqué les ordres de votre majesté.

— On pourrait bien avoir omis quelque chose, répondit-il en riant; car le temps me presse, et je vous préviens que je veux être bisaïeul le plus tôt possible.

— Sire, je sais que mon devoir est d'obéir en tout à votre majesté.

— Je n'en doute pas ; aussi j'espère que si les événemens vous secondent, vous laisserez bien loin en arrière M. le dauphin.

Je répondis par un salut respectueux, accompagné d'un demi-sourire, dont l'expression parut amuser beaucoup le roi. Mais, reprenant bientôt sa physionomie ordinaire, si grave et si majestueuse, il ajouta :

— J'ai désiré vous voir en particulier pour vous prévenir que vous devez veiller attentivement à ce que votre femme future ne s'écarte jamais de ce qu'elle devra à la dauphine. Leurs deux maisons sont divisées ; il faut qu'on oublie ici des rivalités qui troubleraient la tranquillité de Versailles, et me déplairaient souverainement. Je sais que vous avez une raison au dessus de votre âge, ainsi je me flatte que vous ne ferez ou ne laisserez rien faire à la dauphine qui pourrait lui déplaire. Votre frère, d'ailleurs, ne le souffrirait pas ; il aime sa femme, et il est jaloux de la faire respecter comme elle le mérite. Veillez donc sur la vôtre ; enfin, faites en sorte que les choses aillent de manière à ce que je ne sois point forcé de m'en mêler.

Je répliquai au roi que cela me serait d'autant plus facile, que je n'avais pas de plus grand désir que d'être bien avec mon frère et ma belle-sœur.
— Je sais, ajoutai-je, le respect que je dois à votre majesté, celui qu'a droit d'attendre de moi l'héritier du trône, et j'espère n'être jamais accusé d'y avoir manqué.

— C'est fort bien, répondit le roi ; mais je crains, malgré vos bonnes intentions, que vous ne soyez entouré de gens qui vous montent la tête, et, graces à de mauvais conseillers, votre esprit ne servirait peut-être qu'à vous faire faire des sottises.

— Je suis certain, sire, répondis-je vivement,

que personne, autour de moi, ne parviendra jamais à me faire dévier de la ligne que ma raison s'est déja tracée. Mais, puisque votre majesté me met sur ce chapitre, elle me permettra de lui faire observer que ma belle-sœur a auprès d'elle quelqu'un qui n'est guère propre à maintenir la bonne intelligence dans la famille; je crains la partialité de l'abbé de Vermont en faveur de la maison d'Autriche.

— Oui, mon cher fils, me dit alors le roi, en se servant pour la première fois de cette expression paternelle, je sais, comme vous, que cet abbé nous veut peu de bien ; mais puis-je l'enlever à une jeune femme qu'il a élevée, et qui a besoin de placer sa confiance en quelqu'un : elle pourrait encore plus mal choisir. C'est un homme sans ambition personnelle, probe et religieux, malgré sa prédilection pour la maison de Lorraine. Ce sera au dauphin à le maintenir dans de justes bornes ; et maintenant que je vous ai prévenu sur ce qui m'inquiétait le plus, je suis plus tranquille; car je désire par-dessus tout que la paix de ma famille ne soit jamais troublée.

Le roi me congédia après ces dernières paroles, et je m'en retournai fort soulagé de la crainte que m'avait inspirée cette audience. Elle eut lieu vers la fin de 1770, peu de jours avant la disgrace du duc de Choiseul. Je ne raconterai pas les détails de cette disgrace qui se trouvent partout; je me bornerai à dire que madame Dubarry, en aidant aux instigations des ducs de Richelieu et d'Aiguillon, et du chancelier Maupeou, se trouva d'ailleurs dans le cas de légitime défense; car M. de Choiseul ne travaillait qu'à la chasser elle-même de la cour. Ce fut un combat à mort dont sortit triomphante la favorite; elle avait pour elle une arme toujours infaillible dans les mains d'une femme, lorsqu'elle retient dans ses chaînes un vieillard amoureux. La passion du roi pour la comtesse tenait de la folie; et je ne sais jusqu'où les choses auraient pu aller, si l'on n'avait pas eu la maladresse de marier mademoiselle Lange. Les difficultés qu'on eut à rompre cette union, furent peut-être la cause principale qui détourna mon aïeul de faire pis que Louis XIV.

La chute de M. de Choiseul fut un contre coup pour la dauphine; elle aimait beaucoup le ministre que sa mère lui avait recommandé particulièrement, car il était aussi très dévoué à l'impératrice. Quant au dauphin, il ne l'aimait ni ne l'estimait, et ne manquait jamais de le lui témoigner par quelques paroles désobligeantes lorsqu'il en trouvait l'occasion.

Il vit donc avec plaisir la disgrace du duc, et ne chercha point à le dissimuler, tandis que sa femme dut cacher le chagrin qu'elle en éprouva. Cependant elle ne put s'empêcher de me demander avec ironie, devant son mari, si j'avais félicité madame Dubarry de sa victoire.

—Non, madame, répondis-je, je préfère offrir mes consolations à ceux que cette victoire contrarie ; car la charité chrétienne doit commencer par s'affliger avec le malheureux.

La dauphine rougit, et détourna la tête pour cacher sa confusion.

— Quant à moi, dit mon frère, je ne m'intéresse ni au vaincu ni au vainqueur.

— Je me flatte, répondit la dauphine, que vous ne mettez pas le duc de Choiseul sur la même ligne que la favorite.

— Non, sans doute, je le place un peu plus bas ; car il me semble doublement répréhensible d'après ce qu'on devait attendre d'un homme de son rang, tandis que madame Dubarry suit la pente naturelle de l'éducation qu'elle a.

Ma belle-sœur ne désirant pas prolonger la conversation, elle se termina ici.

Le marquis de Monteynard fut nommé ministre secrétaire-d'état au département de la guerre ; le duc d'Aiguillon eut les affaires étrangères ; le cardinal de la Roche-Aymon obtint la feuille des bénéfices à la place de Jarente, évêque d'Orléans, à qui il ne manquait que d'être honnête homme ; et dont la mauvaise réputation valait encore mieux que lui.

Le roi me donna, au commencement de 1771, le régiment de Provence, commandé alors par le chevalier de Virieu. L'ordonnance de cette nomination, datée du 12 novembre précédent, ne parut qu'à cette époque. Ce régiment d'infanterie avait deux escadrons ; il prit le titre de *Comte de Provence*. Tous les officiers me furent présentés, et je m'efforçai de les recevoir de manière à ne pas leur faire regretter leur ancien colonel. J'aurais bien voulu qu'on me permît d'aller passer quelque temps à ma garnison, pour me faire connaître davantage dans le royaume ; mais mon aïeul s'y refusa, et il répondit à mes tantes qui se chargèrent de lui exprimer mon désir :

— Les frères des rois de France ne doivent être guerriers que de titre ; le meilleur moyen d'assurer la paix de l'état est d'éloigner de l'armée les princes du sang. Le comte de Provence ne fera donc que la guerre aux cerfs dans le parc de Versailles.

Je me le tins pour dit, et je fis dès ce moment mes adieux à la carrière des armes ; je pris mon parti avec résignation. J'espère cependant avoir prouvé, dans ma vie, que le danger ne m'eût pas fait peur ; et je ne ressemble pas à certains héros de ma connaissance, qui se sont fait une réputation de bravoure qu'ils ont toujours pris soin de démentir, lorsque l'occasion de la justifier s'est présentée. Le roi ne me dissimula pas son mécontentement de ce qu'il appela ma fantaisie martiale. Je m'excusai en lui disant que j'aurais souhaité imiter le courage des grands hommes de ma famille.

— Il est une tâche non moins noble, répondit sa majesté, c'est de donner l'exemple de l'obéissance à ceux de la famille qui voudraient en manquer.

## CHAPITRE V.

Le duc de Bourbon chevalier de l'Ordre. — Sa femme. — Réponse que lui fit Bonaparte. — Le père Hyacinthe Sermet. — Ses piquantes reparties. — Cérémonie du mariage du comte de Provence. — Anecdote à ce sujet. — Impolitesse du dauphin. — La princesse de Piémont témoigne le désir de plaire à son mari. — Détails d'intérieur. — La duchesse de Brancas. — La comtesse de Valentinois. — Comment le comte de Provence et sa femme agissent envers madame Dubarry. — Querelle entre le dauphin, la dauphine et le comte de Provence. — Quelles en sont les suites.

Le 2 février 1771, le roi nomma chevalier de l'Ordre le duc de Bourbon, fils unique du prince de Condé. Né en 1756, il avait épousé, l'année précédente, mademoiselle d'Orléans. J'ai déjà parlé de lui. On fondait sur ce prince de grandes espérances qu'il ne réalisa pas; car, quoique rempli de bravoure et de générosité, il manquait des qualités qui font les grands hommes. Politique fort ordinaire, il n'était bon qu'à la tête des armées; c'était, en un mot, un vrai prince comme il faudrait qu'ils fussent tous pour la sûreté d'un état, car les princes à grandes capacités sont trop portés à se jeter dans l'intrigue. Sa conduite dans l'émigration fut parfaite : malheureusement il l'a un peu démentie depuis.

Sa femme perdit de bonne heure la raison ; car on ne peut traiter que d'aliénation mentale ses bizarreries et ses extravagances. Elle se figura longtemps être en relation directe avec les esprits de l'autre monde. Elle croyait, par exemple, que M. de Roquefeuille, bien légitimement enterré, et avec lequel elle avait eu des relations très intimes pendant sa vie, venait la visiter après sa mort, et avec une telle assiduité que, malgré son ancienne affection pour lui, elle était quelquefois fatiguée de ses nombreuses visites. Aussi plusieurs personnes, en venant la voir, lui ont entendu dire :

— Adieu, Roquefeuille ; partez, mon ami ; car voilà plus de quatre heures que vous êtes ici sans me dire un mot. Ce soir vous reviendrez.

Par la suite, madame de Bourbon ne témoigna pas l'indignation douloureuse qu'aurait dû lui causer l'horrible assassinat de son fils le duc d'Enghien ; il paraît même que plus tard elle fit des avances à Bonaparte afin qu'il la laissât rentrer en France. Ce dernier répondit comme il le devait à une telle proposition.

— Madame la duchesse de Bourbon, lui fit-il dire, ne rentrera en France que lorsque j'en sortirai ; je la plains, mais je ne puis la rappeler.

Le 2 février, le roi tint, dans son appartement,

le chapitre de l'Ordre; puis il se mit en marche pour la chapelle, précédé et suivi du dauphin, de moi, du comte d'Artois, des ducs d'Orléans et de Chartres, du prince de Condé, des comtes de la Marche, d'Eu, des ducs de Penthièvre, et des chevaliers-commandeurs. Le grand-aumônier célébra la messe. Le sermon fut dit par un carme, le père Hyacinthe Sermet, moine au couvent des Augustins de Toulouse, qui avait été choisi pour prêcher pendant le carême de cette année. Il devint, par la suite, évêque métropolitain du sud, lors de la constitution civile du clergé. C'était un compère fort spirituel, croyant beaucoup plus en son savoir-faire qu'en Dieu, assez régulier dans sa conduite, et qui avait le talent de m'amuser chaque fois qu'il venait me faire sa cour. Lorsque je l'attaquais, il avait toujours quelques reparties piquantes à m'opposer, et avec un accent gascon qui leur prêtait encore plus de sel. Il me demanda un jour de le faire nommer évêque ; et lui ayant offert un brevet de capitaine dans mon régiment, à la place d'un évêché : — J'y consens, monseigneur, me répondit-il, à condition qu'il renfermera le bâton de maréchal.

— Vous voulez donc être cardinal, père Hyacinthe?

— Et même pape, si le Saint-Esprit le veut.

— C'est de l'ambition.

— Dites plutôt, monseigneur, que c'est de la résignation aux décrets divins.

Je fus édifié de voir tant de confiance en Dieu.

Je mentionnerai ici, sans répétition aucune, que le 17 mars, la comtesse de Caulaincourt fut présentée à la famille royale par la duchesse de Béthune.

La veille de ce jour, il y avait eu, dans l'église de Saint-Louis de Versailles, un service funèbre pour l'anniversaire de la mort de la dauphine ma mère. Nous y assistâmes, mes deux frères, mes deux sœurs, mes deux tantes et moi; Madame et Élisabeth pleurèrent beaucoup; nous montrâmes plus de fermeté, quoiqu'intérieurement notre douleur fut la même.

Le jour de mon mariage approchait; je l'attendais avec impatience, et comme celui où mon indépendance allait commencer. Je devais à la vérité rester sous la surveillance de deux ou trois mentors secrets que le roi avait mis près de moi; néanmoins, je ne pouvais qu'être plus libre que je l'avais été jusqu'à ce moment. Ce fut donc avec une véritable joie que j'appris que cette cérémonie était enfin fixée au 14 mai 1771. Je crois devoir consigner ici les détails de cette époque mémorable de mon existence, dont j'ai conservé les notes avec d'autant plus de soin, que fort peu d'écrits en ont fait mention.

Le baron de Choiseul, nommé ambassadeur extraordinaire du roi de France auprès de sa majesté le roi de Sardaigne, mon futur beau-père, alla le 7 avril loger à Turin, chez le marquis d'Ormus, gouverneur de cette ville, où il devait rester trois jours, et être servi par les officiers du roi, conformément au cérémonial d'usage. Le même jour, à dix heures, le maréchal comte de la Roque, chevalier de l'Annonciade, accompagné des personnes chargées de présenter les ambassadeurs, vint prendre le baron de Choiseul pour le conduire au palais, où des honneurs extraordinaires lui furent rendus. Il trouva, dans la salle d'audience, le roi sur son trône, environné de sa famille, des grands officiers de sa maison, des ministres et des chevaliers de l'ordre de l'Annonciade, et du reste de sa cour. L'ambassadeur de France demanda alors la main de la princesse Marie-Joséphine-Louise, petite-fille de sa majesté, pour le petit-fils de Louis XV. Il remit en même temps au monarque une lettre de mon aïeul, et une autre de moi, qui appuyaient la demande en mariage. Le roi accueillit les lettres et la proposition de la meilleure grace du monde, et accorda sur-le-champ la main de la princesse, à laquelle le baron de Choiseul alla remettre mon portrait.

Le contrat de mariage fut signé le 6 avril; plusieurs fêtes eurent lieu avant et après cette formalité; enfin, le 21 avril, la célébration du mariage par procuration se fit dans la chapelle du palais. Le cardinal de Lanusse, grand aumônier du roi, m'adressa la relation publiée à ce sujet, en la personne du prince de Piémont, mon représentant, un discours très pathétique, et qu'il fit suivre de la bénédiction nuptiale. Cette cérémonie achevée, M. de Sainte-Croix, capitaine de cavalerie, faisant fonction de secrétaire d'ambassade, partit de Turin pour venir nous annoncer à Versailles cette nouvelle que je reçus avec une certaine émotion : j'étais bien et dûment marié.

Ma femme fit son entrée à Lyon le 3 mai, et y séjourna jusqu'au 6, et elle alla coucher à Roanes, puis le 7 à Moulins, et le 8 à Nevers. Le roi partit, le 11, de Versailles, à 2 heures, accompagné du dauphin, de la dauphine, du nouvel époux, et de mesdames Adélaïde, Victoire et Sophie. Le comte d'Artois ne vint pas avec nous, attendu sa trop grande jeunesse, ce qui le mit de fort mauvaise humeur, car il s'était fait une haute idée des plaisirs qui nous attendaient dans ce voyage. Il me fit promettre de lui écrire dès que j'aurais vu la comtesse de Provence, et de lui dire franchement ce que j'en pensais.

Nous nous rendîmes à Fontainebleau, où le marquis de Chauvelin, maître de la garde-robe, que le roi avait envoyé à Briare pour complimenter la princesse, nous donna de ses nouvelles, et nous inspira un vif désir de la connaître. Le lendemain, le marquis, accompagné de la famille royale et de ses principaux officiers, alla au devant de ma femme jusqu'au pied de la montagne de Mourons. Les détachemens de la maison du roi, ainsi que le secrétaire du cabinet, précédèrent et suivirent le carrosse de sa majesté dans l'ordre ordinaire. Lorsque la comtesse de Provence aperçut le monarque, elle descendit de voiture, et alla au devant de lui, accompagnée du comte de Béranger, son chevalier d'honneur, du comte de Mailly, du marquis de Nesle, son premier écuyer, qui lui donnait la main, de la duchesse de Brancas, sa dame d'honneur, de la comtesse de Valentinois, sa dame d'atours, et des dames que le roi avait nommées pour aller recevoir la princesse à la frontière.

En arrivant près de sa majesté, qui était également descendue de voiture, la comtesse de Provence se jeta à ses pieds, selon le cérémonial d'usage. Mon aïeul la fit relever aussitôt avec beaucoup de grace, et l'embrassa tendrement. J'étais près de lui, dévorant des yeux la princesse ma femme, et la trouvant mieux que je ne l'espérais, car je ne m'en étais pas rapporté au portrait qu'on m'avait envoyé. Cependant elle n'était pas belle ni même jolie, mais elle me plut. Je le manifestai par mon contentement, et je fus le premier à l'embrasser après le roi qui, cette fois, me fit passer avant le dauphin, attendu la circonstance. Le reste de la famille vint après, le beau-frère, la belle-sœur et les tantes la baisèrent fort amicalement, puis nous remontâmes en voiture, pour rentrer à Fontainebleau ; la comtesse de Provence prit place près de sa majesté.

En arrivant, je conduisis, avec le roi, la princesse à son appartement, où le comte et la comtesse de la Marche, le comte d'Eu, le duc de Penthièvre et la princesse de Lamballe lui furent présentés par sa majesté, et prirent aussitôt leur fauteuil devant elle : nous la quittâmes ensuite, et après notre départ, la duchesse de Brancas lui présenta le reste de la cour. Nous soupâmes le soir en public. Il y avait à la table royale sa majesté, le dauphin, moi, ma femme, mesdames Adélaïde, Victoire, Sophie, le comte et la comtesse de la Marche, le comte d'Eu, le duc de Penthièvre et la princesse de Lamballe.

Il manquait au banquet les princes d'Orléans, de Condé et de Conti, qui boudaient dans le moment, et avaient reçu la défense de paraître devant sa majesté. C'était une querelle politique, une levée de bouclier en faveur de la magistrature, que le chancelier désorganisait pour le plus grand profit de la couronne. Les princes prirent le parti de la robe, afin de se populariser d'abord, et pour se faire donner plus tard de fortes sommes, lorsque l'instant d'entrer en négociation serait venu. Il en a constamment coûté quelque chose au trône chaque fois que la vertu des princes du sang a protesté contre ses fautes. Le public ne voit, dans ces sortes de démêlés, que des motifs honorables, tandis que c'est toujours une question de finances qui se règle entre les trésoriers des deux maisons.

Je croyais, d'après l'exemple de Henri IV, pouvoir montrer, dès le jour même, mon empressement à ma femme, mais le roi s'y opposa ; on ne me permit même pas de passer la nuit dans le château de Fontainebleau. J'allai prendre gîte à l'hôtel de la Chancellerie. Nous partîmes le 13 pour Choisy, où sa majesté fit apporter, à la comtesse de Provence, la parure de diamans dont il lui faisait cadeau. Ce fut là que mes deux sœurs et le comte d'Artois vinrent la voir pour la première fois. L'entrevue des princesses fut touchante. Clotilde savait déjà qu'elle épouserait l'héritier présomptif de la couronne de Sardaigne, ce qui l'intéressait doublement en faveur de la comtesse de Provence. Celle-ci ne nous suivit pas le soir à Versailles; elle n'y vint que le lendemain, pour la dernière célébration de ce mariage en deux actes, qui devait avoir lieu le même jour, 14 mai.

La princesse arriva vers dix heures du matin; on lui présenta quelque temps après les duchesses de Chartres et de Bourbon, et la princesse de Conti, dont les maris, comme je l'ai déjà dit, s'étaient retirés à l'écart. Les deux premières assistèrent au mariage, mais la dernière demanda la permission de se retirer après son entrevue avec la comtesse de Provence, demande que le roi lui accorda d'autant plus volontiers, qu'il la savait fort incommodée.

Vers une heure, ma femme alla chez sa majesté avec toute sa maison. De là, on se rendit à la chapelle dans l'ordre suivant:

Le grand-maître, le maître et l'aide des cérémonies marchaient à la tête du cortége. Je venais après donnant la main à la comtesse de Provence; le roi me suivait, précédé du dauphin, de la dauphine, du comte d'Artois et de mes tantes ; sa majesté était accompagnée de ses premiers officiers, des seigneurs et des dames de sa cour. En arrivant dans la chapelle, mon aïeul se mit à son prie-dieu, entouré de la famille royale, à l'exception de moi et de ma femme, que je conduisis au pied de l'autel, où nous nous agenouillâmes sur des carreaux placés au bas du sanctuaire.

Le cardinal de la Roche-Aymon, grand aumônier de France, sortit aussitôt de la sacristie, et vint offrir l'eau bénite au roi, puis, montant à l'autel, il commença la cérémonie par la bénédiction de 13 pièces d'or et d'un anneau qu'il me présenta. Je le mis au doigt de la comtesse de Provence, et lui donnai les 13 pièces d'or. Le roi vint alors à l'autel, assister à la bénédiction nuptiale, puis il retourna à son prie-dieu.

Je prononçai le *oui* obligé d'une voix sonore qui surprit tous les assistans, ce qui fit que le comte d'Artois me dit plus tard :

— Malepeste ! mon frère, comme vous avez crié.

— J'aurais voulu, répondis-je, que ma voix pût retentir jusqu'à Turin.

Ce propos, qui fut répété à la comtesse de Provence, la toucha beaucoup. En rentrant chez elle, le duc de Duras, premier gentilhomme de la chambre en exercice, lui remit la clef d'une cassette remplie de bijoux, qui étaient un nouveau présent de mon aïeul ; puis elle reçut le serment des premiers officiers et des dames de sa maison, cérémonie à laquelle assista le duc de la Vrillère, ministre secrétaire-d'état au département de la maison du roi, en vertu du droit de sa charge.

Les ambassadeurs, le ministre des affaires étrangères, furent présentés à leur tour à la nouvelle épouse. A six heures du soir, il y eut jeu dans la galerie et plus tard banquet splendide dans la salle de spectacle. Le roi conduisit ensuite madame la comtesse de Provence dans son appartement. Il me fit l'insigne honneur de me donner la chemise; la dauphine remplit la même formalité à l'égard de sa belle-sœur, puis chacun se retira.

J'étais satisfait. On me félicita le lendemain de mon honneur; le dauphin seul, avec une franchise hors de saison, se permit de me répondre, lorsque je lui demandai comment il trouvait la comtesse de Provence :

— Pas trop bien. Je n'aurais pas été jaloux de l'avoir pour femme.

— Je vous félicite alors, lui répondis-je vivement, qu'on ait mieux rencontré votre goût dans le choix de la vôtre, car nous sommes contens tous les deux.

Quoique moins jolie que la dauphine, la comtesse de Provence avait des qualités propres à la faire chérir: je n'ai jamais eu un reproche à lui adresser. Son unique soin était de me plaire, d'adopter mes amitiés, mes répugnances, sans chercher à influencer mes goûts ni mes opinions. J'eus des tors envers elle, je dois l'avouer; elle ne s'en plaignit point, et n'en resta pas moins attachée à tous ses devoirs d'épouse. Je me rappelle que le lendemain de notre mariage elle refusa de mettre du rouge, selon l'usage de la cour, et résista d'abord avec fermeté à toutes les instances de madame de Valentinois, chargée de la réconcilier à ce fard indispensable alors à la toilette. Celle-ci, fort embarrassée, ne vit d'autre moyen que de m'appeler à son secours pour vaincre la répugnance de la princesse. Ayant dit à ma femme que je la priais de se laisser faire, et que je la trouverais plus jolie, elle se retourna aussitôt vers sa dame d'atours, et lui dit avec un naturel plein de grace:

— Mettez-moi bien vite du rouge, et beaucoup, puisque je plairai davantage à mon mari.

Je passerai sous silence les diverses fêtes qui furent données à cette occasion, à Paris et à Versailles, à l'exception du feu d'artifice qui eut lieu le 19 mai. Je veux prouver par cette description que les artificiers étaient aussi habiles avant la révolution que ceux d'aujourd'hui, ce dont la génération actuelle ne me semble pas assez persuadée.

A l'entrée de la nuit, le roi passa avec toute sa famille dans la grande galerie, et, au signal donné, le feu d'artifice, qui était placé dans le grand parterre, commença par un bruit de guerre qui accompagnait un vrai Vésuve de fusées d'honneur et de bombes lumineuses. Cinq grandes pièces pyrhiques, dont les feux variés prirent successivement sept formes différentes, étaient placées dans le parterre, à la tête des deux bassins ; elles furent suivies de deux cents fusées de table et de cent bombes jetant le plus vif éclat. Les pièces exécutées qu'on enleva pendant cet intervalle laissèrent voir une vaste décoration de deux cent vingt pieds de large sur cinquante de haut ; elle se composait de différens feux de couleurs, qui, retombant en pluie étincelante sur une immense nappe d'eau, offraient les nuances les plus variées. Un rideau de feu, de trois cents pieds de large, succéda ensuite, et après avoir changé six fois de formes, il se termina par une mosaïque brillante, entourée de rosettes qui servaient de disques à autant de soleils fixes.

Il fut remplacé aussitôt par neuf grandes pièces géométriques, composées de trois globes, de quatre sphères et de deux girandoles, d'où partit un feu figuré. Après plusieurs évolutions dans leur orbite respectif, ces comètes de salpêtre s'ouvrirent et laissèrent voir les portraits du roi, du dauphin, de la dauphine, de ma femme et le mien. Ces portraits étaient entourés de deux cercles d'étoiles fixes, dont le centre était rempli par de grands soleils lumineux. L'ouverture des globes fut annoncée par une explosion de fusées, de bombes, et une girandole de cent toises de face qui couvrit de feux divers le vaste espace des cieux et de l'enceinte où étaient les spectateurs. Dès que le feu d'artifice fut achevé, le jardin parut illuminé dans toute son étendue comme par enchantement. Je n'ai jamais rien vu de plus remarquable en ce genre depuis ma rentrée en France.

Nous attendions cependant avec impatience la fin de ces fêtes : l'ennui d'une représentation perpétuelle se glissait déja parmi nous. J'aurais voulu vivre dans mon intérieur, me livrer aux jouissances de la vie domestique; mais c'eût été renoncer à être prince; je ne tardai pas à reconnaître que, de même que les simples particuliers ont peine à réaliser leurs songes de grandeur, les princes ne peuvent guère que rêver le bonheur des simples particuliers. La comtesse de Provence fut aussi cruellement détrompée, et les illusions qu'elle avait pu se former ne se prolongèrent pas long-temps. Sa maison devint bientôt le théâtre de querelles, de commérages, d'intrigues, qui en troublèrent la paix. Le motif de ce trouble vint surtout de la rivalité qui s'établit entre les dames de la dauphine et celles de la comtesse de Provence ; fortes chacune de la supériorité de puissance qu'elles supposaient à leurs maîtresses dans l'avenir ou le présent.

Ces dames, pour accompagner, étaient la duchesse de Caumont, les marquises de Ponf, de Talaru, de Rozan, les comtesses de Damas, de Roure, de Beaumont, de Hautefort et de Guiche.

La duchesse de Brancas jouissait des honneurs de son rang; mais du reste on la laissait tranquille à l'écart, sans trop s'en occuper. Il n'en était pas ainsi de la comtesse de Valentinois, à laquelle on croyait devoir double dose d'égards, tant à cause de son esprit qu'en vertu de son amitié avec madame Dubarry. Elle aimait la cour et l'intrigue, et tenait plus à l'argent qu'à l'honneur. Je ne l'aurais certes pas choisie pour en faire la dame d'atours de ma femme, si la volonté du roi ne me l'eût imposée, ou plutôt celle de la favorite.

Je dois convenir que la duchesse de Valentinois montra de la reconnaissance à madame Dubarry tant que celle-ci fut en place; mais après sa chute elle parut un peu moins empressée à son égard, sans néanmoins l'abandonner complètement. En attendant, la duchesse nous apportait chaque jour les aimables protestations de sa patronne, nous assurait de sa part que son plus grand désir était de se maintenir en bonne intelligence avec nous, et de nous servir auprès du roi si elle en trouvait l'occasion. Voulant mettre à l'épreuve cette bonne volonté de la comtesse, je l'employai lorsque j'eus quelques grâces à obtenir de S. M., et ce fut toujours avec succès, ce qui me prouva que cette grande pécheresse ne faisait même pas usage de l'eau bénite... de cour.

Il ne m'était donc guère possible de me montrer dédaigneux envers madame Dubarry. Je ne lui accordai jamais non plus de faveurs particulières, et je me contentai de me tenir avec elle dans un juste milieu; mais cela ne me réussit point. On rapporta à la dauphine que j'étais au mieux avec elle; cette princesse me montra de l'humeur ainsi qu'à ma femme, et, peu de temps après, le dauphin me demanda, en présence de la comtesse de Provence et de Marie-Antoinette, si je ne portais pas encore les couleurs de la concubine royale, car c'est ainsi qu'il la qualifiait dans l'intimité, en employant tous les synonymes du mot.

— Non, lui répondis-je, la France en a d'assez belles pour que je ne cherche point à en porter d'autres.

— Je crains vraiment, répliqua le dauphin, que vous ne soyez coiffé de la favorite.

— Vous êtes dans l'erreur; je respecte en elle le choix du roi, et voilà tout.

Mon frère m'ayant répondu quelque chose d'assez piquant, je crus devoir faire cesser l'entretien, en lui disant d'un ton froid :

— Est-ce, monseigneur, au frère ou au prince que vous vous adressez?

Il comprit son tort, rougit, balbutia quelques mots sans suite, et sortit sur-le-champ de l'appartement. Ma femme en fut tout émue; et la dauphine, craignant les conséquences de cette scène, qu'elle avait provoquée, nous fit des excuses sur la vivacité de son mari.

— J'avais cru jusqu'ici, répondit la comtesse de Provence, encore piquée de ce qu'elle avait entendu, que la politesse entrait dans l'éducation des enfans de France.

Ceci faillit recommencer la querelle, mais j'interposai ma médiation, et les choses en restèrent là. J'aurais bien voulu que cette picoterie ne fût connue que de nous ; malheureusement la comtesse de Provence alla tout raconter à madame de Valentinois : celle-ci s'empressa d'en régaler la favorite, qui s'en plaignit vivement au roi, non pour en demander vengeance personnelle, mais pour l'aigrir contre la dauphine.

Le roi aimait trop la paix intérieure pour chercher à la troubler en réprimandant trop vertement mon frère et sa femme ; il ne se regardait plus que comme l'usufruitier de la couronne, et prétendait en jouir tranquillement jusqu'à la fin de ses jours. Il avait déja trop de ses démêlés avec la magistrature pour y joindre des querelles de famille. Il imposa donc silence à tout le monde, et se contenta de faire dire à ma belle-sœur, par la vieille comtesse de Noailles, sa dame d'honneur, qu'il voyait avec peine la division qui régnait entre elle et madame de Provence, et qu'il la priait de se conduire différemment à l'avenir.

Ceci ne raccommoda d'abord les choses qu'à moitié. La dauphine, outrée d'être blâmée par le roi, témoigna son mécontentement à son mari ; mais celui-ci, craignant à son tour d'encourir la colère royale, chercha à apaiser sa femme, et me dépêcha notre ancien gouverneur pour s'excuser de ce qu'il prétendait n'avoir été qu'un instant d'emportement involontaire. Je reçus ses excuses avec les égards que je devais à l'héritier du trône ; puis allant le trouver, je l'embrassai sans rancune, et notre querelle se termina là, au grand déplaisir de bien des gens, qui fondaient des espérances sur notre division. Il nous restait à raccommoder la dauphine avec madame de Provence : la chose était moins facile ; cependant nous en vînmes à bout, et ce fut, jusqu'à la mort du roi, le plus fort nuage qui obscurcit momentanément notre intimité.

Ma belle-sœur, désirant complaire à son mari, parut revenir à nous franchement. Je lui disais un jour en plaisantant que, pour un bon ménage, l'hiver était bien plus agréable que l'été, et que je ne trouvais rien de délicieux comme une causerie au coin du feu, les pieds sur les tisons. La semaine suivante je reçus un charmant dessin de Fragonard, dans lequel nous étions représentés, madame de Provence et moi, en robe de chambre, en bonnet de coton, un manchon sur le genoux, et assis en face d'un grand feu, dans la position que j'avais décrite. Je devinai d'où me venait cette plaisanterie, qui nous fit beaucoup rire. J'ai pensé quelquefois, en traversant depuis les neiges de la Courlande, à ma définition des agrémens de l'hiver.

## CHAPITRE VI.

Mots de Louis XV. — Le comte de Provence partisan de la magistrature Maupeou. — Louis XVIII se refuse, en 1814, à rétablir les parlemens. — Mort du comte de Clermont. — Propos du roi sur ce prince. — Les anciens parlementaires prennent en aversion le comte de Provence. — Vers infâmes contre le roi. — La marquise de R... donne une singulière preuve d'amour à son amant. — Aventures d'un mousquetaire dans un couvent de nonnes. — Scandale qui en résulte. — Les prélats courtisans. — Ce qu'en dit le roi. — Le prince Louis de Rohan à Vienne.

La gaîté, en ce temps-là, était rare à Versailles; la disgrace des Choiseuls, la destruction des parlemens, le triomphe de la favorite, agitaient singulièrement les esprits. Le duc de Choiseul et la duchesse de Grammont, sa sœur, car le pauvre Praslin ne comptait pas pour grande chose, étaient parvenus à se faire un parti véritable dans l'état, renforcé de celui de la magistrature, qui n'était pas un auxiliaire à dédaigner. Ce fut la première fois que la cour se mit en peine d'un exilé, qu'elle demanda en masse la permission d'aller lui rendre visite. Cette opposition indigna le roi; il n'osa cependant refuser la demande des courtisans, et répondit au duc d'Aiguillon, qui le pressait de les réprimander :

—J'ai déja trop d'ennemis parmi ceux qui, grace à Dieu, sont à la cour, sans en augmenter le nombre de ceux qui se disent mes amis. Si j'étais plus jeune, je me serais peut-être fâché, mais à mon âge on n'a besoin que de repos.

Le roi ne pensait pas non plus que la destruction des parlemens dût être éternelle; car il dit à ce sujet au chancelier :

—Je vous lèguerai à ma mort une rude besogne.
—Laquelle, sire ?
—Le retour des robes noires; mon petit-fils croira se populariser en les rappelant, et je crains pour vous leur vengeance. Malheureusement celui qui commettra cette faute, n'en retirera aucun profit; il aura à combattre de nouvelles résistances, de nouvelles ambitions, et il est rare qu'une monarchie résiste à ces coups répétés qui la minent en détail, et finissent enfin par l'ébranler jusque dans ses fondemens.

J'étais de l'avis de mon aïeul; aussi, lors de l'avènement de mon frère, je fis tous mes efforts, comme je le dirai en son temps, pour qu'il laissât la magistrature telle que Louis XV l'avait établie, et cela, dans l'intérêt du trône et de la nation. Mes idées, sur ce point, n'ont jamais varié ; et lorsqu'en 1814, on me pressa de *restaurer* les parlemens, je ne voulus rien entendre, et je répondis à ceux qui me sollicitaient à ce sujet :

— Le plus grand service que la révolution ait rendu à la monarchie, a été de réduire les hautes fonctions de ces messieurs en celles de simples juges.

C'est qu'en 1771 la magistrature était réellement une puissance dans l'état : sa position, son ascendant sur le peuple, ses richesses, ses alliances avec la noblesse d'épée, et même avec les premières familles du royaume, la protection que lui accordaient les princes du sang, qui avaient toujours quelque procès à juger, en faisaient un corps fort redoutable pour le trône.

Le comte de Clermont, un de ses plus zélés soutiens, mourut à cette époque. Né en 1709, le 13 juin, ce prince s'était toujours montré inquiet, morose, mais rempli de bravoure. Il voulut se donner pour patron des hommes de lettres, et se fit recevoir membre de l'académie française. Cependant il s'amusa à jouer aux distinctions avec ses confrères, en refusant de prononcer son discours d'entrée, et de s'asseoir sur les fauteuils communs ; en un mot, il essaya d'introduire la prééminence du rang, là où on ne reconnaissait que celle de l'esprit et du savoir. Cela ne lui réussit pas. Le roi le comptait parmi ceux qui s'opposaient le plus à ses volontés ; aussi depuis long-temps il était en pleine disgrace ; et ayant cessé de se montrer à Versailles, il se cachait au fond de son hôtel, situé dans le faubourg St-Antoine, rue de la Roquette, où, après avoir vécu en philosophe, il finit par mourir en capucin.

Depuis long-temps déjà il s'était retiré du

monde, et avait fait un de ces mariages de conscience, trop en usage dans notre famille, en épousant sa vieille maîtresse, madame de Tourvoi, ci-devant fille publique sous le nom de mademoiselle Leduc. Cette rusée commère fit jouer tant d'intrigues, en appelant même à son aide le clergé, qu'elle finit par s'élever au rang de la femme légitime. Louis XV, qui ne voulut pas donner par écrit son consentement à cette union, y accéda de vive voix. Aussi, lorsqu'on administra au malade les derniers sacremens, madame de Tourvoi ne sortit pas de la chambre, ce qui était une déclaration authentique de leur hymen.

Le comte de Clermont trouva encore le moyen, au moment de mourir, de désobliger le roi. Lorsqu'on lui donnait le viatique, le célébrant lui ayant demandé, selon l'usage, s'il pardonnait à ses ennemis.

— Oui, répondit le mourant, je n'en excepte pas même M. de Maupeou; car je le regarde moins comme mon ennemi personnel que comme celui du roi et de la nation.

Sa majesté, à qui on rapporta ce propos, répondit :

— J'aurais eu plus d'obligation au comte de Clermont s'il s'était contenté de montrer plus d'attachement à ses amis, et moins de haine à mes ennemis.

Le comte exhorta également, à son lit de mort, les princes dissidens à se maintenir dans leur rébellion. C'était au prince de Condé à venir apprendre au roi la mort de son parent; mais une lettre de cachet lui interdisait l'approche de Versailles. On blâma beaucoup sa majesté de ne pas la lever : c'était une double occasion d'accorder sa clémence et son respect pour l'étiquette.

Je parlerai peu de l'affaire du parlement, qui est connue de tout le monde. Je dirai seulement que sans les intrigues de madame Dubarry, du duc d'Aiguillon et de l'abbé Terray, qui lui portèrent un coup mortel, cette œuvre bien conduite aurait pu nous sauver de la révolution.

Je m'en expliquai franchement avec le roi, qui m'en sut d'autant plus de gré, que le silence du dauphin à ce sujet lui faisait de la peine. Mais son approbation ne put balancer le mécontentement que mon opinion sur ce point m'attira du public. Les calembours, les épigrammes fondirent sur moi comme une grêle. C'est de cette époque que date l'injustice de la cour et de la nation à mon égard ; et cette défaveur ne fit qu'augmenter jusqu'à mon retour en France, où je me flatte d'être parvenu, par ma conduite, à faire cesser d'injustes préventions.

Je me vis en butte à tous les mauvais propos ; j'en aurais ri, car c'est bien le moins que les magistrats jouissent de vingt-quatre heures accordées par le palais, à quiconque perd son procès, pour maudire ses juges ; mais on alla plus loin : je fus menacé du fer ou du poison, et je dus mettre le lieutenant de police dans la confidence des périls que je pouvais courir.

Je m'apercevais aussi, avec un sentiment bien plus.pénible encore, que la majesté royale se déconsidérait de plus en plus. Le roi avait détruit en partie le prestige qui la fait respecter; à peine si les souverains de l'Europe le comptaient dans la balance politique, tandis que son amour effréné des plaisirs lui avait fait perdre, sur la fin de sa carrière, l'estime et l'amour des peuples. Les vers suivans, que je ne puis citer en entier, ne prouvent que trop cette funeste vérité :

Le mot *royalement* était jadis louange;
Tout ce qu'on faisait bien était fait comme un roi :
On disait, comme un Dieu, comme un roi, comme un ange;
Mais aujourd'hui ce mot est d'un tout autre aloi.
Juger *royalement*, c'est dire n'y voir goutte,
Et n'écouter jamais qu'un gueux de chancelier;
Juger *royalement*, c'est faire banqueroute;
Vivre *royalement*, c'est être p..........

Le *Gazetier cuirassé*, pamphlet infâme du sieur Morande, eut aussi un débit extraordinaire, ainsi que la correspondance prétendue entre Soerhouette et le chancelier Maupeou. On accueillait avec avidité tout ce qui pouvait tendre à dégrader le roi, ses-alentours, et ceux qui étaient dépositaires de son autorité. Tout me prouve que la révolution date de cette époque. Ma jeunesse m'empêchait de voir les choses telles que mon expérience me les montra depuis. Mais j'éprouvais déjà de vives inquiétudes sans connaître encore toute la profondeur du mal.

L'ennui régnait à Versailles, et cependant on y trouvait parfois quelques distractions, que nous procuraient les aventures galantes, et les intrigues en tous genres, qui avaient toujours leur côté plaisant. Je me rappelle que la marquise de R..., fort jolie femme, et désirant faire bon emploi de sa jeunesse et de sa beauté, avait promis à son amant une fidélité à toute épreuve, que son mari même ne pourrait lui faire enfreindre. Ne sachant comment tenir cette promesse, elle alla se jeter aux pieds de ce dernier, et lui avoua qu'entraînée par une passion coupable, et par les conseils de madame de P..., elle s'était donnée à un garde-du-corps, qui avait dans ce moment plutôt besoin d'un médecin que d'une maîtresse.

L'indignation du mari fut extrême : il s'éloigna de sa femme qui, libre alors de ses importunités, put rester fidèle à son amant tout à son aise. Le comte de Pons, à qui elle s'était vantée du moyen délicat qu'elle avait employé, me le répéta en exaltant l'*amour héroïque* de la marquise. Je dois ajouter qu'à cette époque les mœurs étaient si pures, que ce fait, loin de nuire à madame de R..., la rendit *très respectable* aux yeux de la cour.

Je me souviens aussi d'une aventure non moins plaisante de madame Dussaillant, abbesse de Bon-Secours, qui éclata à la même époque. Cette digne religieuse, encore jeune et fort avenante, voyait avec plaisir un mousquetaire noir, nommé Dubourg de la Porquerie, que j'ai depuis employé, dans le Languedoc, en qualité de commissaire royal. C'était un grand luron bien bâti, aux épaules carrées, aux yeux noirs et brillans, au nez aquilin; sans esprit d'ailleurs; vrai débaucheur de nonnes, et ne bougeant pas des parloirs, dont il faisait ses salons.

Outre les épouses du Seigneur, le couvent de Bon-Secours renfermait une foule de dames qui avaient fui le monde ou leur mari, et étaient venues dans ce saint lieu expier des fautes dont elles n'étaient pas repentantes. Le mousquetaire noir venait souvent voir deux parentes qui s'y étaient retirées, et il était toujours accompagné d'un de ses amis, amoureux de l'une de ces pauvres affligées. L'abbesse voulant veiller à ce que les choses se passassent convenablement, venait aussi souvent à la grille; en voyant la Porquerie, elle ne put s'empêcher de rendre justice à son mérite, et celui-ci abusa de cette faiblesse d'un moment.

Bientôt le beau mousquetaire obtint l'entrée du couvent, et chacune des recluses s'empressa de complaire au nouveau venu. Il s'y trouvait aussi des pensionnaires, parmi lesquelles la beauté de mademoiselle Mimi Bour.... jetait un vif éclat. La Porquerie s'en aperçut; il se fit aimer de la jeune ingénue, oublia madame l'abbesse, et alla conter sa nouvelle passion à sa parente, madame de G.... Celle-ci espérant qu'il favoriserait son intrigue avec son ami, en retour des services qu'elle lui rendrait, s'interposa entre lui et mademoiselle Mimi. Dès lors les poulets allèrent leur train ; on s'avoua un amour réciproque, et on convint de tout braver pour se voir librement.

Les deux amis louèrent une maison qui n'était séparée du monastère que par un mur mitoyen ; de sorte que les deux belles recluses, escaladant cette barrière à l'aide d'une échelle de corde, allaient trouver chaque nuit leur amant dans la demeure voisine. Ces visites clandestines s'étaient déjà renouvelées plusieurs fois ; l'abbesse, étonnée du refroidissement subit du mousquetaire, cherchait à en deviner le motif, lorsqu'une bouche pieuse se chargea de le lui expliquer.

De nouveaux renseignemens ayant convaincu madame Dussaillant de cette double perfidie, elle résolut de faire éclater sa vengeance, dès la nuit suivante, en prenant les coupables en flagrant délit. Elle va d'abord à la chambre des deux parentes de la Porquerie ; mais un des oiseaux était déjà déniché ; l'autre se trouble, finit par tout avouer, et indique le lieu qui récèle les amans.

L'abbesse rassemble alors toute la communauté, marche à sa tête dans le jardin, et fait ranger en silence son cortége autour de l'échelle de corde qui était restée sur le mur. Elles attendent long-temps le retour de madame de G... et de mademoiselle Mimi. Enfin celles-ci paraissent au haut de la muraille ; elles descendent..... Mais quel est leur effroi lorsqu'elles se trouvent au milieu d'un triple cercle de femmes scandalisées de leur escapade. On les accable de reproches, on les met en prison ; et l'abbesse, forte de son droit et de sa vertu, dénonce ce fait aux autorités.

On s'amusa beaucoup à Versailles de cette anecdote monastique ; le roi surtout en rit plus que personne, quoique la chronique scandaleuse ait prétendu que mademoiselle Mimi avait été une des odalisques du parc aux Cerfs. Néanmoins sa majesté crut devoir punir le pauvre M. la Porquerie, qu'une lettre de cachet retint quelque temps à Vincennes ; mais je l'en fis sortir par l'entremise de madame Dubarry, qui ne pouvait voir, dans de pareils délits, que des péchés véniels.

Ce fut à cette époque, vers le milieu de l'année, que le roi nomma à l'ambassade de Vienne le prince Louis de Rohan. A la joie qu'en eut son altesse, on peut dire qu'il n'avait pas le pressentiment de l'avenir. Il était loin de prévoir qu'il lui serait si cruellement funeste, et que sa mission lui attirerait à jamais la haine de la dauphine. J'ai déjà raconté par anticipation ce qui en fut la première cause.

Ce prince avait autant d'ambition que de prodigalité, et, malgré son immense fortune, il trouva les moyens de s'endetter. Ce furent ses intrigues qui donnèrent lieu à la malheureuse affaire du collier, que je me charge d'expliquer mieux qu'elle ne l'a été jusqu'à ce jour. Ma belle-sœur, je puis le certifier à l'avance, était complètement innocente dans cette circonstance ; mais il n'en est pas de même du grand aumônier de France.

N'ayant nulle confiance dant les talens du prince Louis de Rohan, je fus surpris de ce choix; mais comme il avait pour protecteurs madame Dubarry et le duc d'Aiguillon, il devait nécessairement l'emporter sur le baron de Breteuil, qui, ayant obtenu plus tard cette ambassade qu'il briguait en même temps que lui, ne pardonna jamais au prince Louis d'avoir eu la préférence. Le baron était implacable dans ses haines, et il ne me l'a que trop prouvé pendant l'émigration. Les rapports que j'ai eus avec lui ne seront pas la partie la moins curieuse de mes mémoires.

## CHAPITRE VII.

Motifs des égards que le comte de Provence avait pour madame Dubarry. — Le roi lui en savait gré. — Faveurs qu'il lui accorde. — Il passe en revue son régiment. — Maladie de la comtesse de Provence. — Mutation dans la maison de son mari. — La dauphine se rapproche d'eux. — Anecdote sur la fête donnée à la comtesse de Provence par sa dame d'atours. — Petits différens qui en résultent. — La duchesse de Brancas partage la disgrace du comte de Provence. — La maréchale de Mirepoix. — Elle cause avec le comte de Provence. — Ce dernier cède aux volontés de la favorite par respect pour le roi.

J'ai dit que, sans trop m'en occuper, j'étais assez bien avec la comtesse Dubarry, grace à madame de Valentinois, qui me rendait, auprès de sa patronne, toutes sortes de bons offices, qui certes n'étaient point à dédaigner. Quand on ne connaît pas la cour, on ne peut savoir combien il est nécessaire à ceux qui l'habitent de se maintenir dans les bonnes graces du souverain. Encourir son déplaisir ou même son indifférence, c'est être frappé à mort, quel que soit le rang qu'on occupe. Aussi le dauphin avait beau être l'héritier présomptif du trône, et toucher, pour ainsi dire, à la couronne, il n'en restait pas moins isolé à l'écart, et déplaisait à la favorite : c'était assez pour qu'on s'éloignât de lui.

Quant à moi, j'arrivais jusqu'au roi par la faveur de la comtesse, tout en cherchant à conserver envers elle la conduite mesurée que je m'étais prescrite afin de ne point blesser les autres membres de la famille qui la détestaient cordialement. Madame Adélaïde surtout se figurait qu'elle lui avait enlevé son ascendant sur son père, et cependant elle aurait dû savoir que Louis XV n'avait jamais accordé la moindre influence à sa famille, dont il se méfiait constamment sans savoir pourquoi.

Ma conduite me valait de nombreux avantages, dont se ressentaient mes alentours. Le marquis de Caumont, premier gentilhomme de ma chambre, et alors en exercice, obtint à Compiègne, où nous étions le 7 août 1771, les entrées de la chambre du roi, qui les lui avait accordées sur ma demande avec une bonté toute particulière; il m'avait même dit à cette occasion :

— Comme vous êtes toujours disposé à me plaire, je ne vous refuserai jamais rien de ce que vous souhaiterez.

J'eus la prudence de ne pas répéter ces paroles, qui attaquaient indirectement le dauphin, et je fis bien; car elles auraient aigri mon frère contre moi, et servi de texte à ses sarcasmes, que l'âpreté de ses formes rendait doublement amers.

Le marquis de Caumont m'ayant prié d'être parrain de son fils, je pris pour commère la comtesse de Provence, ne pouvant, selon moi, en choisir une plus digne de cette tâche. Le baptême eut lieu à Versailles, le 17 septembre, dans la chapelle du château, en présence de M. Allart, curé de la paroisse royale de Notre-Dame. Mon premier aumônier et M. de Coëtlosquet, ancien évêque de Limoges, firent la cérémonie; l'enfant reçut les prénoms de Louis-Joseph.

Un mois après, jour pour jour, je passai à Fontainebleau mon régiment en revue, qui de Vienne en Dauphiné allait en garnison au Hâvre-de-Grace. Je fus charmé que cette circonstance me rapprochât de mes soldats et de leurs chefs, et j'allai les rejoindre à trois lieues de Fontainebleau, dans la plaine de la Commanderie, près du village de Grès. J'étais accompagné de d'Artois, qui prit un plaisir à cette excursion; car, dans toute occasion, il montrait un grand penchant pour la profession des armes, et un extrême désir de commander un jour les armées; aussi le qualifiai-je déjà de héros, et il a conservé ce nom toute sa vie, bien que les circonstances ne l'aient jamais mis à même de le mériter.

J'avais tenu à être accueilli avec enthousiasme : pour cela, je m'étais fait précéder de rafraîchissemens de toutes sortes, et je m'étais prémuni à l'avance de gratifications et de récompenses; aussi fus-je fort applaudi. Je fis au chevalier de Virieu, colonel en second, des complimens sur la tenue des soldats. Cet habile militaire était déjà quelque peu atteint des idées d'indépendance qui, plus tard, firent tant de progrès. Je commandai moi-même les manœuvres sans avoir besoin qu'on me les soufflât, car j'étudiais, dans mon cabinet, la théorie de l'art militaire, ne pouvant y joindre la pratique. Le lendemain, mon régiment, en poursuivant sa route, rencontra le roi dans la forêt, et fut passé une seconde fois en revue par sa majesté, ce qui lui valut encore quelque bonne aubaine.

Je m'étais fait accompagner de la comtesse de Provence; je lui présentai tous les officiers, auxquels elle distribua des cocardes. Quant à moi, je leur dis : « Messieurs, je suis charmé de faire votre « connaissance, et je me flatte que si j'étais à votre « tête un jour de bataille, vous me trouveriez digne « de l'uniforme que je porte. »

Ce petit discours impromptu fut reçu avec acclamation. Nous nous retirâmes de bonne heure, ma femme se trouvant fortement indisposée d'une migraine. Ce mal augmenta dans la nuit du 17 au 18 octobre, et se changea en une fièvre assez forte accompagnée d'une lassitude dans les jambes et de vives douleurs. Bientôt la petite vérole se déclara avec une extrême violence. Cette maladie causa une vive sensation à la cour, par rapport au roi qui ne l'avait pas eue. On sépara la comtesse, ainsi que les personnes de son service, de tout le reste du château. Je crus lui devoir mes soins, et ne me ménageai pas dans cette circonstance. Il ne m'en arriva rien de fâcheux; je reçus au contraire force louanges, on m'éleva aux nues; c'était certes faire du bruit à bien bon compte.

Néanmoins la maladie fut très bénigne, et n'offrit aucuns symptômes alarmans; mais elle se prolongea assez avant dans le mois de novembre, et exigea de grands ménagemens. Les médecins ayant prescrit un changement d'air, nous partîmes le 11 pour le château de la Muette, où nous séjournâmes jusqu'au milieu de septembre. Je m'en absentai seulement de temps à autre, lorsque quelque affaire m'appelait à la cour.

Sur ces entrefaites, il y eut des mutations assez importantes dans la maison de la comtesse de Provence et dans la mienne. Le comte de Boisgelin m'inspirait peu de confiance; je le croyais plus attaché à certain membre de ma famille qu'à moi. J'eus à cette occasion une explication assez vive avec lui, et dans laquelle je le priai de recevoir sa démission. Il résista d'abord; mais le marquis de Montesquiou arrangea l'affaire, de manière que la cause de cette disgrace ne fut soupçonnée de personne, et M. Boisgelin se retira avec tous les honneurs de la guerre. Le roi nomma à sa place, sur ma demande expresse, le marquis de Bouillé, brigadier des armées et colonel d'un régiment.

Celui-ci était destiné à jouer un grand rôle, soit avant, soit après la révolution. Je ne le signalerai dans ce moment-ci que comme un des hommes qui m'étaient le plus dévoués, et qui se montrèrent les plus fidèles serviteurs de mon malheureux frère.

J'avais aussi, quelque temps auparavant, remplacé le sieur Mesnard de Chousy, secrétaire de mes commandemens, par le sieur Dangeal, d'aussi mince mérite que son prédécesseur. J'aurais pu mieux choisir et prendre des hommes de lettres, mais je ne le voulus pas, et je crois que je fis bien : si vous employez l'esprit de ces messieurs, ils ne se font pas faute de le dire ; si vous vous permettez d'en avoir sans eux, ils en font les honneurs de manière à laisser croire qu'il vous ont prêté le leur. Il est telle œuvre de mon propre fonds qui, usurpée sur moi, me serait plus difficile à recouvrer que la couronne de France.

La comtesse de Provence reçut à La Muette plusieurs visites de la dauphine. Ce redoublement d'amitié m'intrigua, et je crus bientôt en découvrir la cause dans l'aigreur que ma femme montra tout à coup envers madame Dubarry, contre laquelle elle se permit des propos peu mesurés. Je pensai que Marie-Antoinette, qui ne pouvait souffrir la favorite, avait sans doute cherché à faire partager cette malveillance à sa belle-sœur.

Sur ces entrefaites, la comtesse de Valentinois, qui avait probablement son arrière pensée, donna une fête à ma femme, qu'elle annonçait depuis sa convalescence. Elle eut lieu le 21 novembre, dans une charmante maison que notre dame d'atours avait à Passy. Tout ce que la cour avait de mieux fut invité à cette réunion, qui se serait passée à merveille sans un incident inattendu qui vint la troubler.

Avant que madame de Valentinois fît ses invitations, on avait répandu le bruit que la comtesse Dubarry était fort indisposée d'un gros rhume. Bordeu, son médecin, lui avait interdit de quitter la chambre au moins pendant quinze jours : en effet elle ne parut nulle part jusqu'au moment de la fête en question. La dauphine, la comtesse de Provence, s'engagèrent donc à y assister, bien persuadées que leur ennemie ne s'y trouverait pas. Le secret de la conspiration fut fidèlement gardé, et nous arrivâmes à Passy le jour indiqué, sans rien soupçonner.

Une grande messe et un *Te Deum* avaient été chantés le matin dans l'église de ce lieu, pour célébrer le rétablissement de ma femme. Toute notre maison y avait assisté, à l'exception des maîtres, qui s'étaient réservés pour les plaisirs plus mondains de la soirée, tant nous avions dégénéré de la ferveur de nos pères.

La dauphine et la comtesse de Provence étaient entourées d'une cour nombreuse où dominaient les partisans des Choiseuls ; j'entendais encore répéter ces paroles qui depuis ma naissance ont si souvent résonné à mon oreille : « Enfin, nous voici entre « nous. » Mais tout à coup il s'élève un chuchotement général ; tous les yeux se dirigent vers la porte d'entrée ; un ami de la maison vient d'un air effaré dire quelques mots à voix basse à madame de Valentinois : celle-ci se lève en jouant la surprise et même le mécontentement, jette un regard suppliant sur les princesses, puis se hâte d'aller recevoir la comtesse Dubarry, qui paraît éclatante de parure et de beauté. Ses traits n'offrant aucune trace de souffrance n'expriment qu'un sourire malin, qu'une satisfaction intérieure du triomphe qu'elle attend de ce coup de théâtre.

La dauphine se mord les lèvres de dépit et se lève à demi comme pour se retirer ; mais un mot que lui dit madame de Noailles la fait retomber sur son siège, où encore indécise elle reçoit l'hommage forcé de la favorite rayonnante.

L'embarras de ma femme égalait celui de Marie-Antoinette ; mais comme elle eut le bon sens de me consulter du regard, je pus l'engager par un geste et un coup d'œil significatif à ne rien faire qui pût déplaire au roi, car je devinai sur-le-champ qu'il était de moitié dans le complot, bien que madame Dubarry eût affecté de me répéter la veille, devant sa majesté, qu'elle ne viendrait pas chez la comtesse de Valentinois. Cependant je ne pus m'empêcher de dire à l'oreille de la favorite, dans un moment où je crus que l'on ne m'examinait pas :

— Ah ! madame, j'entends murmurer que votre présence ici désole quelques personnes ; mais ce ne sont pas les plus fières qui sont les plus mystifiées, ce sont les plus jolies.

Elle sourit, et je m'éloignai sans lui donner le

temps de me répondre. Aussitôt le chancelier, l'abbé Terrai et le duc d'Aiguillon s'approchèrent de la comtesse, car elle avait aussi sa cour. On joua *Rose et Colas*; Clairval et Caroline firent merveille : on représenta ensuite une pièce d'à-propos en l'honneur de la dauphine et de la comtesse de Provence; on eut l'impertinence de ne pas oublier la favorite, au grand scandale de l'assemblée. Favart et l'abbé de Voisenon étaient les auteurs de cette œuvre, qui fut mal accueillie; il y eut un couplet surtout qui excita toute l'indignation des Choiseuls et de la coterie parlementaire qui étaient en majorité.

> Malgré Discorde et ses noirs émissaires,
> De la Justice ardera le flambeau;
> A la Chicane on rognera les serres,
> Et Thémis sera sans bandeau.

Ces vers furent presque sifflés, sans égard pour le chancelier. L'abbé de Voisenon fut déconcerté du brouhaha général; il essaya vainement de se justifier. Le lendemain, en dînant avec d'Alembert, il prétendit que le couplet malencontreux était de Favart, et se plaignit que depuis quelque temps on s'obstinait à ne lui prêter que des sottises.

— On ne prête qu'aux riches, répondit d'Alembert, sans ménagement pour le bon évêque de Montrouge, ainsi que Voltaire appelait Voisenon, entre autres sobriquets.

La dauphine et la comtesse de Provence, dont

le mécontentement contre madame de Valentinois était au comble, lui tinrent rigueur fort long-temps ; et cette dernière ayant demandé à la comtesse, avant notre départ, comment elle avait trouvé la fête donnée en son intention, la princesse lui répondit :

— La fête était charmante assurément, et je vous suis fort obligée d'avoir bien voulu que j'en prisse ma part; mais je pense que madame Dubarry et le chancelier vous en doivent les premiers remercîmens.

Ces paroles, dites d'un ton sec, confondirent madame de Valentinois : j'en fus intérieurement contrarié, car je savais tout ce qu'on risquait de se mettre en guerre ouverte avec la favorite.

Je me hâtai de détourner l'effet de cette franchise, et serrai la main à notre dame d'atours en l'assurant que jamais fête n'avait été plus agréable pour nous, et que nous lui en serions reconnaissans de toutes les manières.

Mais une excuse n'efface jamais complètement un tort; elle révèle quelquefois à celui qui la reçoit tous ses avantages : ce fut le cas de madame de Valentinois, qui crut avec raison qu'elle gagnerait bien plus à se plaindre qu'à paraître satisfaite. Elle se donna pour victime de la cause de la favorite, fit grand bruit du propos de ma femme, se lamenta amèrement, si bien que madame Dubarry comprit qu'elle n'aurait ni paix ni trève tant qu'elle ne la récompenserait pas de son martyre, d'abord eu lui faisant obtenir un surcroît de pension de quinze mille livres, puis la place de dame d'honneur de ma femme, faveur encore plus éclatante.

Voici ce qui donna lieu à cette dernière prétention. Je m'apercevais depuis quelque temps que la duchesse de Brancas cherchait sourdement à me nuire auprès de la comtesse de Provence ; que la bonne intelligence de notre ménage était souvent troublée sans que je pusse en deviner la cause. J'observai, je questionnai, et j'appris enfin que la dame d'honneur connaissait l'axiôme politique de *diviser pour régner,* et qu'elle voulait le mettre en action dans notre intérieur. Après cette découverte je me hâtai de prendre des mesures pour me débarrasser de cette femme importune, qui voulait semer la zizanie dans ma maison, et j'allai m'en expliquer franchement avec le roi.

Le roi m'écouta en silence ; puis il me répondit par des généralités qui me convainquirent qu'avant de me satisfaire il désirait réfléchir et peut-être prendre conseil. Deux jours après, la maréchale de Mirepoix, me rencontrant chez la dauphine, saisit un moment favorable pour me dire qu'elle avait une grâce à me demander, et qu'elle me priait de lui accorder une audience d'un quart d'heure le lendemain. Je ne pouvais ni ne voulais répondre par un refus. La maréchale de Mirepoix était une autorité à la cour de mon aïeul. Sœur du prince de Beauvau, mariée en premières noces au prince de Lixen, de la maison de Pons, et en secondes à

Gaston-Charles-Pierre de Levis, connu d'abord sous le nom de comte de Terrides, puis marquis de Mirepoix et maréchal héréditaire de la foi; elle naquit en 1707, vint de bonne heure à la cour, et y établit sa puissance sur des bases difficiles à ébranler, par l'agrément de son esprit, la facilité de son commerce, et surtout par l'ascendant qu'elle sut prendre sur les maîtresses du roi, auxquelles elle eut l'adresse de se rendre en quelque sorte indispensable : en effet, on ne pouvait décider si la maréchale n'était pas encore plus utile aux maîtresses que les maîtresses au roi. Il était convenu qu'elle passait, comme un meuble vivant, de l'une à l'autre, et faisant partie de la charge. A travers cette facilité de caractère, il faut dire que la maréchale fut servie par les circonstances. Après la mort successive de mesdames de Châteauroux et de Pompadour, elle échut en partage à la comtesse Dubarry, qui s'étant prise pour elle d'une belle passion, ne pouvait plus s'en séparer.

Madame de Mirepoix n'a eu toute sa vie qu'un seul but, celui d'obtenir de l'argent du roi pour le dépenser en fantaisies ruineuses et extravagantes; afin d'y parvenir, elle s'attachait à mon aïeul comme son ombre, supportait ses caprices, ses mauvaises humeurs, sûre à l'avance de se les faire payer cher; laissait intriguer autour d'elle sans jamais se mêler de rien, et rendait néanmoins de bons offices à ses amis, mais sous une apparence d'intérêt à leur personne et non à leur cause, afin de ne se point compromettre. N'ayant jamais été, dit-on, une beauté régulière, elle avait eu une jolie taille et une fraîcheur de teint qui, s'étant assez bien conservée dans un âge plus mûr, en faisait une vieille fort avenante. On vantait son esprit, plus jeune que sa figure; sa gaîté, trait caractéristique de ces femmes dont on ne peut se passer dans une position aussi critique que celle de favorite; son amabilité, d'autant plus remarquable qu'au fond elle n'aimait personne et qu'elle avait le talent si rare de ne jamais gêner et de se rendre toujours agréable aux autres : aussi le roi se plaisait surtout dans sa société lorsque quelque nuage obscurcissait son front, et qu'il sentait le besoin d'exhaler en reproches sa mauvaise humeur.

Je connaissais trop bien l'amitié du roi pour refuser à la maréchale les égards que sa situation exigeait. Je la recherchais même; j'avais l'air de prendre du plaisir dans sa conversation, et nous étions au mieux ensemble : je ne manquai donc pas à mon rendez-vous du lendemain. Elle débuta par me dire qu'elle désirait une place dans ma maison pour je ne sais quel subalterne; puis, passant à un sujet plus grave :

— Il paraît, monseigneur, me dit-elle, que vous ne seriez pas fâché de vous délivrer de certaine vieille qui s'avise de faire un étrange tapage chez vous? Le roi m'a tout conté; ainsi ne m'en faites pas un mystère.

Je compris sur-le-champ le but de l'audience que la maréchale m'avait demandée, et je ne doutai pas qu'elle ne fût l'émissaire obligeant de mon aïeul. Je lui répondis donc, sans hésiter, que je m'estimerais heureux que S. M. me permît de renvoyer la duchesse de Brancas.

— Le roi est tout disposé à accéder à votre désir, monseigneur, me répondit la maréchale; mais il a promis à une dame qu'il affectionne la charge de la duchesse, dans le cas où celle-ci cesserait de vous convenir; et il ne peut renvoyer l'une sans mettre l'autre à sa place. C'est un secret que je prends sur moi de vous confier, n'écoutant que le respectueux attachement que je vous porte, car personne ne m'a chargée de cette mission.

Craignant un instant qu'il ne fût question de madame Dubarry, à laquelle j'aurais encore préféré la duchesse, je répondis à la maréchale que mon respect sons bornes pour le roi ne s'arrêterait que devant l'impossible. Elle me comprit, et me répondit aussitôt :

— La personne que S. M. protége est déjà dans votre maison, où elle occupe un poste distingué.

— Vous voulez peut-être parler de la comtesse de Valentinois?

— D'elle-même, monseigneur. Vous lui devez d'ailleurs un dédommagement de certain propos un peu dur, dont elle ne peut se consoler.

Il m'était fort indifférent que cette dame occupât chez moi telle place plutôt que telle autre. Cependant je crus devoir faire valoir ma condescendance, et j'y mis pour condition que son emploi serait donné à la duchesse de Saint-Mégrin, car je tenais beaucoup à avoir une personne de son rang près de la comtesse de Provence. La maréchale me certifia que mon choix n'éprouverait nul obstacle, et retourna près de la comtesse Dubarry, fort satisfaite du succès de son ambassade.

Il me restait maintenant à faire entendre raison à ma femme, chose assez difficile, car elle était dans un moment de grande intimité avec la dauphine. Je lui dis que nous ne pouvions résister à la volonté du roi, qui se manifestait dans cette circonstance d'une manière non équivoque; j'employai ensuite plusieurs autres argumens non moins pressans, et je finis par la convaincre et la faire consentir au changement proposé.

Le roi me fit appeler le lendemain. J'ai réfléchi, me dit-il, à votre demande; j'y souscris, pourvu que la personne que vous proposerez pour remplir la place vacante me convienne.

Il n'est rien de tel que d'être d'accord d'avance pour éviter les contestations. Je désignai au roi madame de Valentinois pour la charge de dame d'honneur, et la duchesse de Saint-Mégrin pour celle de dame d'atours. S. M. trouva le double choix fort convenable, et il ne fut plus question que de congédier la duchesse de Brancas : celle-ci employa, pour résister, tous ses moyens de défense, et peut-être m'eût-elle long-temps disputé la victoire, si le roi n'avait tranché la question. La duchesse se vit forcée de céder; mais sa démission me mit encore plus mal avec la dauphine.

## CHAPITRE VIII.

Le roi accorde de nouvelles grâces à son petit-fils. — Le cardinal de la Roche-Aymon. — Mort du duc de La Vauguyon. — L'ordre de Saint-Lazare. — Le comte de Provence grand-maître de cet ordre. — Intrigue qui fait nommer le comte d'Artois général des Suisses. — La dauphine s'en mêle. — Maladie du comte de Provence. — Le roi craint le dauphin. — Ce qu'il en dit. — Révélations curieuses. — Retour du prince de Condé et du duc de Bourbon à la cour. — Le dauphin les traite mal. — Malice du comte de Provence à leur égard. — Pressentiment des malheurs à venir. — Naissance du duc d'Enghien. — Le comte de Lauraguais.

Je passerai rapidement sur l'année 1772, qui me rappelle peu d'événemens importans.

Je recueillis à son début les fruits de ma condescendance envers madame de Valentinois. Mon aïeul prouva qu'il m'en savait gré, en accordant les entrées de sa chambre à plusieurs officiers de ma maison ou de celle de la comtesse de Provence. Je citerai entre autres le marquis de Bérenger, l'abbé d'Argentré et le comte de Crenay.

Une autre faveur, dont je parlerai plus tard, acheva de prouver combien j'avais fait de chemin dans les bonnes grâces de mon aïeul ; mais je veux citer d'abord deux événemens qui se présentent maintenant à mon souvenir. Le premier fut la nomination au cardinalat de M. de la Roche-Aymon, archevêque de Reims, et grand aumônier de France.

Ce n'était pas un grand docteur de l'église, bien que, dans un autre sens, un bon apôtre. Il était court en science, mais plein de savoir faire, ce qui vaut au moins autant. Jamais homme ne sut mieux se faire petit devant les autres pour n'effaroucher personne. Il était poli envers maîtres et valets, assidu auprès de chaque membre de la famille royale. On l'avait vu aux genoux de la marquise de Pompadour, et s'il se fût trouvé plus humble place, il l'aurait prise auprès de madame Dubarry. C'était le moyen de réussir : aussi fit-il un chemin rapide. Le roi lui donna de sa propre main le chapeau rouge. Cette cérémonie, qui se fit avec pompe, dura toute une journée, et le nouveau cardinal n'oubliant pas, au sein même de la puissance, ses devoirs de gratitude, alla le soir même remercier la favorite à qui il prétendait tout devoir ; ce qui ne laissa pas de nous amuser. La dauphine en fut instruite en lui en montra de l'humeur ; mais son éminence trouva les moyens de regagner sa bienveillance et de se faire pardonner ce méfait.

Le second événement fut la mort du duc de La Vauguyon, notre gouverneur. Je le regrettai sincèrement. Il avait autant de vertus que peut en avoir un courtisan, et en général sa vie fut irréprochable, à l'exception de ses déférences pour madame Dubarry. Il est vrai que le prince de Beauvau lui ayant reproché les visites qu'il rendait à la comtesse, il lui répondit : — Il n'y aura bientôt plus de place pour moi, tant les rangs seront pressés là où j'ai précédé les autres. Seulement je fais par amitié pour sa majesté ce que certaines gens feront par bassesse.

Le duc de La Vauguyon ne fut pas remplacé auprès du comte d'Artois dans sa charge de gouverneur des enfans de France. Messieurs de Fongières et de Montbel remplirent ses fonctions en conservant les leurs.

La mort du duc de La Vauguyon fut très sensible au roi, qui avait l'habitude de vivre avec lui. C'était un avertissement que son tour viendrait.

Depuis long-temps je désirais obtenir une suprématie quelconque qui me fît compter pour quelque chose de plus dans l'état, et je crus l'avoir trouvée dans la grande-maîtrise d'un ordre religieux et militaire, celui de Saint-Lazare, qui existait en France, et dont le dauphin était revêtu; il n'en avait aucun besoin pour sa propre importance; prêt à monter sur le trône, il avait bien assez des ordres du Saint-Esprit, de Saint-Michel et de Saint-Louis, dont il serait grand-maître souverain; tandis que moi, en me contentant d'un ordre moins élevé, je pourrais cependant me faire des créatures et me créer une espèce d'autorité qui flatte toujours un jeune prince. Je fis agir en conséquence auprès du roi le duc de La Vauguyon et même madame Dubarry ; car, comme dit Figaro : Dans le vaste champ de l'intrigue il faut tout ménager......... Basile comme Suzanne !...... Le roi ne parut pas d'abord vouloir se prêter à mon désir ; il répondit par des maximes générales de politique ; mais je ne me décourageai pas, et j'obtins enfin ce que je souhaitais.

Mon frère aîné se démit de l'ordre de Saint-Lazare, que le roi me conféra. On obtint la confirmation papale, et j'entrai aussitôt en fonction. Le comte d'Artois fut revêtu, peu de temps après, du titre du colonel-général des Suisses, au grand dépit du duc d'Aiguillon, qui n'en avait fait dépouiller M. de Choiseul que pour s'en emparer. La dauphine, qui souffrait impatiemment la disgrace du ministre auquel elle devait son mariage, ne voulut pas du moins, si on lui enlevait sa charge, que le duc d'Aiguillon, protégé de la comtesse Dubarry, en profitât. Elle jeta donc ses yeux sur un autre, et dressa ses batteries en conséquence.

Marie-Antoinette, à laquelle on ne peut refuser les qualités les plus entraînantes, commençait déjà à prendre sur le comte d'Artois cet ascendant qu'elle conserva long-temps, et qui me sembla toujours si funeste à notre famille ; elle s'en servit dans cette occasion pour lui persuader de demander au roi, dont il était le favori, la charge en question. Ce jeune prince avait eu dès l'enfance des prétentions à un caractère chevaleresque, et ses gentillesses trouvaient faveur, parce qu'on avait persuadé au roi que c'était tout son portrait. Un jour il paria avec le dauphin qu'il entrerait le chapeau sur la tête chez notre aïeul ; il prit un air guerrier, se mit au pas comme un général qui défile, et entra effectivement la tête couverte : Bon papa, dit-il à Louis XV, n'est-ce pas que j'ai l'air martial ? on dit que je te ressemble. Notre aïeul se prit à rire, et le comte d'Artois de s'écrier : J'ai gagné ! Cette espièglerie fit fortune, et pendant quelques jours il ne fut plus question à la cour que de l'esprit du jeune comte d'Artois.

Le moment était bien choisi pour le succès du projet de la dauphine ; la favorite et le duc d'Aiguillon n'avaient pas voulu éveiller la méfiance du roi en lui proposant à l'avance un remplaçant au duc de Choiseul, assurés qu'ils étaient d'obtenir sa charge dès que sa démission lui serait signifiée. Le comte d'Artois ne trouva donc nul rival à combattre, et le roi lui accorda d'autant plus facilement ce qu'il désirait, qu'il était bien aise de se débarrasser de la foule de solliciteurs qui ne manquerait pas de fondre de tous côtés.

Grande fut donc la mystification de madame Dubarry et du duc d'Aiguillon, lorsque le roi opposa un refus positif à leur demande de l'emploi dont ce dernier se croyait en quelque sorte déjà revêtu. — Il est juste, leur dit sa majesté, que le comte d'Artois, mon petit-fils, ait aussi une part dans la distribution de mes bonnes grâces ; ainsi, monsieur le duc, vous voudrez bien aller lui annoncer que je le nomme colonel-général des Suisses.

La favorite essaya vainement de faire changer la décision du roi, il se débarrassa de ses importunités en lui disant qu'une promesse sacrée l'engageait envers son petit-fils. Il fallut en conséquence cacher son dépit, et sa rage même, d'avoir dépouillé le duc de Choiseul, sans qu'il en revînt aucun avantage personnel. La dauphine triomphante ne prit pas la peine de déguiser sa joie et la part qu'elle avait prise à la nomination du comte d'Artois.

Ce dernier, avec sa légèreté ordinaire, s'amusa d'abord de sa charge comme un enfant à qui on donne un nouveau joujou ; puis il ne s'en occupa plus. Les Suisses ne s'en trouvèrent pas plus mal, car leurs officiers généraux se chargèrent des soins que mon frère négligeait. Le 13 mai 1772, le roi passa en revue les gardes françaises et les gardes suisses dans la plaine des Sablons, et présenta à ces derniers leur nouveau chef, le comte d'Artois. Nous assistâmes tous à cette cérémonie, qui ressembla à une fête.

Peu de temps après, je fus attaqué d'une fièvre lente, qui m'ôta insensiblement toutes mes forces. Sans avoir rien de dangereux, mon état causait cependant quelques inquiétudes aux personnes de ma maison. La comtesse de Provence me témoigna un véritable attachement dans cette circonstance. Nous nous aimions encore comme deux tourtereaux, bien que certaines gens fissent tous leurs efforts pour nous diviser. Mon rétablissement ne tarda pas à dédommager ma femme de sa tendre sollicitude.

Nous partîmes pour Compiègne le 9 juillet, mes tantes, le dauphin, la dauphine, le comte d'Artois et le roi. Nos deux sœurs ne quittèrent pas Versailles. C'est dans ce voyage qu'on accorda pour la première fois les grandes entrées à la comtesse de Valentinois, qui était toujours au mieux avec la favorite. Nous cherchâmes à nous rapprocher de celle-ci, qui nous rendit mille bons offices pendant le voyage.

Le roi, qui tenait beaucoup à justifier sa faiblesse par l'approbation des siens, aurait vivement souhaité que le dauphin et sa femme se conduisissent comme nous à l'égard de madame Dubarry; il cherchait à les adoucir par tous les moyens possibles; mais mon frère, sur ce point, se montrait intraitable; et il joignait toujours au nom de la favorite quelque épithète injurieuse, qu'elle méritait bien sans doute, mais qu'il aurait dû épargner par égard pour le roi, sinon pour la dame. Cette résistance du dauphin fit dire à sa majesté:

— Je crains que l'âpreté de caractère de mon successeur n'amène après moi quelque combustion dans le royaume. Il est malheureux que le comte de Provence ne soit point appelé à régner à sa place, car je crois qu'il serait plus capable de maintenir la tranquillité de l'état.

On ne soupçonnait guère que cette brusquerie funeste, ces formes acerbes cachaient cette facilité caractéristique du malheureux Louis XVI, que nous devions un jour tant déplorer.

Cette conduite du dauphin chagrinait notre aïeul, qui eût voulu retrouver en lui la douceur, la soumission de notre auguste père. Néanmoins, voyant qu'il persistait à témoigner du mépris à la favorite, Louis XV forma le projet de l'exiler au château de Chambord; mais craignant l'opinion publique et le blâme qui retomberait nécessairement sur lui de cet acte arbitraire, il finit par y renoncer. Le dauphin, qui en fut instruit, en eut de l'inquiétude, et sa femme n'en fut pas elle-même exempte. Leur conduite s'en ressentit pendant une ou deux semaines, on remarqua en eux plus de soumission, mais ils reprirent bientôt leur même manière d'agir.

Le roi fut dédommagé cette année de ce désagrément par le prince de Condé qui se rapprocha de lui, ainsi que son fils le duc de Bourbon. Le premier, las de bouder en faveur des parlemens et au détriment de sa bourse, car on ne payait plus ses pensions, prêta l'oreille aux instances de la princesse de Monaco, qui avait tout crédit sur lui, et consentit à demander pardon au roi, à condition qu'on solderait l'arriéré, et qu'on ajouterait quelques gratifications aux sommes qu'il recevait déjà. Il est rare que la réconciliation d'un prince du sang avec le monarque ne coûte pas quelque chose au trésor royal.

Mon aïeul n'aimait pas les Condé : leur opposition lui semblait dangereuse, et il le répétait souvent à la comtesse Dubarry, qui ne ménagea rien pour ramener son altesse royale, et fit si bien que nous le vîmes arriver à Versailles avec son fils le 7 décembre 1772. On ne les attendait pas, et leur aspect causa une sorte de rumeur.

Après avoir rendu leurs devoirs au roi, les deux princes passèrent chez le dauphin, qui leur dit :

— Ah! vous voilà, messieurs. Je présume que vous n'êtes pas venus ici pour vous en retourner les mains vides?

Le père et le fils vinrent ensuite chez moi, encore tout confus du mauvais compliment du Dauphin. Mon accueil tout différent les en dédommagea un peu.

— Messieurs, leur dis-je, pendant votre absence vous avez acquis *une nouvelle cousine*, qui sera charmée de vous connaître, malgré le peu d'empressement que vous ayez mis à venir lui rendre vos devoirs.

Le duc de Bourbon, prenant un air hautain, se disposait à me répondre quelque chose de piquant, lorsque son père le prévint en me disant que, dans ces circonstances, sa conscience avait imposé silence à son cœur.

— Il paraît, mon cousin, lui répliquai-je d'un air de bonne humeur, qu'il est avec le ciel des accommodemens, car votre conduite d'aujourd'hui le prouve.

Le public, qui n'était pas pour le chancelier, vit de mauvais œil la démarche du prince de Condé. Il fut assailli de chansons, d'épigrammes, de pamphlets, dont madame de Monaco, le chancelier et la favorite eurent leur part. Il était facile de voir, à la manière dont on attaquait la famille royale, que bientôt on ne se contenterait plus des armes de l'ironie, et qu'on viendrait à lutter corps à corps avec elle pour amener sa chute. Aussi aurait-on pu s'écrier avec Horace :

> *Prudens futuri temporis existum*
> *Caliginosa nocte primit densi*
> *Ridesque, si mortalis ultrò*
> *Fas trepidat.*

« La Providence a sagement enveloppé l'avenir d'épaisses ténèbres, et se rit d'un mortel qui pour le pénétrer se donne des peines impuissantes. »

Il est trop certain que la monarchie touchait à sa ruine, dès la fin du règne de mon aïeul, et pour la relever, il aurait fallu des mains plus fermes que celles de Louis XVI. Je me flatte d'y être parvenu depuis mon avènement au trône. J'ai du moins profité de l'expérience du malheur; c'est à d'autres qu'est réservé le soin de consolider mon ouvrage, dont je puis dire encore avec Horace :

> *Exigi. . . . . . . . . . . . . .*
> *. . . . . . . . . . Monumentum.*

Les voyages de Compiègne et de Fontainebleau eurent lieu cette année comme de coutume.

Le premier se prolongea du 9 juillet au 27 août, et le second du 7 octobre au 17 novembre. Il y eut, pendant la durée de l'an, une mutation dans la maison de la comtesse de Provence. La duchesse de Caumont, dame pour accompagner, blessée de n'avoir pas été nommée dame d'atours, cherchait un prétexte pour se retirer; elle le trouva dans sa santé, qui en effet était fort mauvaise, et nous acceptâmes sa démission. La duchesse fut remplacée par la comtesse de La Tour-d'Auvergne, femme de beaucoup de mérite, et que nous fûmes charmés d'avoir près de nous.

La duchesse de Bourbon accoucha à cette époque, le 2 août, du duc d'Enghien, prince dont la destinée devait être si fatale. Ce fut peu après la naissance de cet enfant que la mère manifesta la légèreté de conduite dont elle a donné tant de preuves depuis. Le duc de Bourbon, de son côté, trop adonné aux plaisirs pour s'occuper de sa femme, la laissa se livrer à toutes ses volontés; mais je reviendrai à l'un et à l'autre lors de l'affaire désagréable qu'ils eurent avec le comte d'Artois.

Au retour de Fontainebleau, nous trouvâmes le comte de Lauraguais qui arrivait d'Angleterre, où l'avait envoyé le mécontentement du roi. Ce pauvre comte, à qui on prêtait de l'esprit, ne s'en servait que pour multiplier ses folies et se déconsidérer dans l'opinion publique. Lorsque, en 1814, il reconnut qu'il ne pouvait plus faire de bruit avec la philosophie, il essaya de parvenir au même but en soutenant la féodalité de la pairie ; mais ce moyen ne lui réussit pas davantage, et il mourut quelque temps après, désespéré qu'on ne s'occupât pas plus de lui, malgré toutes les peines qu'il avait prises pour se faire connaître.

## CHAPITRE IX.

Le duc d'Orléans, gagné par madame de Montesson, revient à la cour. — La favorite veut être reine de France. — Lettre des princes. — Mot du comte de Provence sur cette lettre. — Tabouret de mademoiselle de Rohan. — Scène très vive entre la duchesse de Bourbon et la princesse d'Henin. — Suite de cette esclandre. — Une maîtresse cédée contre une lettre de change. — Dialogue de deux roués de ce temps-là. — Ce que le comte de Provence attend de la postérité. — MM. de Caumont et de Noailles. — La marquise de Talaru. — Le roi et la dauphine. — Elle veut marier à sa guise le comte d'Artois. — Joie du comte de Provence et de sa femme de ce qu'on le marie selon leur désir. — Réflexions.

La bouderie du prince de Condé avait retardé l'époque où le duc de Bourbon devait être nommé chevalier de l'Ordre. Cette cérémonie eut lieu le premier de l'an 1773 ; nous y assistâmes en famille et fort unis en apparence. Les princes récalcitrans commençaient à se lasser de leur opposition ; ils nous revenaient les uns après les autres. Le duc d'Orléans céda à son tour, par l'instigation de madame de Montesson, qui, ne se contentant pas du titre de sa maîtresse, voulait devenir sa femme avec le consentement du roi. Elle espérait que ce mariage une fois conclu ne tarderait pas à être déclaré, surtout s'il en advenait aux enfans.

La favorite se servit donc de cette dame pour ramener au roi le duc d'Orléans : il y eut des pourparlers, des entrevues et des propositions, entre les deux partis, qu'on accepta réciproquement. Madame Dubarry avait grand intérêt à faire contracter une union mal assortie à un prince du sang, afin de multiplier ce que les Anglais appellent les *précédens*, et préparer le roi à un lien indigne de la majesté du trône ; car j'ai su dans le temps que les ducs de Richelieu, d'Aiguillon, et deux ou trois autres personnes de rang inférieur, avaient conçu le ridicule projet de faire épouser la favorite à mon aïeul. Déjà même on avait commencé des démarches auprès de la cour de Rome pour faire casser le premier mariage de cette dame. Je tiens ce fait du cardinal de Bernis, qui m'assura avoir travaillé de tous ses moyens à déjouer cette intrigue.

Madame de Montesson, qui connaissait le plan de la favorite, en obtint facilement ce qu'elle en désirait ; celle-ci lui demanda en retour que le duc d'Orléans mît un terme à sa résistance envers le monarque.

Le duc d'Orléans gagné, on devait soumettre sans peine le duc de Chartres, qui n'avait encore aucun poids dans l'état. De bonne heure, il avait ambitionné la réputation la plus facile à acquérir pour un prince, celle de fanfaron de vices. Alors, sans ambition, il ne s'occupait encore que de plaisairs. J'ai peu vu de princes aussi bas placés dans l'opinion publique se relever tout-à-coup comme il le fit plus tard.

La soumission des Condé, et la rivalité qui existait entre les deux maisons, achevèrent peut-être de décider les d'Orléans à suivre leur exemple. Ils écrivirent au roi une lettre en termes forts différens de celle qu'on supposa dans le temps. Je tiens cette lettre d'eux-mêmes, et je vais la transcrire ici afin de rectifier cette erreur :

« Notre profonde douleur d'avoir encouru la
« disgrace de votre majesté, en soutenant ce que
« nous pensions être les véritables droits du trône,
« nous amène aujourd'hui à vos pieds pour vous
« prier d'oublier notre faute en faveur de nos in-
« tentions. Nous savons que le premier devoir des
« princes de notre famille est une obéissance aveu-
« gle à vos volontés ; fâchés de nous en être écar-
« tés, nous y revenons avec autant de plaisir que
« de sincérité, demandant à votre majesté d'oublier
« le passé, et de nous admettre, dorénavant, dans
« ses bonnes graces, que nous nous efforcerons tou-
« jours de mériter de plus en plus.

« Nous sommes, sire, avec un profond res-
« pect, etc. »

C'était par trop s'abaisser, après avoir porté la

tête si haute, et je me permis d'en faire l'observation ; mais on me conseilla de ne point manifester ouvertement mon opinion sur cette démarche qui plaisait au roi. Sa facilité à se créer des fantômes de la moindre opposition était extrême, et celle des princes du sang l'inquiéta vivement tant que dura leur bouderie ; aussi reçut-il de fort bonne grace la soumission des ducs d'Orléans, et il réserva toute sa colère pour le prince de Conti, qui semblait vouloir mourir dans son impénitence finale. Celui-ci avait un cœur d'acier que rien ne pouvait faire plier.

Nous eûmes, le 24 janvier, un spectacle auquel la haute noblesse du royaume s'accoutumait difficilement, la reconnaissance de la *princerie* des Rohans. Mademoiselle de Rohan, fille du prince de Guéméné, fut présentée par la princesse de Rohan, et prit le tabouret en vertu de sa naissance. Je ne pus l'empêcher, quoique je susse très bien que cette maison, fort ancienne, sans doute, n'a rien qui la distingue de tant d'autres, qui viennent d'aussi bon lieu, et dont les prétentions ne s'élèvent pas si haut ; car, à moins de l'honneur que Louis XIV fit à la princesse de Soubise en acceptant ses faveurs, je cherche en vain sur quoi les droits de cette famille peuvent s'appuyer.

Quoi qu'il en soit, si ce titre est légitimement dû aux Rohans, il faut convenir que depuis plus d'un siècle ils n'ont rien négligé pour y déroger, car leur conduite a presque toujours été condamnable, et les faits judiciaires sont là pour prouver cette assertion.

Nous eûmes pour divertissemens, pendant le carnaval de cette année, le récit d'une scène fort étrange, que la princesse d'Henin fit à la duchesse de Bourbon. Cette scène servit de prélude à une autre non moins désagréable, que lui réservait plus tard le comte d'Artois. Il faut d'abord savoir que le chevalier de Coigny, qui passait pour l'homme à bonnes fortunes de la cour, était en effet si bien vu des dames, qu'accablé de leurs bonnes graces, il se voyait parfois forcé d'en faire part à ses amis. Je raconterai plus bas un fait à l'appui que je tiens du comte de Modène; mais je reviens à mon récit.

Environ au commencement de cette année, une dame de Martinville, femme d'un fermier-général, partageait le cœur du chevalier de Coigny avec la princesse d'Henin. Celle-ci, dont le caractère altier et jaloux ne pouvait s'arranger d'un tel partage, cherchait déjà les moyens de triompher de sa rivale, lorsque le chevalier cessa tout-à-coup de la voir sans lui expliquer les motifs d'une semblable conduite. La princesse, furieuse, met aussitôt en campagne tous ses agens secrets, et apprend que madame Martinville est aussi délaissée, mais pour qui? la question ne tarde pas à s'éclaircir; un bruit sourd se répand dans Paris qu'une dame du plus haut rang, que la duchesse de Bourbon enfin, a une estime toute particulière pour le chevalier de Coigny, et qu'elle apprécie singulièrement son mérite.

La princesse doute d'abord ; puis elle veut s'assurer elle-même du fait. Elle gagne un valet de pied du chevalier, et obtient la preuve de ce qu'elle doute. Un billet de la duchesse tombe entre ses mains ; il est adressé à l'infidèle chevalier, à qui cette dernière donne un rendez-vous en termes non équivoques, pour le prochain bal masqué de l'Opéra. C'était celui du lundi gras, 22 février 1773. Madame d'Henin, guidée par sa fureur jalouse, se fait instruire de la marque que la duchesse mettra à son domino, pour se faire reconnaître de son amant : elle se déguise de son côté, et sûre de ne point être contrariée par la présence du chevalier, qui n'a pas reçu le billet de la duchesse, elle court sur-le-champ exécuter son projet de vengeance.

En arrivant dans la salle de l'Opéra, la princesse cherche des yeux sa rivale, l'accoste, feint de la prendre pour madame de Martinville, et entre aussitôt en matière. Je puis rapporter ses paroles presque textuellement, car elle les répéta une demi-heure après au marquis de Montesquiou, qui m'en amusa à son tour, et certes, je puis certifier en avoir ri de bon cœur.

— Je te trouve à propos, mignonne, dit-elle à madame la duchesse de Bourbon, car j'ai à te faire un compliment tout à la fois de condoléance et de félicitations. Quoi ! le chevalier de Coigny te sacrifie la princesse d'Henin ? c'est un triomphe, à la vérité, dont tu es digne, car tu es charmante ; aussi comment croire que ce connaisseur te délaisse à ton tour pour une femme qui t'est sans doute supérieure par son rang et son esprit, mais dont les attraits sont si inférieurs aux tiens!

La princesse fit alors, sans pitié, l'énumération de tous les défauts physiques de la duchesse, à tel point que celle-ci, piquée au vif dans son amour-propre, essaya de terminer cette conversation, en affirmant à son antagoniste qu'elle n'est point madame de Martinville, et qu'elle désire voir le terme de telles importunités.

Madame d'Henin insiste, se prétend certaine de ce qu'elle avance, et malgré les dénonciations hautaines et presque menaçantes de sa victime, elle enfonce le poignard dans la plaie, le retourne de cent façons; puis, se laissant aller à tout l'emportement de la passion, elle ajoute :

— Tu as beau te contrefaire, beau masque, entre *filles* nous nous connaissons toutes.

Ce mot fut dit en toutes lettres; et, comme la princesse avait parlé très haut, l'éclat de sa voix attira une foule de personnes autour des deux dames. Heureusement pour la duchesse que madame de la Vauguyon vint l'arracher à cette cruelle humiliation, la ramena dans son hôtel plus morte que vive, et brûlant du désir de se venger d'une offense dont elle ignorait encore l'auteur. Le lendemain, ce ne fut plus un secret : la princesse, perdant toute retenue, se glorifia de sa conduite. Le roi l'apprit un des premiers; il voulait sévir rigoureusement contre la coupable; son mentor, qu'il consulta, lui conseilla d'assoupir cette affaire, dans la crainte d'un esclandre, qu'il fallait surtout éviter. Le prince de Condé fit dire à la princesse d'Henin que si jamais elle osait se montrer en sa présence devant la duchesse de Bourbon, il la ferait sauter par la fenêtre. La dame, fort scandalisée de ce propos, en fit parler au roi par un de ses parens.

— Je conseille à madame d'Henin, répondit sa majesté, d'éviter au prince de Condé l'occasion de recourir à cette violence. Après ce saut périlleux, je doute qu'elle pût remonter par l'escalier de Versailles pour demander vengeance.

La princesse comprit ces paroles et se tint à l'écart jusqu'au moment où son mari, devenu capitaine des gardes du comte d'Artois, obtint, par l'intercession de celui-ci, que sa femme serait admise à faire ses excuses à la duchesse de Bourbon. Cette dame les reçut avec une aigreur qui prouvait que son ressentiment n'était point encore apaisé, et depuis cette époque, sa conduite déplut tellement à mon jeune frère, qu'elle contribua probablement beaucoup à la scène qu'il lui fit plus tard.

J'ai raconté cette aventure parce qu'elle sert à faire connaître les mœurs du temps mieux que toutes les dissertations des philosophes. En voici une autre que je me suis déjà engagé à raconter.

J'ai dit que le chevalier de Coigny était quelquefois embarrassé de ses nombreuses bonnes fortunes, au point de les passer à ses amis, et il ne se montrait pas moins prodigue de son argent; on prétend même qu'avant d'avoir acquis l'amitié de ma belle-sœur, il avait souvent beaucoup de peine à faire face à ses dépenses.

Le comte de Modène le rencontra un jour aux Tuileries froissant deux papiers entre ses doigts d'un air de mauvaise humeur. On s'aborde, on se complimente, le chevalier ne se déride pas.

— Qu'as-tu, mon ami? lui dit le comte; ces chiffons semblent te tourmenter.

— Que le diable les emporte! s'écrie Coigny; l'un est un billet doux, l'autre un mémoire d'ouvrier, et je ne puis répondre ni à l'un ni à l'autre.

— J'entends; d'un côté la bourse vide, et de l'autre surcroît de richesses.

— La femme est néanmoins charmante; mais le maudit mémoire, il faut absolument que je l'acquitte sans délai, et je n'ai pas le premier écu.

— Eh bien! mets en gage ta vieille vaisselle.

— Vaisselle, bijoux, diamans, tout a déjà disparu, et il me faut deux cents louis.

— Alors, mon cher, je ne te vois plus qu'une ressource : il faut tirer parti de ta maîtresse.

— Mais c'est une idée d'or que tu me donnes : écoute-moi, Modène, si tu as des écus, je puis te procurer une femme divine.

— Eh, ma foi! si elle en vaut la peine, tu pourrais bien avoir trouvé ton marchand.

— Ah! mon ami, tu es un heureux mortel; je

te la cède pour rien, pour mille écus, et elle en vaut au moins trois mille.

— En vérité, mon cher, j'ai envie d'accepter, ne serait-ce que pour la rareté du fait; mais n'exagères-tu pas le prix de la marchandise?

— Non, foi d'homme d'honneur; c'est la femme d'un conseiller au parlement, jolie comme un ange, vingt ans, un cœur tendre, une vivacité..... c'est un démon; je devrais te demander du retour.

— Eh bien, le marché est conclu; mais comment feras-tu pour me livrer?

— Sois tranquille, j'en fais mon affaire, si tu me paie les trois mille livres.

— Tu peux les regarder déjà comme à toi; je me charge d'acquitter moi-même ta dette.

Le chevalier remit au comte le portrait, les cheveux et les lettres de madame de M... Il fut convenu que celui-ci serait censé les avoir pris à une danseuse de l'Opéra, à laquelle le premier en aurait fait le sacrifice, puis qu'il les rendrait à la dame, service qui, en excitant sa reconnaissance, toucherait nécessairement son cœur. En effet, la chose s'exécuta comme elle avait été projetée, et mon gentilhomme d'honneur eut encore l'avantage d'acquitter une créance de mille écus avec deux mille francs comptant, car l'ouvrier, enchanté de recouvrer les deux tiers d'une somme qu'il regardait comme fort hasardée, le tint quitte du reste. On voit que les hommes de la cour entendaient assez bien les affaires; au reste, ces deux messieurs ne firent nul mystère de celle-ci, et on s'amusa beaucoup à Versailles d'un marché conclu avec tant de franchise et exécuté si loyalement.

Je perdis au commencement de cette année l'un de mes premiers gentilshommes de la chambre, le marquis de Caumont; il n'avait que quarante-deux ans, et il laissa de son mariage avec mademoiselle de Brassac de Bearn, deux fils et six filles. Celles-ci ne vinrent pas toutes à la cour; mais l'une d'elles y joua un rôle assez important, comme on le verra par la suite. Le marquis de Noailles, ambassadeur de France en Hollande, remplaça le défunt dans ses fonctions près de ma personne. Je regrettai beaucoup Caumont; c'était un honnête homme, peu habile, mais de bonne compagnie; il m'était tout dévoué, et j'appréciais d'autant plus le dévouement, qu'il était rare à Versailles. Son successeur était Noailles dans l'ame! Il remplaçait son manque d'esprit par son adresse; jamais serviteur ne fut plus intéressé: aussi, pour être bien servi, je savais lui persuader qu'il avait tout à gagner à bien faire. Connaître et utiliser les défauts des autres, est un talent de prince: avec cette science là on tire quelquefois meilleur parti d'une mauvaise qualité que d'une bonne. Il aurait bien voulu obtenir ma confiance, et renoncer à ce prix à la diplomatie extérieure, pour en faire une plus lucrative dans mon cabinet; mais je me tins si bien sur la défensive qu'il ne put arriver jusque là.

Le mois de février suivant, la marquise de Phalaris renonça à son titre de dame pour accompagner, par suite d'arrangemens de famille. Cette fois-ci on me fit la galanterie de me laisser choisir une personne pour la remplacer, et je me décidai en faveur de la comtesse de Damas. Ce n'était pas perdre au change. La marquise de Phalaris, avec des qualités précieuses, était très portée au commérage : aucuns caquets ne tombaient avec elle ; elle avait en outre la manie de rapporter à ma femme la moindre galanterie que j'adressais aux personnes du château, et elle aurait fini par la rendre jalouse si elle fût restée près d'elle.

Depuis assez long-temps le roi avait arrêté le mariage du comte d'Artois avec la sœur cadette de la comtesse de Provence ; ce choix, qui m'était fort agréable, plaisait moins à la dauphine ; elle aurait préféré pour belle-sœur une Allemande ; on tenta bien quelques petites intrigues pour changer la volonté du roi, mais ce fut sans succès. Louis XV, très porté en faveur de la maison de Piémont, redoutait la maison de Lorraine ; il savait déjà par le canal du prince Louis de Rohan, que la dauphine entretenait avec l'impératrice sa mère un commerce de lettres fort secret, et cette correspondance lui donnait de l'ombrage.

La comtesse de Provence éprouva une véritable satisfaction, en pensant qu'elle allait avoir une sœur chérie près d'elle, d'autant plus que nous savions déjà que Clotilde irait la remplacer à Turin, en épousant le prince de Piémont. Ainsi l'alliance de nos deux familles allait encore être resserrée par ce double mariage. Je ne voyais pas alors ce que plus tard j'ai reconnu, qu'il y a un inconvénient à ne contracter de pareils liens que dans un cercle restreint de parenté; on ne fait par là que favoriser la dégénération physique des races, qui ont besoin de se retremper par un mélange politique avec un sang étranger. Je pourrais citer malheureusement pour exemple les maisons royales d'Espagne, de Portugal, de Naples et de Savoie.

# CHAPITRE X.

Quelques événemens. — Le prince de Lambesc. — La chanoinerie du comte de Provence. — Son jeune frère a moins de savoir que le comte Sinéty. — Fin de la royauté des violons de France. — Guignon, roi détrôné et de mauvaise humeur. — Entrée à Paris du dauphin et de la dauphine. — Premières amours du comte d'Artois. — La chaumière et le pédagogue. — Inauguration du portrait du comte de Provence. — Son entrée à Paris avec la comtesse de Provence. — Il travaille à plaire à la nation.

La mort du grand-maître de Malte, Emmanuel de Pinto, et la nomination de Francois Ximenès, son successeur, eurent lieu à l'époque où le mariage de mon frère fut déclaré publiquement : mais la célébration de cette union fut retardée jusqu'à la fin de l'année, par la mort du roi de Sardaigne, grand-père de ma femme. Ce monarque, homme d'état, doué d'une piété véritable et de grandes qualités, termina sa carrière le 20 février de cette année; la comtesse de Provence le pleura beaucoup; je tâchai d'imiter son exemple afin de lui être agréable, mais j'avoue que je ne trouvai pas une larme pour ce bon aïeul, qui m'était totalement étranger;

cependant on me sut gré de ma bonne intention ; je passai même, pendant tout le deuil, pour un homme sensible aux yeux de ceux qui n'y regardent pas de si près en sentiment.

A cette époque, le prince de Bauffremont, dont les inclinations n'étaient rien moins que martiales, ayant donné sa démission de colonel du régiment royal de dragons, le roi en gratifia le prince de Lambesc, grand-écuyer de France. Sa majesté ne pouvait faire un plus mauvais choix : ce seigneur était fanfaron, tapageur de profession, et d'une bravoure plus que douteuse. C'est à lui que sont attribués les événemens du 14 juillet 1789, qu'il aurait pu prévenir avec plus de prudence ou de courage. Sa déroute, après son attaque téméraire au Pont-Tournant, inspira aux Parisiens une audace qui les porta peu de temps après à prendre de vive force la Bastille, et cette première défaite décida de la chute de la monarchie.

Mais à l'époque dont je parle on croyait ne pouvoir élever trop haut la maison de Lorraine, alors à l'apogée de son crédit par son alliance avec la dauphine. C'est cette malheureuse prédilection que nous devons regarder comme la première cause de nos maux.

En ma qualité de prieur, de patron et de premier chanoine du chapitre royal de Saint-Pierre, sainte chapelle du Mans, je fis célébrer dans cette collégiale un service funèbre pour le roi de Sardaigne. J'avais presque envie d'aller tenir au chœur ma place canoniale, car j'étais passablement instruit en droit canon et en science théologique ; mais je me privai de ce petit divertissement, et je me contentai de la connaissance intime de mon savoir sans chercher à le produire au grand jour.

Quant au comte d'Artois, dont le mariage allait se faire incessamment, il n'avait pas besoin d'appeler à son aide une modestie vrai ou fausse pour dérober aux regards son érudition, car il possédait à peine les premières notions de l'histoire et de la littérature ancienne et moderne ; aussi l'entreprise de la collection des auteurs classiques, sous les auspices de mon jeune frère, me sembla une excellente mystification envers le public : ce fut une opération d'argent imaginée par Radix de Sainte-Foix, son trésorier général, qui, pour couvrir une partie de ses dilapidations, cherchait à justifier l'emploi des fonds qu'il confisquait à son profit.

Le comte de Sinéty, un de nos sous-gouverneurs, mourut à Versailles cette année, le 29 mars. Je le regrettai médiocrement. Nous lui devions peu, car il s'était toujours plus occupé de lui que de nous, et d'ailleurs tant d'intérêts importans se disputent la pensée des princes, que les choses secondaires passent pour eux inaperçues.

La royauté était comme un de ces vieux édifices dont chaque jour voit détacher une pierre. Cependant mon aïeul frappa cette année un grand coup en supprimant le titre de *roi et maître* des violons et joueurs d'instrumens de France. Cette plaisante monarchie existait encore dans la personne du sieur Guignon, auquel on accorda, je ne sais trop pourquoi, les honneurs d'une abdication. Il se démit solennellement de sa couronne harmonique. Dès lors sa majesté Louis XV supprima cette royauté, rivale de la sienne, et qui toutefois faisait moins de bruit. Peu de gens à la cour s'occupèrent de cette destitution d'un pouvoir qui remontait aux Valois. Cette branche, amie des arts, s'était plu à accorder des distinctions honorifiques et des priviléges aux rois des violons, qui touchaient des émolumens très lucratifs, provenant des droits qu'ils percevaient sur les maîtres des joueurs d'instrumens.

Ce pauvre Guignon, descendu ainsi de sa royale dignité, n'était plus propre qu'à aller figurer au Carnaval de Vénise, avec les souverains détrônés que Candide y rencontra. Car, bien que passionné pour son art, c'était nn véritable ménétrier. Je le voyais quelquefois à la chapelle, où il se démenait avec toutes les graces convulsives du métier parmi les musiciens. Je lui parlais toujours avec bonté, aussi il avait pour moi une amitié toute particulière. La première fois que je le rencontrai après sa chute, je lui fis signe de s'approcher de moi.

— Eh bien ! sire Guignon, lui dis-je, vous avez joué de malheur ; votre royauté a été mise à la réforme.

— Ce n'est point un sujet plaisant, monseigneur, me répondit-il d'un ton sérieux que je me rappelai plus tard lorsque les événemens ont justifié sa prédiction. — Craignez qu'avec cette manie de détrôner on ne finisse par attaquer de plus puissans monarques que moi.

Ces paroles, auxquelles je n'attachais aucune importance, me déplurent néanmoins. Je tournai le dos à cette majesté déchue, qui ne tarda pas à mourir de vieillesse, d'autres dirent de douleur. N'attribua-t-on pas à ce sentiment la mort de Charles-Quint, qui avait pourtant abdiqué volontairement?

Il était d'usage que les princes de la famille royale, fils et petits-fils de France, fissent ce que l'on appelait leur entrée à Paris après leur mariage. La mienne ne pouvait avoir lieu avant celle du dauphin, qui avait été retardée par l'événement funeste des fêtes données à l'occasion de son union avec Marie-Antoinette. Mon frère et sa femme n'osèrent entrer avec pompe dans une ville encore en deuil de tant de victimes qui avaient péri dans cette occasion mémorable au feu d'artifice de la place Louis XV. On décida en conséquence que cette cérémonie n'aurait lieu que plusieurs années après. Mais le moment de l'exécuter était venu, et le mariage du comte d'Artois fut un motif de plus pour décider l'entrée du dauphin à Paris, qui devait nécessairement avoir lieu avant la nôtre.

Le 8 juin, le dauphin et la dauphine entrèrent donc dans la capitale en grande cérémonie, accompagnés du duc de Richelieu, premier gentilhomme de la chambre en exercice, de la comtesse de Noailles, dame d'honneur, de la duchesse de Cossé, dame d'atours, et d'un grand nombre de seigneurs et de dames de la cour, appelés là par les devoirs de leur charge ou par invitation. Le duc de Brissac, gouverneur, et le corps de la ville, reçurent le cortége à la porte de la Conférence, au bas de Passy. De là il se rendit à Notre-Dame, revint dîner aux Tuileries, où était préparée une table de vingt-sept couverts, puis retourna coucher le soir à Versailles.

Le dauphin et la dauphine furent fort bien accueillis des Parisiens. Marie-Antoinette était alors généralement aimée. Ses charmes et ses graces séduisaient tous les cœurs; ils justifièrent le mot un peu hasardé du duc de Brissac, qui dit à cette princesse, en lui montrant la foule qui se pressait sur son passage : — Voilà, madame, trois cent mille amoureux qui repaissent leurs yeux du bonheur de vous voir.

Les poissardes se signalèrent en cette occasion par des propos plus que libres, dont le dauphin s'amusa beaucoup, bien qu'il aurait pu en être scandalisé sans trop de pruderie. On craignait quelques reproches, quelques cris messéans au sujet du roi et du passé, mais les choses allèrent au mieux.

Le dauphin et la dauphine se montrèrent ensuite plusieurs fois aux principaux théâtres de Paris. Mon frère ne gagna pas à se faire voir de plus près; il manquait de ces formes agréables qui ont tant d'attraits aux yeux des bourgeois de Paris, et en général il plut bien moins que sa femme.

Le 7 juillet, le roi alla coucher au château de la Muette ; le lendemain il se rendit à Saint-Denis, auprès de madame Louise, où il trouva réunis le dauphin, la dauphine, mes tantes, ma femme et moi. Nous partîmes ensuite tous ensemble pour Compiègne. Le comte d'Artois y était déjà depuis le 6. Ce fut pendant ce voyage qu'il lui arriva l'aventure assez piquante que voici :

Depuis que son mariage était décidé, on le surveillait avec beaucoup moins d'attention. Cependant le comte de Montbel, son sous-gouverneur, le laissait rarement courir seul dans le parc, attendu qu'il se méfiait beaucoup des fourrés épais du bois, qui pouvaient servir de repaire non seulement à la grosse bête, mais encore à des gibiers de toute autre sorte, non moins dangereux. Depuis quelque temps, le comte d'Artois avait examiné à Versailles, avec une attention toute particulière, la sœur d'un de ses valets de pied, jeune et jolie créature toute passionnée pour la famille royale, et ne cherchant que l'occasion de témoigner son amour à ceux qui en étaient l'objet. D'Artois ne fut pas le dernier à s'apercevoir des bonnes intentions de l'aimable fille ; et voulant mettre à profit un si beau dévouement, il s'entendit avec le frère, qui, trop heureux de l'honneur que le prince voulait faire à son sang, s'empressa de le favoriser auprès de sa sœur. Le difficile était d'établir le point de contact entre les parties intéressées, et le rusé valet ne vit rien de mieux que d'installer la jeune demoiselle, sous le déguisement d'une paysanne, dans la chaumière d'un garde de la forêt de Compiègne.

D'Artois, prévenu, a peine à contenir son impatience : il témoigne à son gouverneur le désir de faire une excursion dans le parc. Aussitôt M. de Montbel fait préparer une voiture, des chevaux, et se dispose à suivre S. A. R., mais on préfère cheminer pédestrement.

On se met donc en route, on prend les plus longs détours, le gouverneur se fatigue ; d'Artois, meilleur marcheur, brûle le chemin ; enfin on arrive à une chaumière, on demande du lait, puis on veut voir traire les vaches qui fournissent un si délicieux breuvage.

— Reposez-vous ici, Montbel, vous êtes las ; je suis à vous dans la minute.

Mais, plus rapide qu'un cerf qui fuit devant le chasseur, l'élève échappe à l'Argus, et s'élance, non dans l'étable, mais dans le charmant réduit où l'attendait une autre Io sous sa véritable forme.

Le temps s'écoule vite quand on sait bien l'employer. Le comte d'Artois oublie qu'il y a bientôt une heure qu'il a quitté le complaisant Montbel ; mais celui-ci, qui a plus de mémoire, commence à trouver l'absence un peu longue : un soupçon soudain le saisit. Il se lève tout à coup, traverse une pièce, puis deux pièces, en ouvre une troisième...; mais il s'arrête stupéfait, un cri lui échappe... Mon frère se détourne, et sans se déconcerter, il dit au pédagogue, en parodiant le mot de mon grand oncle Philippe V, surpris aussi en flagrant délit :

— Est-ce qu'il n'y avait là personne pour vous annoncer, monsieur?

On comprendra facilement la mystification du sous-gouverneur. Sa colère s'exhale en reproches contre son élève, en menaces contre le valet de pied et la jeune fille. Il ramène le coupable à Compiègne, et croit devoir aller sur-le-champ instruire le roi du méfait de son petit-fils.

Sa majesté, en écoutant le pauvre Montbel, a peine à retenir son envie de rire; puis elle lui dit pour toute réponse :

— Qu'on s'assure de la santé de la donzelle, et qu'on lui compte cinquante louis.

Cet ordre, qui fut ponctuellement exécuté, mit au comble le désappointement du sous-gouverneur, qui ne comprenait pas tant d'indulgence envers un jeune homme sur le point de porter le joug de l'hymen. La dauphine et la comtesse de Provence ayant ouï parler de l'aventure, voulurent en connaître l'héroïne, et ce fut pour elles le sujet d'une longue dissertation sur le plus ou le moins de beauté de cette pastourelle du comte d'Artois, qui, je puis le certifier, était charmante, et loin d'être honteuse, parut toute fière de l'honneur qu'elle avait reçu.

Après être restés à Compiègne jusqu'au 30 août, nous revînmes directement à Versailles, à l'exception du roi, qui alla coucher à la Muette, selon son usage. Pendant ce voyage, madame Dubarry s'attacha plus que jamais à nous être agréable. Elle me fit compter par le roi une assez forte somme, que je réclamais du contrôleur général. Je chargeai Montesquiou de la remercier, et elle lui répondit :

— Ce n'est point aujourd'hui que je solliciterai aucune faveur de S. A. R. ; mais si le roi venait à mourir, je la prierais de ne pas m'abandonner.

J'avais grand soin de favoriser mon régiment de tout mon crédit ; et, bien qu'éloigné de lui, je ne négligeais ni les intérêts des officiers ni celui des soldats ; aussi se montraient-ils tous fort dévoués à ma personne. Ils désirèrent avoir mon portrait : c'était le placer à une ambulance ; néanmoins je ne le leur refusai pas. Je le fis faire par Fédor, mon premier peintre, et le leur envoyai immédiatement. Dès qu'on sut ma copie en route, on s'évertua pour lui rendre les honneurs convenables. Mon régiment était alors en garnison au Hâvre-de-Grace. Un portique d'architecture colossale, en forme d'arc de triomphe, fut élevé devant la citadelle où la troupe était casernée ; il était orné de trophées, de bas-reliefs allégoriques peints d'après les dessins du premier lieutenant, le chevalier de Gueroënt-Boisruault, et c'est à ce monument qu'on plaça mon portrait pour son inauguration, le 25 juillet 1773.

Le gouverneur du Hâvre alla, à la tête des autorités, le recevoir à la porte de la ville. Les troupes défilèrent devant lui, en le saluant d'une triple décharge de mousqueterie, à laquelle répondirent les canons des remparts : un bouquet termina ces salves. Enfin on fêta l'image comme ont eût fêté le prince lui-même. Je fus très sensible à ces témoignages d'attachement, et je le manifestai dans ma réponse à la lettre que m'écrivit le comte de Virieu, lieutenant-colonel, chargé de me représenter.

Cette cérémonie en précéda une autre plus imposante, celle de mon entrée à Paris, qui se fit le 6 septembre de la même année. Depuis plusieurs jours le temps était pluvieux ; mais la veille le soir les nuages commencèrent à se dissiper ; le lendemain le soleil brillait dans un ciel d'azur, et la pluie ne recommença à tomber que le 7. Ceci parut d'un heureux augure à certaines personnes, qui me prédirent qu'un jour viendrait où, après la tempête, je ramènerais le calme en France. Je ne vis dans cette prédiction qu'une de ces flatteries banales qu'on ne ménage pas aux princes ; mais j'avoue que je me la suis rappelée en 1814 avec autant d'émotion que de plaisir.

Je partis de Versailles, accompagné de la comtesse de Provence, de ses dames, des officiers de ma maison et de la sienne, vers neuf heures du matin. Je m'étais moi-même occupé de la tenue de mes équipages, afin qu'ils me fissent honneur dans cette circonstance. La livrée, qui était habillée à neuf, ainsi que mes gardes, ajoutait encore à la pompe de la cérémonie. Notre arrivée fut annoncée par les triples salves du canon de la Bastille et des Invalides. Nous trouvâmes à la porte de la Conférence le corps de ville, qui nous fut présenté par le duc de Brissac, et La Michodière, conseiller d'état, prévôt des marchands. Je ne répondis rien à la harangue de ces messieurs, qui n'avait que le défaut d'être un peu longue ; car à cette époque c'était au peuple à parler et aux princes à se taire.

Le discours terminé, nous montâmes avec notre suite dans les carrosses de parade qui avaient été préparés. Je vis avec satisfaction qu'outre les personnes de la cour, que j'avais invitées, il en était venu un très grand nombre de leur propre mouvement. Cette déférence me prouvait l'estime dont je jouissais à Versailles, où déjà, malgré ma jeunesse, je commençais à compter pour quelque chose. Mes gardes marchaient autour de la voiture que j'occupais avec la comtesse de Provence. Le cortége suivit le quai des Tuileries, le Pont-Royal, le quai du Château de Conti, le Pont-Neuf, le quai des Orfèvres, les rues Saint-Louis et du Marché-Neuf.

En arrivant à la cathédrale, nous fûmes reçus et harangués par M. de Beaumont, archevêque de Paris : le chapitre suivit en grand costume. On nous présenta le dais. Nous entendîmes la messe au chœur, puis à la chapelle de la Vierge. Ces devoirs accomplis, nous remontâmes en voiture pour aller à Sainte-Geneviève, où l'abbé et les chanoines réguliers nous accueillirent et nous complimentèrent, à notre grande édification. Nous baisâmes la châsse de la sainte, qui fit presque un miracle en notre faveur, car j'entendis parler autour de moi de la guérison soudaine d'une femme privée de l'ouïe. Quant à moi, je profitai de cette manifestation de la grâce divine, et de l'étonnement quelle causait, pour échapper plus vite à ma corvée d'étiquette.

Nous dînâmes aux Tuileries, et la journée se termina par une promenade à la foire Saint-Laurent, alors illuminée en notre honneur. Je fus charmé de la manière dont nous accueillit le peuple de Paris : il y eut même des gens qui prétendirent que la réception du dauphin avait été accompagnée de moins de démonstrations. Il est vrai que je ne ménageai ni les saluts, ni les sourires ; j'étais d'ailleurs assez beau prince, je crois, à cette époque ; et les femmes, qui n'osaient me le dire de vive voix, me le faisaient entendre du regard. Je suis forcé d'avouer que les hommes ne se montrèrent pas aussi galans envers la comtesse de Provence : c'est qu'ils ne la voyaient pas avec les mêmes yeux que moi.

Après avoir remercié, pour le compte de la ville, les diverses autorités, nous revînmes coucher à Versailles. Le roi, qui désirait savoir par ma bouche comment la journée s'était passée, me fit appeler dès mon arrivée. Je lui en fis le récit fidèle d'un ton de gaîté qui provoqua la sienne ; j'ajoutai, pour lui complaire, que les cris de *vive le roi* avaient prévalu sur ceux de *vive le comte et la comtesse de Provence;* et cependant il n'en était rien, car à peine si dans cette foule immense quelques personnes avaient paru se souvenir que mon aïeul existait, tant il avait perdu, à cette époque, de sa popularité. La destruction des parlemens, si avantageuse au trône et à la nation, avait été mal prise par celle-ci, qui en fit tomber son mécontentement sur le souverain.

Nous nous montrâmes aussi, selon l'usage, les jours suivans, au Théâtre-Français et à l'Opéra, et partout nous reçûmes des hommages désintéressés, car nous n'avions pas le droit au trône, et j'étais loin de croire alors que je dusse jamais y monter. Dès ce moment je commençai à me tracer un plan de conduite propre à maintenir le public dans ses bonnes dispositions à mon égard. Je sentais que mon crédit à la cour augmenterait s'il était appuyé sur l'estime de la nation, et qu'un prince n'a de véritable importance que celle qu'il tient de l'affection du peuple : avec cela il est fort, et il peut résister même à ceux qui sont au dessus de lui. Je voyais combien ce soutien me deviendrait utile quand ma belle-sœur serait reine de France, et surtout si la nature, en lui refusant des enfans, me faisait la grâce de m'en accorder.

## CHAPITRE IX.

Les Bourbon-Busset. — Maison du comte et de la comtesse d'Artois. — Mort de madame d'Egmont. — Disgrace du comte de Broglie. — Arrivée de la comtesse d'Artois. — Lettre du marquis de Brancas. — Mariage du comte d'Artois. — Plaisanterie du comte de Provence sur le feu d'artifice. — Madame Louise sa tante. — Colloque du roi et du maréchal de Richelieu, sur la mort du marquis de Chauvelin. — Le comte de Provence institué grand-maitre de l'ordre de Saint-Lazare. — Le chancelier Maupeou. — Il se rapproche du comte de Provence. — Ils causent ensemble. — Ils sont du même avis. — La dauphine se déclare contre le chancelier. — Ce qu'elle en dit.

C'était la favorite qui faisait à Versailles la pluie et le beau temps. Le roi ne voyait que par ses yeux, et n'était plus que le ministre de son bon plaisir. Ce fut elle encore qui désigna les personnes qui composeraient la maison du comte d'Artois et de sa compagne future. Le choix tomba sur toutes celles qui, par leurs parens ou leurs affidés, étaient bien avec madame Dubarry. La comtesse de Forcalquier, fort avant dans ses bonnes graces, fut nommée dame d'honneur de la princesse; la comtesse de Bourbon-Busset obtint la charge de dame d'atours. Celle-ci était remplie d'honneur et de mérite, mais sans naissance, et tirait peu d'illustration de son premier mari, M. Boucaud. Le second nous appartenait de loin, il est vrai, par double et triple bâtardise, car il descendait d'un évêque de notre famille, qui, de son propre chef, était illégitime. Ces Bourbon-Busset n'ont jamais été favorisés par notre maison; nous leur avons laissé faire leur chemin comme à de simples gentilshommes. Il entrait dans cette manière d'agir une politique raisonnée qui tendait à empêcher les simples princes du sang de légitimer leurs enfans naturels. Louis XV en donna lui-même l'exemple, car de tous ceux qu'il eut en commerce illicite, il n'accorda son nom qu'à l'abbé de Bourbon, qui avait pour mère mademoiselle de Roman; encore exigea-t-il qu'il s'engageât dans les ordres, comme pour l'empêcher d'avoir lui-même des enfans légitimes.

Les Bourbon-Busset, fort humbles jusqu'à ce moment, relevèrent un peu la tête en entrant dans la maison du comte d'Artois; car, tandis que la femme devenait dame d'atours de ma belle-sœur, le mari partageait avec le comte de Maillé la charge de premier gentilhomme. Les gentilshommes d'honneur furent MM. de Montbel, de Laroche-Aymon, de Mesme, de Saint-Hermine, d'Escars, de La Tour-Dupin, de Saint-Chaman, de Gain-Montagnac, d'Harville, de Chastenay et de Coëtlosquet.

Mon frère eut pour premier écuyer le marquis de Polignac; pour capitaines des gardes le prince d'Hénin et le chevalier de Crussol, et pour capitaine-colonel des cent-suisses de la garde le marquis Dubarry.

Ce dernier était le troisième frère de ce nom, aussi pauvre d'esprit que riche en vertu; bon homme réservé, sa réputation resta intacte au milieu des turpitudes de ses parens. Aussi on ne le désignait à Versailles que sous le titre de *Dubarry l'honnête homme*. Il venait d'épouser mademoiselle de Fumel, fille de qualité et fort riche, qui avait été présentée le 7 octobre et nommée immédiatement après au nombre des dames pour accompagner la comtesse d'Artois. Les autres étaient la duchesse de Quentin, mesdames d'Avaray, d'Harville, de Montmorin, de Crenay, d'Esterno, du Waus, de Fongière et de Montbel. Le marquis de Ventimille devint le chevalier d'honneur, et le marquis de Chabrillant le premier écuyer.

La prépondérance de la favorite éclata dans tous ces choix, qu'on sollicita d'elle comme si elle eût été reine de France. Il est vrai qu'elle rendait douce sa domination, car elle était sans malice, et se montrait toujours plus empressée d'obliger les gens que de les tourmenter. Elle en donna la preuve dans cette circonstance, en obtenant du roi une somme assez forte en faveur du duc de Modène, sous le titre de gratification. Ce seigneur, attaché à ma personne, épousait mademoiselle de Lieuvray. Je fus reconnaissant envers madame Dubarry de cette galanterie, qui m'était particulièrement adressée, car mon gentilhomme d'honneur n'était pour elle qu'une simple connaissance.

Nous perdîmes cette année, le 14 octobre, la comtesse d'Egmont-Pignatelli, fille du maréchal duc de Richelieu, et digne de lui, ce qui n'est pas un éloge de ses vertus. Cette dame, aussi célèbre par son esprit que par ses légèretés, n'avait que trente-un ans lorsqu'elle mourut. Sa devise favorite était : *courte et bonne*, et c'est faire en deux mots son portrait. Son amabilité la faisait aimer à la cour, où l'on commençait à détester son père ; on aimait encore moins son frère, le duc de Fronsac. Ce dernier était le vice personnifié. Jamais homme ne fut plus propre à déshonorer un nom illustre. Son fils, loin de lui ressembler, avait l'ame noble et élevée ; on aurait pu douter qu'il appartînt à un tel père.

Madame d'Egmont fit plus d'une tentative pour plaire à mon aïeul : mais on aura peine à croire que son père s'opposa lui-même à ses desseins ; son orgueil l'emporta sur son ambition dans cette circonstance ; c'est la seule action honorable que je lui connaisse. En ce moment il plaidait contre la présidente de Saint-Vincent, affaire fort sale, où le public crut voir au moins un fripon de chaque côté.

Nous allâmes à Fontainebleau au commencement d'octobre, fort impatiens de faire connaissance avec notre nouvelle belle-sœur. Le marquis de Brancas, grand d'Espagne, chevalier des ordres du roi, et commissaire nommé pour aller recevoir, au pont de Beauvoisin, la future comtesse d'Artois, partit le 22, après avoir reçu son audience de congé. Mesdames de Forcalquier, de Bourbon-Busset, la duchesse de Quentin et madame de Crenay, ne tardèrent pas à le suivre.

La mission du marquis de Brancas ne lui était venue que par ricochet. Le roi l'avait d'abord accordée au duc de Broglie, sorte de favori caché, qui, depuis plusieurs années, était à la tête d'un ministère secret : un serment, la police intérieure et extérieure, ses rapports avec le roi, l'avaient gonflé d'orgueil ; il voulait prendre une part plus active aux affaires ; il voyait avec peine la faveur du duc d'Aiguillon, et croyant l'occasion favorable pour se montrer exigeant, il prétendit obtenir la permission d'aller jusqu'à Turin. On la lui refusa. Égaré par la colère, il écrivit au ministre une lettre tellement arrogante, que celui-ci, pour perdre le duc de Broglie, n'eut qu'à la lire dans le conseil. Le roi, malgré son penchant pour un homme dont il aimait le travail, l'abandonna complètement, et une lettre de cachet envoya M. de Broglie dans une de ses terres. Il partit la rage dans le cœur ; et comme il passait devant Chanteloup, le duc de Choiseul demanda qui était dans cet équipage.

— C'est le duc de Broglie qui va en exil.

— Ah ! s'écria le duc, il prend le ministère par la queue.

Ce bon mot fit fortune et augmenta la haine que le disgracié de fraîche date portait à celui qu'il avait aidé à renverser. Peu de personnes le regrettèrent ; c'était un esprit quinteux, rempli de morgue, qui mécontentait tout le monde, sans chercher jamais à plaire à personne.

Le roi reçut une lettre du marquis de Brancas qui nous convainquit de ce que nous soupçonnions déjà, que la sœur de ma femme n'était pas jolie ; cette lettre était conçue en ces termes :

« Sire,

« J'ai vu madame la comtesse d'Artois ; le pre-
« mier jour elle m'a plu, le second elle m'a inté-
« ressé, et je l'amène avec un vrai plaisir à votre
« majesté. »

C'était dire clairement que la beauté de la princesse était nulle ; car, certes, Brancas n'aurait pas ménagé les éloges s'il en eût été autrement. Ma femme, d'ailleurs, qui, en bonne parente, avait cru devoir garder le silence jusqu'à ce moment, me raconta alors des détails de famille que ma position me commande de taire.

Je ne raconterai pas la demande en mariage de la princesse de Piémont ; ce fut encore le baron de Choiseul qui, dans cette occasion solennelle, représenta mon aïeul. La comtesse d'Artois partit de Turin, et après avoir été accueillie, sur la route qu'elle traversa, par des fêtes brillantes et de vives démonstrations d'enthousiasme, elle arriva jusqu'à la montagne de Bouron, lieu fixé pour ces sortes d'entrevues, et où nous vînmes à sa rencontre. Le même cérémonial qu'on avait observé à l'arrivée de la comtesse de Provence se renouvela encore ici. Nous partîmes ensuite immédiatement de Fontainebleau pour Choisy, où nos sœurs, Clotilde et Élisabeth, attendaient la princesse, à laquelle elles firent une touchante réception.

Le mariage se célébra dans la chapelle de Versailles le 16 novembre ; il faisait un temps affreux, la pluie tombait par torrens ; le vent, qui soufflait avec violence, semblait ébranler les fondemens de l'édifice. Chacun paraissait effrayé. La cour est comme la mer ; on y est très superstitieux ; on y croit à tout et à rien. Je pourrais étendre cette comparaison, grâces à l'inconstance des vagues et à celle de la faveur des princes ; mais c'est le sujet d'une des plus longues notes de ma traduction d'Horace.

Mon frère, qui se faisait distinguer ordinairement par son aisance et sa vivacité, avait ce jour-là un air piteux et embarrassé qui semblait fort comique. Je crois qu'il ne trouvait sa femme guère de son goût, et j'aurais pu lui rendre avec usure les railleries qu'il ne me ménagea pas le jour de mon mariage ; mais le désir d'entretenir la bonne intelligence entre les deux sœurs m'empêcha d'en rien faire, d'autant mieux que je voyais dans la comtesse d'Artois un nouvel auxiliaire contre la dauphine.

Il y eut un bal fort brillant le 19 : Marie-Antoinette n'y dansa pas ; et pour jouer pièce, je crois, à ses belles-sœurs, elle se plaignit d'une indisposition qui lui prescrivait un repos absolu. On comprit ce que cela voulait dire. Grand mouvement à la cour; on répandit aussitôt de tous côtés le bruit de la grossesse de la dauphine. Quant à moi, moins crédule que les autres, je riais sous cape, bien décidé que j'étais de ne point m'en rapporter à des bruits qui ne me semblaient encore appuyés sur rien de certain.

Le feu d'artifice, qui avait été remis à ce jour-là, n'ayant pas été tiré le 16 à cause du mauvais temps, surpassa celui de mon mariage; il représentait en action les amours de Mars et de Vénus contrariés par la jalousie de Vulcain. Tandis que chacun s'extasiait sur sa magnificence, je me penchai sur le comte de Modène en lui disant :

— C'est d'un bon augure pour mon frère que cette mythologie du cocuage.

Modène se prit à rire, et loin de me garder le secret, il raconta ma plaisanterie pendant le bal. Chacun en fit des gorges chaudes; le roi lui-même trouva le sujet du feu d'artifice mal choisi, et ne cacha pas ce qu'il en pensait. Le pauvre surintendant des menus-plaisirs ne savait où se cacher ; il ne vit d'autre moyen de sortir de ce mauvais pas qu'en en rejetant la faute sur l'artificier.

Le 23, nous allâmes tous en famille présenter la comtesse d'Artois à notre tante Louise, qui la reçut avec les démonstrations calmes qui conviennent à une ame détachée des choses terrestres. Elle profita de la circonstance pour déclamer contre les erreurs du siècle, et accusa particulièrement la philosophie moderne de cet esprit d'irréligion qui ne se propageait que trop. Le roi écoutait sa fille avec une profonde attention, et le désir évident de lui complaire; car, en poursuivant les propagateurs des idées nouvelles, il se figurait que le ciel lui en tiendrait compte lorsque serait venu l'instant de régler avec lui les intérêts de son ame. Aussi on remarquait à Versailles que les mesures de police et les mesures judiciaires contre la librairie étaient toujours plus sévères quand le roi avait fait une visite aux Carmélites de Saint-Denis.

Il arriva à cette époque, à Versailles, un événement qui frappa singulièrement Louis XV. Le marquis de Chauvelin, premier maître de la garde-robe et son ami d'enfance, fut frappé à ses côtés d'une apoplexie foudroyante, tandis que mon aïeul faisait sa partie avec la comtese Dubarry. On fut obligé de porter des secours au roi, sur lequel cette mort inattendue produisit l'effet d'un coup de foudre. La tristesse se répandit dans le château, et pendant quelques jours il ne fut question que de cette catastrophe.

Je sus que le roi avait dit le lendemain au duc de Richelieu :

— Chauvelin a été là-bas retenir ma place, et la vôtre aussi, maréchal.

Ah! sire, répondit le duc, qui n'aimait pas qu'on lui parlât de l'autre monde, sentant bien qu'il ne vaudrait jamais pour lui celui-ci ; mon devoir est de céder toujours le pas à votre majesté.

Le mot était hardi, mais le roi eut le bon esprit d'en rire ; cependant il ajouta :

— Dans cette occasion, monsieur le duc, l'âge vous donne une dispense d'étiquette.

— Croyez, sire, que je ne la demande pas.

— Au reste, poursuivit le monarque, un peu plus tôt ou un peu plus tard, il faut que nous y venions tous ; et, je vous le répète, Chauvelin n'a fait que prendre les devans sur nous.

On remarqua, en effet, que depuis ce moment le roi devint encore plus sombre que de coutume.

Je fus installé solennellement dans ma grande-maîtrise des ordres réunis de Saint-Lazare et de Notre-Dame de Mont-Carmel, le 17 décembre 1773. Je prêtai les sermens et fis les vœux d'usage, en présence des dignitaires, des officiers et des chevaliers de l'ordre. La cérémonie religieuse se fit dans l'église de Saint-Louis, conformément aux règles et aux statuts ; puis, à l'issue de la grande messe, dans laquelle officia l'abbé de Boinville, commandeur ecclésiastique de l'ordre, je reçus au même grade l'ancien évêque de Troyes, Bonat de la Rivière, me réservant de faire d'autres promotions lorsque je serais plus libre de ma personne. C'était les renvoyer après la mort de mon aïeul.

On s'occupa beaucoup, à la fin de l'année 1773 et

au commencement de la suivante, de l'affaire de Beaumarchais contre Goëzman, conseiller au parlement de Paris, et les sieurs Marin d'Airolles et Armand. Ce procès acheva complètement de déconsidérer la nouvelle magistrature et prépara moralement sa chute. On avait difficilement beau jeu contre Beaumarchais, qui avait toujours soin de mettre les rieurs de son côté. Il en donna au pauvre conseiller pour son argent.

C'est dans cette circonstance que je m'aperçus pour la première fois de l'importance de l'opinion publique. Je compris combien il était dangereux de la braver; combien il était sage de l'avoir pour soi. Tout Paris, toute la France, se rangèrent du côté du plaideur, non par amour pour lui, car il était généralement méprisé, mais par haine pour la magistrature, dont Goëzman était membre, et qu'on espérait avilir en sa personne. Je me promis dès lors de me conduire de manière à ne jamais mécontenter le public, et à ne m'attirer du moins que son indifférence si je ne pouvais en obtenir l'affection.

Depuis quelque temps le chancelier Maupeou me faisait sa cour avec assiduité. Je causais volontiers avec lui. C'était un homme de beaucoup d'esprit, d'une érudition profonde, d'une grande force de caractère, et qui possédait enfin les qualités propres à bien gouverner un état. On n'a pas su lui rendre justice : on lui a prêté des défauts qu'il n'avait point. Il donna la mesure de ce dont il était capable en refondant les parlemens ; il trouva les moyens ; selon l'expression consacrée, de retirer la couronne du greffe où la retenait la magistrature usurpatrice : c'était nous rendre un service signalé dont il fut mal récompensé.

Je ne serais pas éloigné de prétendre que, si le cardinal de Richelieu eût vécu de ce temps-là, il eût agi comme le chancelier. Ce n'étaient plus en effet les têtes des grands vassaux qui devaient être touchées de la baguette de Tarquin.

Je compris ce qui rapprochait le chancelier de moi : il souhaitait se faire un appui de ma personne dans le cas où le roi viendrait à mourir. J'étais disposé à obliger, mais non à embrasser trop chaudement sa défense ; car avant tout je ne voulais point me compromettre vis-à-vis de la nation. Nous eûmes ensemble plusieurs entretiens importans lors du procès de Beaumarchais ; il me manifesta sa douleur en voyant la tournure que prenait cette affaire, car il en prévit les conséquences dès le commencement. Son désir eût été de la terminer sur-le-champ par une sorte de coup d'état qui, en frappant à la fois Goëzman et son adversaire, eût coupé court à d'interminables et scandaleuses plaidoiries.

J'étais de son avis ; mais le roi s'y opposa. La comtesse Dubarry était dans ce moment brouillée, je ne sais trop pourquoi, avec le chancelier ; d'ailleurs Beaumarchais, intrigant consommé, avait trouvé moyen de lui rendre sous main plusieurs services, de sorte qu'elle le favorisait de sa haute protection. Cette femme s'est toujours montrée toute dévouée pour ses amis, et jamais on n'est parvenu à lui en faire abandonner un seul. Ainsi donc, lorsque le chancelier voulut agir contre Beaumarchais, il se trouva arrêté par une opposition dont il ne put triompher. Il me dit, dans cette circonstance, d'un ton affecté :

— Au train dont vont les choses, monseigneur, je crains, si le roi vient à mourir, que monsieur le dauphin s'écarte de la ligne que suit son aïeul.

— Il aurait tort, lui répondis-je, car votre grand travail lui sera plus utile qu'à Louis XV, dont on redoute l'expérience.

— Je voudrais, monseigneur, connaître toute la pensée du dauphin sur la composition actuelle de la magistrature.

— Je crois que lui-même l'ignore, et qu'il cèdera à l'impulsion qui lui sera donnée.

— Et la vôtre, monseigneur, serait-ce trop indiscret de vous la demander?

— La mienne, monsieur le chancelier, est que nous vous sommes redevables, et que si nous manquons de reconnaissance envers vous, nous avons tort.

— Ces paroles de votre altesse royale me comblent de joie. Je puis donc espérer qu'elle me soutiendra lorsque le moment en sera venu.

— N'en doutez pas; je dirai franchement à mon frère ma façon de penser relativement aux parlemens; mais ce n'est pas vous assurer qu'il y aura égard. Vous aurez une opposition redoutable dans les Choiseuls et les parlemens dissous, qui ont pour appui le dauphin.

— Ainsi, monseigneur, vous prévoyez que M. de Choiseul rentrera au ministère.

— Tout me dit, au contraire, qu'il n'en sera rien : on a pris le meilleur moyen pour le disgracier d'avance en le faisant passer auprès du dauphin, pour un philosophe immoral. Mon frère, d'ailleurs, n'a pas oublié que notre père estimait peu ce ministre : ainsi donc, à moins que tout ne change de face, il ne rentrera point aux affaires, bien que ma belle-sœur tente dès aujourd'hui l'impossible afin de l'y ramener; mais je crains qu'on n'accorde pour dédommagement à son parti le renversement du vôtre.

M. de Maupeou avait trop de pénétration pour ne pas apercevoir ce que je lui montrais dans l'avenir. Il s'ouvrit à moi tout entier avec une franchise qui me charma, et notre conversation prit une tournure trop sérieuse pour que je la rapporte ici; il aurait été loin si je m'y fusse prêté : mais j'ai toujours voulu me renfermer dans les bornes que je m'étais tracées, et jamais je n'ai cherché à en sortir, quoi qu'aient pu dire ceux qui m'ont calomnié sans pitié.

J'engageai le chancelier à se rapprocher de la dauphine, dont l'influence ne tarderait pas à être d'un grand poids dans l'état. J'essayai de mon côté à ramener ma belle-sœur à l'égard de M. de Maupeou, mais j'y perdis mes peines; elle me parut prévenue contre lui irrévocablement. On avait cherché à le noircir dans son esprit par les insinuations les plus perfides; on le lui représentait comme son ennemi personnel; enfin, elle le redoutait à tel point, que lorsqu'elle devint reine elle me dit un jour en parlant de lui :

— Je suis si convaincue des mauvaises intentions du chancelier, que si le parlement voulait le mettre en jugement à sa rentrée, je ne lui accorderais qu'avec peine ma clémence.

Ces paroles, dans la bouche de Marie-Antoinette, étaient sans doute une grande preuve de son éloignement pour M. de Maupeou.

# CHAPITRE XII.

Madame de Montglas et ses deux illustres amans. — Le mari brutal et l'épée sanglante. — Cause de la disgrace du marquis de Monteynard. — Le mariage utile. — Querelle entre le dauphin et le comte d'Artois, à propos d'une contre-danse. — Un coup de sifflet payé par un coup de poing. — Le roi désire que le comte de Provence se rende médiateur dans la querelle. — Bon naturel du dauphin. — Sortie contre les princes du sang. — Gluck et Piccini.

Avant d'arriver aux détails de la mort de Louis XV, je veux rapporter plusieurs faits peut-être assez piquans : d'abord l'histoire de madame de Montglas avec deux hommes à la mode, le prince de Nassau et le comte d'Esterhazy, grand seigneur hongrois, alors à Paris pour son plaisir.

Cette dame, déjà sur le retour, mais belle encore et non moins coquette que spirituelle, était femme d'un président à la chambre des comptes de Montpellier, qui, par suite de ses rapports avec le comte d'Eu, Gouverneur du Languedoc, était devenu chef du conseil de ce prince. M. de Montglas avait la réputation d'un homme instruit ; il était très habile financier et il sut parfaitement gérer la fortune de son maître. Celui-ci, vieux, infirme et goutteux, ne sortait pas de son château, où il n'avait d'autre plaisir que celui de la chasse qu'il se procurait au moyen d'une chaise à ressort qui obéissait à tous ses mouvemens.

Tandis que M. de Montglas se livrait à ses travaux de cabinet, sa femme cherchait à étendre le nombre de ses conquêtes, et s'enorgueillissait de tenir dans ses chaînes le prince de Nassau. Celui-ci, remarquable par les qualités brillantes de son esprit, aurait eu besoin de s'occuper un peu plus de sa personne; les sollicitations de sa maîtresse ne pouvaient même rien obtenir sur lui à ce sujet, et il lui fallait tout l'éclat de son rang pour se faire pardonner de négliger les premières lois de la propreté.

Sur cette entrefaite apparut aux yeux de madame de Montglas le comte d'Estérhazy, beau, jeune, brillant, parfumé des pieds à la tête, un Adonis enfin, mais un Adonis allemand, c'est-à-dire, avec les formes d'Hercule. Il trouva la dame jolie, le lui fit entendre ; celle-ci, de son côté, ne lui cacha point qu'elle appréciait son mérite. On se rapprocha, la liaison devint plus intime, et madame de Montglas, sans congédier le prince de Nassau, agréa les hommages du noble Hongrois.

Elle se flattait de pouvoir jouir ainsi de deux biens à la fois ; mais le diable, qui est toujours aux aguets lorsqu'il s'agit de faire une malice, lui joua un tour de son métier. La Dulcinée avait une réponse à faire à chacun des soupirans, et, par une fatale distraction, elle mit à la lettre du comte d'Esterhazy l'adresse du prince de Nassau, et l'adresse du prince de Nassau à celle du comte d'Esterhazy. Le prince decachette l'épître qui ne lui était pas destinée, la parcourt, puis, sans perdre de temps, il se met à son secrétaire, et écrit le billet suivant :

« Un malentendu ayant fait tomber entre les mains
« du prince de Nassau une lettre que madame de
« Montglas destinait au comte d'Esterhazy, le prince
« prie ce dernier de lui renvoyer celle dont cette
« dame voulait également bien l'honorer, et qu'il
« suppose être en sa possession par suite de la même
« erreur. »

Le colonel de hussards, transporté d'indignation à la réception de cette missive, envoya à son rival le marquis de Chabrillant pour lui demander une explication. Un duel s'ensuit. Les deux champions se rencontrent sur le terrain : ils combattent avec une égale adresse ; enfin M. d'Esterhazy est blessé. Les témoins interviennent, et il est convenu que madame de Montglas terminera la querelle en se déclarant pour un des deux rivaux. Le comte de Chabrillant, qui n'aimait pas cette dame, ne perdit pas l'occasion de satisfaire sa secrète antipathie. Il arrive chez elle, lui raconte ce qui vient de se passer, et ajoute qu'il croit devoir la prévenir que, la blessure du comte d'Esterhazy est très malheureuse, et qu'il doit renoncer désormais au joies de ce monde. La dame se désole d'abord, puis se promet de mettre du moins à profit cette confidence.

Le jour qui doit décider du sort des deux rivaux arrive. Madame de Montglas, appelée pour prononcer l'arrêt, feint d'hésiter long-temps, puis enfin se déclare en faveur du prince de Nassau, à la surprise universelle, car celui-ci ne pouvait être comparé, pour les avantages de sa personne, au beau Hongrois. Cependant M. de Chabrillant n'est pas encore satisfait, et enfin que son triomphe soit complet, il veut en instruire la ville et la cour. Bientôt ce n'est plus un mystère; la nouvelle de sa fable parvient jusqu'aux oreilles de madame de Montglas, qui, furieuse d'avoir été jouée, va trouver sur-le-champ M. d'Esterhazy. Une explication sentimentale a lieu entre les deux amans; et l'héroïne rend ses bonnes graces au beau colonel de hussards.

Les choses se rétablissent donc comme par le passé; mais le bonheur a un terme. Le Hongrois exige le portrait de sa belle. On va furtivement chez Doyen ; celui-ci, meilleur peintre que discret, laisse échapper quelques mots qui sont répétés au prince de Nassau. L'amant trompé, n'écoutant que sa rage, court aussitôt chez Doyen, force sa porte, et le premier objet qui s'offre à sa vue est madame de Montglas, dont les attraits sont à peine voilés par une gaze légère; tandis que, dans une attitude

14.

étudiée, elle est soutenue par le comte d'Esterhazy. Le prince veut laver ce nouvel affront dans le sang de son rival. Un second combat a lieu, et avec un tel éclat, que le président de Montglas se voit forcé d'intervenir, et de faire disparaître sa femme par une lettre de cachet.

La colère du prince de Nassau fut trouvée de mauvais goût. On le blâma hautement d'avoir fait tant de bruit pour si peu de chose, tandis que les gens qui aiment à s'attendrir sur ces sortes d'infortunes versèrent des larmes sur le destin de la pauvre présidente.

Cette affaire avait été précédée d'une autre, qui eut de bien plus funestes suites. Une dame Le Prêtre de Lamartière, fort jolie, et renommée par ses aventures galantes, avait pour amant déclaré un maître des comptes dont le nom échappe à ma mémoire. Celui-ci fut évincé d'une manière fort peu polie par le marquis de Gamache, très bien vu du beau sexe. L'amant éconduit, que sa profession empêche de se battre avec son rival heureux, jure du moins de se venger. Il trouve moyen d'apprendre au mari outragé le nom de celui qui possède les faveurs de sa femme, puis attend à l'écart la punition du perfide.

M. de Lamartière, mari fort arriéré, a la bonhomie de prendre la chose au vif. Il agit de ruse, parvient à surprendre les deux amans, et, sans préambule, applique un soufflet sur la joue du noble marquis. M. de Gamache tire son épée, l'époux furieux en fait autant; le combat a lieu dans la rue, et se termine par la mort du malheureux amant, qui tombe, percé de part en part, sur le pavé. Le vainqueur remonte aussitôt après dans la chambre où il a laissé sa femme, et présentant à ses yeux son épée sanglante : — Vous l'avez voulu, madame, lui dit-il d'un air sombre; reconnaissez-vous ce sang?

Elle tombe évanouie suivant l'usage, et M. de Lamartière, moins occupé de la rappeler à la vie que de mettre la sienne en sûreté, prend immédiatement la fuite. Cependant le roi, instruit du fait par M. de Sartines, voulut qu'on fît répandre publiquement le bruit que le marquis de Gamache était mort d'un coup de sang. M. de Lamartière, libre de toute crainte, osa donc reparaître, mais il ne tarda pas à mourir lui-même de mort naturelle, ce qui n'empêcha pas les bonnes ames de prétendre que c'était le remords qui avait abrégé ses jours.

La disgrace du marquis de Monteynard arriva vers le même temps. Présenté au roi par le prince de Condé comme un administrateur de première classe, il était parvenu au ministère au moment de la chute du duc de Choiseul. S. A. R., en accordant sa protection au marquis, espérait obtenir avec son aide la charge de grand-maître de l'artillerie, supprimée par économie et attendu son inutilité. Le ministre futur avait promis tout ce qu'on lui avait demandé, et peut-être eût-il tenu son engagement si le prince de Condé s'était maintenu en position d'en réclamer l'exécution ; mais la querelle relative aux parlemens s'étant élevée presque aussitôt après entre le roi et les princes, ceux-ci abandonnèrent la cour, et S. A. R. fut forcée de renoncer à ses prétentions sur la charge qu'il convoitait.

Cependant, après sa réconciliation avec mon aïeul, le prince de Condé, appuyé de madame Dubarry, songea à faire revivre son projet, ne doutant pas que M. de Monteynard fût toujours également disposé à lui être utile ; mais le ministre, qui avait eu le temps de reconnaître combien il lui serait désavantageux de perdre les attributions de la grande-maîtrise de l'artillerie, oublia les promesses qu'il avait faites à son bienfaiteur. Lorsqu'il le vit prêt à rentrer en grace, il écrivit un Mémoire dans lequel il donnait à entendre au roi, entre autres raisons, tout le danger qu'il y aurait à investir un prince du sang d'une charge de cette importance.

C'était prendre le monarque par son faible ; aussi resta-t-il sourd aux sollicitations de S. A. R. et de la comtesse Dubarry, lorsqu'ils entamèrent avec lui ce chapitre. La favorite, poussée par la partie intéressée, s'adressa en dernier recours à M. de Monteynard, qui se confond en protestations de dévouement envers S. A. R., et promet de changer les dispositions de Louis XV ; mais le prince de Condé, voyant que les choses en restaient au même point, revint de nouveau à la charge auprès du roi, qui, fatigué de tant d'instances, finit par avouer à la favorite qu'il n'agissait que d'après les conseils du ministre de la guerre, lequel lui avait démontré dans un Mémoire tous les désavantages qu'il y aurait à rétablir l'ordre de la grande-maîtrise de l'artillerie, et surtout à en gratifier le prince de Condé. La comtesse Dubarry qui, en travaillant à la réconciliation de ce dernier avec mon aïeul, s'était engagée à le contenter, ne garda plus alors de mesure. Elle dévoila à sa majesté toute la conduite du marquis de Monteynard à l'égard de S. A. R., ses promesses et son ingratitude, si bien que le roi, indigné de la fausseté du ministre de la guerre, le traita dès ce moment avec une froideur glaciale qui annonçait une prochaine disgrace.

Je ne fus pas le dernier à être informé de cette intrigue, et j'en conclus sur-le-champ que le duc d'Aiguillon se trouverait encore là pour profiter des dépouilles de M. de Choiseul. Cependant le roi ne prenait aucune détermination; il ne pouvait se résoudre à renvoyer M. de Monteynard, dont le travail lui plaisait; et malgré les instances de la favorite, une certaine défiance l'empêchait de mettre à sa place le duc d'Aiguillon. Néanmoins la comtesse s'y prit avec tant d'adresse, que le 28 janvier le duc de La Vrillière alla à Paris, de la part de mon aïeul, redemander au marquis de Monteynard son portefeuille. Cette disgrace était si bien connue à l'avance, que le Suisse de l'hôtel du ministre de la guerre dit à M. de Saint-Florentin, lorsqu'il s'y présenta : Je crains, monseigneur, que vous ne nous apportiez une mauvaise nouvelle.

— Tu as deviné juste, mon ami, répondit le duc.

M. de Monteynard congédié, le duc d'Aiguillon, ainsi que je l'avais prévu, le remplaça au ministère de la guerre, d'abord par intérim, ensuite complètement. Il se vit donc au comble de ses vœux; mais la mort de mon aïeul ne tarda pas à mettre un terme à son triomphe.

Tandis que la fortune de cour se plaisait à abaisser les uns et à élever les autres, un homme dont le frère allait bientôt être appelé à jouer un grand rôle dans l'état, nous amusait à ses dépens, en se rangeant sous les lois de l'hymen à soixante et onze ans. C'était le marquis de Pont-Chartrain, frère cadet du comte de Maurepas. Vieux, impotent, il s'unissait à la fille de la comtesse de Béarn, jeune personne sans dot, déjà chanoinesse, et qui, avec les illusions de son âge, voyait attaché à cette alliance une brillante perspective. Sa mère, de son côté, espérait que ce mariage la rapprocherait de la cour future, avec laquelle elle était fort mal à l'avance, car on ne pouvait lui pardonner d'avoir été marraine de la comtesse Dubarry, lors de sa présentation. Au résultat, ces liens disproportionnés furent plus heureux qu'on ne l'aurait cru, et l'événement prouva que madame de Béarn avait montré autant de sagesse que de prévoyance, car la faveur du comte de Maurepas, dont sa fille était la belle-sœur, lui sauva des humiliations que sans cela on ne lui aurait pas épargnées.

L'hiver fut assez triste à la cour, nonobstant

les fêtes du mariage de mon frère. Le dauphin n'était guère capable de nous égayer, quoiqu'il se mêlât parfois à nos divertissemens ; il dansait, mais mal et sans grace. D'Artois l'en raillait de temps en temps ; aussi il redoutait ses persifflages, et se cachait de lui pour prendre des leçons. Nous devions essayer une contre-danse nouvelle dans une soirée que je donnais chez moi. Le dauphin, qui y figurait, jugea nécessaire d'en répéter les figures; mais voilà qu'au plus fort de l'action la porte de l'appartement s'ouvre, le comte d'Artois paraît; voyant le dauphin en si bon chemin, il ne peut retenir quelques signes de gaîté. Mon frère aîné le prend au sérieux ; boude, et d'un ton d'autorité il ordonne que l'on fasse sortir de la salle de bal quelques personnes qui assistaient à la répétition, et notamment le comte d'Artois.

Celui-ci, indigné de l'outrage, résiste d'abord, et se laisse, pour ainsi dire, entraîner de force par quelqu'un de sa suite ; mais bientôt, échappant à ceux qui le retiennent, il monte dans une des tribunes de la salle, et au moment où le dauphin achevait la contre-danse, il le siffla à plusieurs reprises. Mon frère aîné, qui était fort emporté, regarde d'où part ce bruit désapprobateur, et ayant aperçu d'Artois qui, pour jouir du succès de sa malice, ne se cachait qu'à moitié, il court à lui et le rudoie de telle sorte, que le pauvre garçon n'écoutant que sa frayeur, et ne se sentant pas en force de se défendre, appela aussitôt à son secours.

Quelques assistans s'empressèrent de venir l'arracher des mains de son frère.

La nouvelle de cet incident se répandit dans le château avec la rapidité de l'éclair. D'Artois pleurait de compagnie avec sa femme ; le dauphin, qui regrettait déjà son emportement, faisait aussi assez triste mine. Enfin je reçus l'ordre de me rendre chez le roi.

— Il paraît, me dit sa majesté, que ne respectant rien, mes enfans veulent se donner en spectacle à la France, par leur désunion, et que, non contens de s'outrager en paroles, ils en viennent encore à des voies de fait? Je suis fort irrité contre le comte d'Artois.

— Mais, sire, pris-je la liberté de dire, c'est lui qui a été le battu.

— Pourquoi a-t-il manqué à son frère? Il oublie que le dauphin doit être un jour son roi.

— Il me semble, sire, que celui-ci devrait être le dernier à le lui rappeler.

Ces paroles frappèrent le roi, qui ajouta d'un ton radouci :

— Votre frère aîné est un peu brusque, je l'avoue, nonobstant ses bonnes qualités ; mais c'est à vous, le plus raisonnable de mes petits-fils, de vous interposer entre vos deux frères. Ce rôle est réservé dans l'avenir à votre prudence.

Jamais compliment ne m'avait semblé plus flatteur que le témoignage de ma supériorité sur mes frères rendu par le roi. Je rougis de plaisir, et je répondis à mon aïeul que je tâcherais toujours, par mes conseils et mon amitié, de faire régner entre nous le bon accord, et que rien ne me coûterait pour arriver à ce but.

Le roi me dit alors d'aller trouver le dauphin de sa part, pour lui faire connaître que, s'il blâmait la conduite du comte d'Artois, il aurait également désiré en lui plus de modération; et qu'il entendait que cette querelle s'arrangeât par mon entremise, et sans qu'il fût forcé de s'en mêler.

Je lui obéis sur-le-champ. La dauphine, que je vis la première, me témoigna un vif désir de réconcilier les deux frères. Je lui fis part des intentions du roi à cet égard; et nous entrâmes ensemble chez son mari, qui se promenait à pas précipités dans l'appartement, le visage bouffi et les yeux baissés. Dès qu'il m'aperçut, il vint à moi d'un air embarrassé, et me dit :

— Vous venez pour me gronder, je le mérite; j'ai agi, je l'avoue, en étourdi; j'aurais dû rire au lieu de me fâcher, et vous ne pouvez me faire plus de reproches que je ne m'en adresse.

Ces paroles, qui rendaient mon intervention facile, me touchèrent profondément; j'y reconnus l'excellent cœur de notre frère aîné, et je lui répondis que, loin de chercher à rappeler le passé, je venais au contraire pour arranger l'affaire entre les deux parties. Marie-Antoinette proposa alors d'aller chez d'Artois. Le dauphin se fit d'abord un peu presser, puis il se rendit enfin à nos désirs.

Cette apparition inattendue fut un coup de théâtre : la comtesse d'Artois, dont le mécontentement n'était pas encore apaisé, sortit en nous voyant, et ma femme, qui était là, fut obligée de courir après elle pour la ramener.

Le dauphin se jeta au cou de son frère avec une touchante effusion ; d'Artois fit mine, pour la forme, de détourner la tête ; mais incapable lui-même de conserver de la rancune, il l'embrassa à son tour de la meilleure grace possible. Dans ce moment parut la comtesse d'Artois avec sa sœur ; les caresses fraternelles recommencèrent sur de nouveaux frais ; et moi, profitant de l'émotion générale, je m'échappai pour aller instruire le roi de cet heureux dénouement. Mon aïeul fut enchanté que la paix se trouvât ainsi rétablie dans sa famille, sans que cela lui eût coûté la moindre peine ; car tout acte de souveraineté lui coûtait à exercer, même à l'égard de ses enfans. Louis XV était l'homme le mieux instruit des affaires de son royaume, et celui qui s'en occupait le moins.

Cette réconciliation, qui me causa aussi un vif plaisir, me fit faire néanmoins des réflexions pénibles sur l'avenir ; il était impossible, avec la légèreté de d'Artois, et l'extrême susceptibilité du dauphin, que ces scènes, modifiées sans doute par la raison, ne se renouvelassent pas souvent entre eux, surtout après la mort de notre aïeul.

Peu de temps après, le roi vit avec dépit le

prince de Conti, qui persistait dans sa résistance, se prononcer hautement pour Beaumarchais, que le parlement avait blâmé relativement à son procès avec la femme Goëzman. Dès que l'arrêt eût été rendu, le prince alla lui-même chez l'homme de lettres l'inviter à souper le soir au Temple. C'était renverser toutes les idées reçues, et déclarer que la magistrature en exercice était elle-même une violation de la loi. Le chancelier et mon aïeul ressentirent vivement cette démarche insolite. J'en fus également choqué; j'en causai avec le dauphin, en lui faisant envisager la conduite du prince sous son véritable point de vue. C'est ce qui fit qu'en montant sur le trône il se refusa aux instances de la princesse de Conti, pour recevoir son fils aussitôt qu'elle l'aurait désiré. J'ai toujours eu pour principe qu'un roi doit être encore plus jaloux de se faire respecter par les princes de son sang que par ses sujets; car les princes possèdent une influence sur la multitude dont on ne peut trop se méfier. Aussi je n'accorderai jamais à la branche d'Orléans le titre d'*Altesse royale,* qu'elle sollicite avec tant d'instances depuis 1814. Cette famille sera toujours dangereuse pour la branche aînée; et loin de la rapprocher du trône, on devrait au contraire chercher à l'en éloigner.

A ces causes d'agitation intérieure, il s'en joignit une autre, très futile à la vérité, mais qui cependant divisait toute la cour. La dauphine aimait la musique avec passion, et elle avait conservé une vive prédilection pour le chevalier Gluck, l'un des premiers compositeurs de l'époque, qui lui avait donné des leçons à Vienne. Celui-ci, encouragé par Marie-Antoinette, était venu faire en France une révolution harmonique, que combattirent avec force les partisans de Lulli et de Rameau.

La mode se rangea d'abord du côté du nouvel Orphée; mais tout à coup il prit fantaisie à la favorite de se faire chef de cabale, et d'élever autel contre autel. On alla chercher en Italie le musicien Piccini qui, bien que fort habile dans son art, était loin d'égaler Gluck. Cependant cette rivalité suffit pour diviser la cour et la ville en deux factions violentes, les Gluckistes et les Piccinistes. Les gens de lettres se mirent dans la mêlée; on combattit avec des pamphlets, des chansons, des épigrammes; ce fut une guerre sans relâche entre deux armées d'enthousiastes, ayant en tête la dauphine d'un côté, et de l'autre la favorite. Bientôt on lutta avec plus d'ardeur pour la suprématie de la musique que pour la possession du pouvoir.

## CHAPITRE XIII.

Concession musicale de madame de Tavannés. — La dauphine à la cour. — Le prince de Beauvau et le comte de Modène parlent au comte de Provence en faveur du duc de Choiseul. — La dauphine vient à leur suite. — Comment ce prince se tire d'embarras. — Le duc de Choiseul lui adresse un mémoire justificatif. — Il en cause avec le dauphin. — Celui-ci, après l'avoir lu, le renvoie à son frère. — Billet qu'il lui écrit à ce sujet. — Désappointement de Marie-Antoinette. — Cette princesse n'aimait pas l'archevêque de Toulouse. — Le duc d'Aiguillon veut apaiser la dauphine. — Il rôde avec le duc de Richelieu autour du comte de Provence. — Sermon célèbre de l'évêque de Senez. — Ce qu'il s'ensuit.

La dauphine souffrait impatiemment la contradiction en musique. Elle était pour Gluck un avocat passionné. Un Picciniste devenait pour elle un ennemi personnel ; elle oubliait en sa présence toutes ses graces, et je l'ai vue tourner le dos à tel Picciniste qui osait soutenir son opinion devant elle.

— Madame, me permis-je de lui dire un jour à cette occasion, c'est surtout en musique qu'on ne peut condamner sans *entendre*.

15.

La reine opposa même une assez vive résistance pour admettre au nombre de ses dames du palais la comtesse de Tavannes, qui avait le malheur de recevoir Piccini chez elle. Cette dame use d'adresse : elle affecte d'écouter la musique de Gluck avec plus de plaisir toutes les fois qu'elle se trouve en présence de la dauphine, et finit par lui reconnaître une supériorité marquée sur l'Italien. Marie-Antoinette, charmée, n'hésita plus alors à l'admettre parmi les personnes de sa suite; et quelquefois elle la citait comme un exemple des conversions opérées par son Orphée allemand. Voilà ce qui se passait à la cour quelque temps avant la mort du roi.

La santé de Louis XV déclinait rapidement; je le savais d'un de ses valets de chambre intime, ainsi que de La Martinière, son premier chirurgien. Nous pouvions le perdre d'un instant à l'autre, et rien n'était préparé pour cette catastrophe. Le conseil secret de la dauphine, ayant pour chef l'abbé Vermont, aurait voulu placer à la tête des affaires le duc de Choiseul et l'archevêque de Toulouse, bien que ce dernier n'eût pas encore usurpé la réputation qu'on lui fit plus tard.

La répugnance du dauphin à employer le duc étant connue, on se réservait de ne lui en parler que lorsque l'embarras de sa situation, occasionné par la mort du roi, lui laisserait à peine le temps de la réflexion et du choix. Le projet de ce conseil était de donner à la dauphine, devenue reine, la direction apparente des affaires, tandis qu'elles ne marcheraient que par lui. On pensa qu'il serait peut-être prudent d'obtenir mon suffrage, dans la crainte que le nouveau roi cherchât à s'aider de mes conseils, et l'on m'envoya à cet effet le prince de Beauvau, dont j'estimais le caractère, et le comte de Modène, dont j'aimais la personne.

J'eus donc à lutter simultanément contre les sollicitations de ces messieurs, car je n'avais pas assez bonne opinion des qualités et des talens de l'ex-ministre pour désirer le voir dominer notre cabinet. Je ne pouvais d'ailleurs oublier certains souvenirs d'enfance, certaines paroles de ma mère qui se rattachaient au duc, et avaient laissé dans mon esprit une impression pénible; enfin, entre autres raisons plausibles, j'étais convaincu que, pour plaire à la dauphine, M. de Choiseul immolerait jusqu'aux intérêts de l'état.

Ma résolution étant prise à ce sujet, j'éludai la réponse positive que ces messieurs me demandaient, tant en leur nom qu'en celui de ma belle-sœur. Je leur dis que mon aïeul vivant encore, je ne pouvais prendre des engagemens qui me compromettraient vis-à-vis de lui s'ils venaient à sa connaissance; que d'ailleurs il serait toujours temps de me décider lors de l'avènement de mon frère dans le cas où il me consulterait. Je me tins sur la défensive, et renvoyai le prince de Beauvau assez mécontent du résultat de son message : c'était d'ailleurs un homme d'honneur, unissant la philosophie au christianisme, instruit, aimable, obligeant, et se faisant aimer généralement. Sa femme, dont on disait aussi beaucoup de bien, était digne des éloges que lui prodiguaient ses nombreux partisans.

Je fus plus franc avec Madame; je lui fis sentir combien l'élévation du duc de Choiseul pourrait m'être nuisible, ainsi qu'aux personnes de ma suite; et comme elle avait de l'esprit, elle me comprit à merveille. Nous convînmes ensuite de la réponse qu'il ferait à ceux qui l'avaient député près de moi, et je crus devoir être tranquille de ce côté, mais je me trompais.

Nous nous promenions quelques jours après à Trianon, mes deux frères et moi, donnant chacun le bras à nos femmes, comme de bons bourgeois, lorsque tout à coup la dauphine, quittant son mari d'un air enjoué, vient à moi, me sépare de la comtesse de Provence dont d'Artois s'empare, et de son côté le dauphin prend sous sa protection la femme de ce dernier. On rit de cet échange, on court, on folâtre, on se poursuit, et lorsque nous sommes un peu éloignés les uns des autres, la dauphine me dit brusquement:

— Je désirerais savoir, mon frère, pourquoi vous n'aimez pas le duc de Choiseul, et ce que vous avez à lui reprocher.

Je fus d'autant plus embarrassé de cette franchise, qu'en politique on s'attend toujours à une toute autre marche.

C'était aborder la question sans détour. J'essayai

d'éluder ma réponse par quelques mots de galanterie.

— En vérité, madame, répondis-je, si j'avais eu à me plaindre du duc, je lui aurais pardonné du jour où il a donné à la France la princesse qui veut bien prendre son parti ; mais pour moi M. de Choiseul est un homme spirituel, aimable, et auquel je dois rendre grace dans ce moment, puisque je lui dois la faveur de votre société.

La dauphine feignit de prendre ces paroles pour un engagement. — Je puis donc espérer, dit-elle, que cette faveur, comme vous l'appelez, assurera au duc votre bienveillance pour l'avenir.

— Ah! madame, m'écriai-je, voulant faire assaut de courtoisie, je sens qu'il me serait difficile de refuser quelque chose à Marie-Antoinette.

— Je ne doute nullement de vos bonnes intentions, mon frère ; et si j'insiste à vous demander votre protection pour le duc, c'est vous prouver tout le prix que j'y attache.

— Ma protection est peu de chose, madame ; d'ailleurs mon respect pour la volonté du roi doit m'interdire.....

— Je serais désolée de vous compromettre auprès de sa majesté, répondit Marie-Antoinette en m'interrompant ; je désire seulement m'assurer à l'avance de votre appui pour le duc dans le temps où je serai peut-être assez heureuse moi-même pour pouvoir mettre un terme à la contrainte qui vous est imposée aujourd'hui.

Les femmes ont un instinct admirable pour vous prendre au mot : j'avais beau prêter à mon visage le sourire de cour qui annonce le vague des paroles, la reine, comme on voit, donnait un sens positif à toutes les miennes.

Me voyant ainsi pressé, et ne voulant pas déplaire à la dauphine, en m'opposant ouvertement à ses volontés, je pris mon parti en brave ; je feignis de me rendre à ses instances, et je lui promis d'appuyer M. de Choiseul auprès de mon frère, s'il jugeait à propos de me demander mon avis à ce sujet.

Ce fut quand j'eus l'air sérieux que ma belle-sœur s'occupa d'examiner à la dérobée l'air de mon visage, pour voir si elle pouvait réellement compter sur ma sincérité, puis elle me répliqua :

— Je ne puis trop vous remercier, mon frère, de tant de zèle, et croyez que Marie-Antoinette saura le reconnaître dignement : néanmoins je ne vous cache pas que vous aurez besoin de toute votre habileté pour faire revenir le dauphin de ses préventions sur le duc.

Ma belle-sœur était loin de se douter du beau jeu qu'elle me faisait en m'autorisant à traiter ce point important avec mon frère, ce que, jusqu'à présent, je n'avais osé prendre sur moi ; aussi, saisissant l'occasion au vol, je répondis :

— Je désire avant tout, madame, avoir une explication par écrit avec le duc de Choiseul sur plusieurs sujets que je tiens à éclaircir. S'il y répond d'une manière satisfaisante, je lui promets mon appui ; sinon je me réserve le droit de demeurer dans ma situation actuelle.

— C'est fort juste, et si vous voulez me confier cet écrit, je me charge de le lui faire parvenir sûrement.

— Oh! madame, répondis-je avec enjouement, je ne suis pas si dépourvu de fidèles serviteurs que je ne puisse correspondre avec Chanteloup sans avoir recours à la bonne volonté des vôtres.

Ces paroles étaient calculées pour ne pas éveiller la méfiance de la dauphine par trop de facilité. Elle me répondit que j'étais libre d'agir selon mon bon plaisir, pourvu que ma démarche eût le résultat qu'elle devait en attendre.

Ne voulant pas prolonger davantage cet entretien, nous nous rapprochâmes du reste de la famille, qui ne se douta de rien. Le lendemain j'écrivis au duc de Choiseul dans le sens dont j'étais convenu avec la dauphine, et je chargeai de ma missive le duc de Modène, qui fut enchanté d'être mêlé dans une négociation de cette importance.

La réponse ne se fit pas attendre ; elle était loin de me satisfaire ; mais comme j'étais décidé à feindre une entière crédulité, je trouvai moyen de dire à la dauphine que le duc m'avait fourni les éclaircissemens exigés, et que je me conduirais en conséquence. Son visage rayonna ; elle se flatta de m'avoir fait tomber complètement dans ses rets, si adroitement ourdis ; aussi ne fus-je pas surpris lorsque, la semaine suivante, le dauphin me prenant à part, me fit voir sur une liste les noms de plusieurs hommes d'état, parmi lesquels figurait celui du duc de Choiseul, et me demanda ce que j'en pensais.

Je n'étais plus pris au dépourvu, et j'avais lu mon *Prince* de Machiavel.

— Avant de vous répondre, lui dis-je, je serais bien aise de connaître votre opinion sur ces messieurs, mon intention n'étant pas de diriger votre choix, mais de discuter celui que vous aurez adopté : vous ne pouvez qu'approuver cette mesure de prudence.

Mon frère comprit la raison ; et parcourant la liste où l'on avait eu soin de rassembler les capacités les plus nulles afin de faire mieux ressortir M. de Choiseul, il s'arrêta tout d'abord au nom de ce dernier, et me le montrant du doigt :

— Voilà, me dit-il, un homme qu'on désirerait mettre à la tête des affaires ; mais il ne peut me convenir.

— Il plairait cependant à bien des gens ; il est surtout une personne qui s'intéresse vivement à lui, et que vous vous feriez, j'en suis sûr, un vrai plaisir de satisfaire.

— Il est vrai, mon frère ; il m'en coûte même de désobliger ma femme dans cette circonstance ; mais il existe des antipathies qu'on ne peut vaincre, et M. de Choiseul ne sera jamais mon ministre.

Je saisis cette ouverture pour dire au dauphin qu'ayant été moi-même sollicité en faveur de l'ex-ministre, je lui avais adressé par écrit une série de questions auxquelles il m'avait répondu de sa propre main, et que s'il le souhaitait je mettrais sous ses yeux la justification du duc.

— Volontiers, me dit-il, je serais bien aise d'en prendre lecture.

Je quittai alors le dauphin, et, me rendant directement chez moi, je lui envoyai la pièce en question, toujours par l'intermédiaire de Modène, que l'habile Choiseul espérait avoir gagné. Je croyais que mon frère, après avoir lu cet écrit, viendrait en causer avec moi; mais il me servit encore mieux au gré de mes désirs, car le même soir je reçus de lui le billet suivant, sans date ni signature, et que j'ai toujours conservé.

« Je ne sais quelle impression les paroles ambi-
« guës du duc ont produite sur vous; quant à moi,
« elles me confirment plus que jamais dans ma ré-
« solution de ne point prendre pour ministre M. de
« Choiseul; le respect que je dois à la mémoire de
« notre auguste père m'interdit d'ailleurs toutes re-
« lations avec le duc : il est des souvenirs qui ne
« peuvent s'effacer, que la cause en soit plus ou
« moins fondée. Je vous prie donc de m'éviter ce
« sujet à l'avenir; et afin que personne ne prenne
« soin de me le rappeler, je vous autorise de

« faire connaître ma résolution, qui est inva-
« riable. »

J'aurais payé cher cette lettre ; aussi j'en sentis tout le prix, elle allait me servir de guide contre le cabale Choiseul. Je m'empressai de la communiquer à la Dauphine, qui la lut avec un grand serrement de cœur, et me pria de la guider dans la conduite qu'elle devait suivre.

— Je ne puis, lui dis-je, que vous engager à ne pas persister, du moins maintenant, à forcer la volonté du dauphin. Je crois qu'il serait même plus sage de lui proposer un ministre qu'il verrait de moins mauvais œil que le duc, l'archevêque de Toulouse, par exemple.

La dauphine, qui tenait fortement à ses projets, rejeta bien loin cette proposition, et plutôt que de renoncer à M. de Choiseul, elle préféra perdre son influence sur le choix d'une autre nomination. Aussi, à la mort du roi, ce fut notre tante Adélaïde qui lui enleva le privilége de désigner le premier ministre. Marie-Antoinette ne me soupçonna plus depuis ce moment d'être contraire à son protégé, et je reconnus, aux témoignages de gratitude que ce dernier me fit faire de tous côtés, qu'il partageait l'erreur de la dauphine. Je me sus bon gré d'avoir manœuvré de manière à me tirer d'un écueil qui aurait pu m'être fatal, surtout sous le nouveau règne, car je ne doutais pas que la cabale Choiseul ne conservât long-temps son influence.

Marie-Antoinette, qui n'aimait pas l'archevêque de Toulouse, combattit l'abbé de Vermont, qui voulait le mettre à la tête des affaires ; mais ne renonçant point à son projet, ce dernier parvint à faire accepter au ministère ce prélat qui devait être si funeste à la monarchie. J'avoue en toute humilité que, me laissant moi-même séduire par les apparences, je fus un des prôneurs de l'archevêque, et que je ne reconnus son insuffisance que lorsque sa position la mit au grand jour.

Il est une maladie dont on ne guérit point à la cour, c'est l'espoir de se maintenir dans les places qu'on y occupe, ou d'obtenir celles qu'on sollicite; il fallait cette hallucination banale pour que le duc d'Aiguillon, qui n'était ni aimé ni estimé, se flattât de rester ministre après la mort du roi. Outre le parti Choiseul il avait encore contre lui la faction parlementaire, qui ne pouvait lui pardonner son affaire avec La Chalotais, que tout le monde connaît.

Le duc d'Aiguillon, ne pouvant renoncer à l'emploi élevé qu'il occupait, crut aussi devoir me faire sa cour; et parce que je croyais ne pas me compromettre par quelques galanteries adressées à madame Dubarry, il pensa que je ne me refuserais pas à lui accorder ma protection. Je vis d'abord pleuvoir les faveurs militaires sur les personnes de ma maison ; puis voulant arriver jusqu'à moi, le duc m'envoya le marquis de Montesquiou ; qui feignait de le servir avec zèle, bien qu'il le détestât cordialement.

M. d'Aiguillon aurait désiré se réconcilier avec la dauphine et se rapprocher de son mari; mais je connaissais trop les préventions de ma belle-sœur contre ce ministre, pour chercher à l'en faire revenir. Je répondis donc par de belles paroles aux sollicitations qui me furent faites, et je continuai à rester neutre dans toutes ces intrigues.

Le duc de Richelieu, aussi, qui n'avait nulle envie d'être disgracié, rôdait autour de moi, tel qu'un vieux papillon souvent brûlé à la bougie, pour obtenir mon appui auprès de mon frère après la mort du roi. Je commençais à prendre une certaine importance dans l'état; on me croyait appelé à y jouer un grand rôle, et les hommages que m'attirait cette croyance me flattaient, je l'avoue.

Cette considération était due à ma prudence, à ma réserve; ceux qui ne m'aimaient point étaient forcés de me rendre justice; et pendant tout le règne de mon frère j'ai su conserver cette supériorité, malgré le peu de faveur dont je jouissais auprès de la reine, qui était toute-puissante. Cette princesse, elle-même, oubliant sa méfiance habituelle à mon égard, venait souvent me consulter, ce qui prouvait tout le cas qu'elle faisait de mes conseils.

Le royaume allait bientôt changer de face: la vie du roi touchait à son terme, mais on ne s'en doutait pas encore, bien que l'évêque de Sencez l'eût clairement donné à entendre dans son fameux sermon qu'il prêcha le 31 mars 1774. Ce prélat, qui devait son élévation à sa bonne conduite, était fils d'un chapelier; il serait trop long de raconter comment il parvint à de hautes dignités dont sa naissance lui fermait le chemin. L'archevêque de Paris fut un de ses principaux protecteurs.

Je fus étonné de la hardiesse de son sermon, auquel j'assistai avec la famille royale; il parla au vieux roi avec une liberté qu'on avait oubliée depuis les sermons que Massillon adressa au roi enfant. L'auditoire ne put s'empêcher de frémir lorsqu'il laissa tomber du haut de la chaire évangélique ces paroles dont on ne connaissait cependant pas toute la vérité : *encore quarante jours, et Ninive sera détruite.* Il me semble les entendre retentir aujourd'hui à mes oreilles, tant elles produisirent d'impression sur moi.

Madame Dubarry se plaignit vivement de la sortie que l'évêque avait faite contre les personnes investies de la confiance du roi. Car elle la regardait comme une insulte envers elle et le duc d'Aiguillon; elle en demanda le châtiment à mon aïeul qui lui répondit :

—Vous n'avez rien à redouter, madame, des paroles de l'évêque de Sencez : il a fait son métier dans la chaire; mais je n'en ai pas moins le droit de juger si mon amitié est bien ou mal placée; elle vous est acquise, rien ne pourra vous la faire perdre.

Cette assurance enchanta la comtesse, qui oublia bientôt, avec sa légèreté naturelle, ses griefs contre le prélat, et ses prédictions contre la chute de Ninive.

## CHAPITRE XIV.

Première représentation d'*Iphigénie en Aulide*. — La dauphine cabale pour Gluck. — M. de Sartines en profite. — Approche de la mort du roi. — Situation politique de la France à ce moment. — Conseil donné par Lamartinière. — Partie fine à Trianon. — La jeune fille et la petite-vérole. — Retour à Versailles. — Agitation de la cour. — Conduite héroïque des filles du roi. — Il faut que Louis XV se confesse. — Le comte de Muy. — Ce qu'il dit au dauphin et au comte de Provence.

Un événement en chasse bientôt un autre dans cette suite de vicissitudes dont se compose l'histoire : ce qui contribua bientôt à faire oublier le sermon, ce fut surtout un opéra.

L'*Iphigénie* de Gluck allait être représentée, et ses admirateurs en attendaient merveille. La dauphine ne négligeait rien pour augmenter la cabale des gluckistes, et y mettait presque autant d'ardeur que s'il se fût agi d'ajouter un nouveau fleuron à la couronne. Marie-Antoinette ne nous dissimulait pas ses craintes dans l'intimité ; elle connaissait l'influence que l'ancienne musique exerçait sur certaines oreilles, et la protection que la favorite accordait au compositeur italien. Il fallait donc triompher de ces redoutables adversaires, et la dauphine ne s'abusait pas sur la difficulté d'une telle entreprise.

Elle nous excitait à la seconder; nous nous y prêtions d'autant plus volontiers que nous attachions peu d'importance à la querelle. Quant à moi, je ne faisais aucune différence entre Rameau, Gluck et Piccini, et j'étais assez barbare pour trouver bonne toute musique qui flattait mes oreilles, quel qu'en fût l'auteur; c'est-à-dire que je n'appartenais à aucune faction; mais je me serais bien gardé de l'avouer, car c'eût été faire crier haro sur moi, et me déclarer un homme sans goût.

J'ai dit que l'opéra en question était intitulé *Iphigénie en Aulide*. L'auteur du poème, le Bailli de Rollet, en copiant les pensées de Racine, avait dénaturé ses expressions. C'était un sacrilége dont nous nous amusâmes beaucoup à l'avance, mais à la dérobée, bien entendu, car la dauphine n'entendait pas raillerie sur ce point.

La veille de la première représentation, Marie-Antoinette reçut une lettre anonyme dans laquelle on l'informait qu'il existait une conspiration fort étendue entre les partisans du vieux genre et de Piccini, qui devait éclater le lendemain à l'Opéra contre la musique allemande. La dauphine fit écrire sur-le-champ à M. de Sartines pour le prévenir de ce qui se passait, et lui dire de se mettre en mesure de déjouer cette malveillance des ennemis de Gluck.

Le lieutenant de police, fort empressé de mériter les bonnes graces de Marie-Antoinette, mit force monde en campagne, donna les ordres les plus sévères, et vint le lendemain à Versailles instruire ma belle-sœur des soins qu'il s'était donnés pour se conformer à ses désirs.

Enfin le fameux jour de la représentation arriva : c'était le 20 avril. Une foule immense de spectateurs, composée de l'élite de la bonne compagnie de la cour et de la ville, remplissait la vaste enceinte de l'Opéra. Les duchesses de Chartres et de Bourbon, la princesse de Lamballe, nous y avaient précédés; les princes du sang, les ministres, les grands seigneurs, rien n'y manquait. Le roi se trouva presque seul ce soir-là : nous remarquâmes l'absence de la favorite.

Ma belle-sœur semblait vivement émue. Elle daigna mêler ses applaudissemens à ceux qui retentissaient dans la salle; la comtesse de Provence la secondait avec non moins de zèle : c'était un enthousiasme général. La déclamation accentuée du récitatif, la beauté des airs, la mélodie des accompagnemens, causèrent un ravissement parmi les spectateurs dont je ne pus moi-même me défendre. Enfin le triomphe de Gluck fut complet : il n'y eut aucun indice de la prétendue conspiration. M. de Sartines, en homme adroit, se donna la gloire de l'avoir prévenue par la sévérité de sa police, et la dauphine lui en sut tant de gré, qu'on doit attribuer à cette circonstance son entrée au ministère de la marine quelque temps après.

Nous revînmes à Versailles enchantés de notre victoire. La dauphine, sans égard pour l'étiquette, ne put s'empêcher d'aller elle-même apprendre au roi le succès du musicien allemand. Sa Majesté parut y prendre un vif intérêt, quoiqu'au fond elle fût peut-être Picciniste. Le roi se prétendait quelquefois en riant un juge très désintéressé, parce que, disait-il, je ne saurais chanter juste ni l'une ni l'autre musique. C'était ce qui lui arrivait pour l'air le plus facile. Les jours suivans, Marie-Antoinette reçut des félicitations de tous côtés ; il n'y eut pas jusqu'à nos bonnes tantes qui apportèrent à la dauphine leur tribut d'adulation.

Mais le moment approchait où des soins plus importans allaient occuper la dauphine. Je ne puis approcher de cette époque mémorable, de ce passage d'un règne qui était tout pouvoir, à celui qui n'en conserva que l'apparence, sans traiter cette importante matière avec toute l'impartialité et la franchise d'un historien. J'ignore d'ailleurs si jamais ces Mémoires verront le jour, et dans tous les cas, comme cela ne peut être qu'à une époque fort éloignée, je puis faire connaître sans déguisement la cause des malheurs de la monarchie, en respectant toutefois de hautes infortunes. Mais avant que d'entreprendre cette tâche pénible, je crois devoir présenter un aperçu de ce qu'était la France à l'époque de la mort de Louis XV.

Le cardinal de Richelieu, ce politique profond dont je vénère la mémoire, était enfin parvenu à détruire la féodalité royale. Louis XIV, en montant sur le trône, se trouva à la tête d'une noblesse sans force et d'un peuple qui n'en avait pas encore; il fut donc libre de construire l'édifice de la monarchie à sa volonté, et au lieu de s'appuyer sur le concours de la nation, il fit consister toute la royauté dans le roi lui-même. Ce fut un grand tort. Il est impossible que dans un état comme la France il existe une unité, même collective, qui conserve à jamais l'autorité; celle-ci pour se maintenir doit reposer sur un équilibre habilement combiné.

Beaucoup de nos anciens serviteurs se sont récriés lorsqu'en 1814 je suis revenu en France avec une charte; ils ont prétendu que j'abdiquais des droits inaliénables, et que j'en accordais à la nation qu'elle n'avait point sous nos ancêtres. Ces personnes ne sont pas très fortes en études historiques. Dans la vieille terre des Francs, c'est le despotisme qui est nouveau et la liberté qui est ancienne. Les vrais droits de ma race sont dans les constitutions nationales, si bien que mon aïeul Louis XV lui-même reconnut par plusieurs considérans d'édits, que si la nation française éprouvait le malheur de perdre la ligne directe des fils de Saint Louis, ce serait à la nation elle-même à le réparer par la sagesse de son choix. En effet, ce fut la nation assemblée qui, en 1328, jugea la question d'hérédité entre Philippe de Valois et Edouard d'Angleterre. L'affranchissement des communes n'était-il pas le résultat de chartes partielles, les seules qui pussent exister alors? Ma charte n'a fait que renouer la chaîne des temps. On ne parle plus en France que de Louis XIV; mais la monarchie remonte plus haut. Enfin, j'ai assez maintenu les droits du trône en octroyant moi-même cette charte qu'on voulait m'imposer, et en apprenant aux descendans des anciens seigneurs que la féodalité ne me convenait pas mieux que la révolution.

Tant que Louis XIV vécut, il maintint son système, sans s'apercevoir que ce système ne tenait qu'à lui seul et à l'impulsion qu'il lui avait donnée. Le grand roi mourut; dès ce moment il se manifesta des symptômes d'agitation. La régence fut une sorte de transaction entre la faiblesse et la violence. Le peuple, conduit par la magistrature, qui se montra son appui plutôt par esprit de faction que par esprit de justice, devint à son tour hostile contre cette royauté. Il n'y avait plus pour celle-ci le danger des grands vassaux; mais elle se trouvait directement en face du peuple, ce qui était un autre danger. Les courtisans, qui avaient remplacé l'ancienne noblesse, étaient sans vigueur, sans influence, et ne possédaient aucune de ces qualités qui en imposent à la multitude.

La royauté devint pour ainsi dire inaccessible dans la personne de Louis XV. En accoutumant trop le peuple à ne respecter dans le roi qu'un être de raison, on exposait le monarque à une lourde chute le jour où il laisserait voir qu'il n'était qu'un homme.

Le dix dernières années de ce règne rendaient inévitable une révolution, s'il se fût trouvé un ambitieux à grand caractère, qui aurait entrepris le renversement du trône ; mais les mœurs corrompues de cette époque n'offraient plus que des hommes énervés, plus avides de plaisir que de gloire. Peut-être cet homme était-il dans le peuple (1) ; mais ce n'était point parmi les Broglie, les Maurice de Saxe, les Lovendal, les administrateurs et les magistrats qu'il fallait chercher des héros. Je m'efforçais vainement de trouver quelque grand seigneur dont l'ame fortement trempée fût digne des siècles précédens.

C'est à cette pénurie de supériorités que la monarchie, déjà si chancelante, dut son salut. Les parlemens, dans leur résistance partielle, n'étant étayées d'aucune haute réputation, s'épuisèrent en vains efforts. Il ne se trouvait pas un homme à la cour qui conçût la possibilité d'ébranler le trône à son avantage ; tous ceux qui se montrèrent avec quelque éclat à cette époque, appartinrent aux classes inférieures : la noblesse persista dans son inertie politique.

(1) Sa Majesté pensait peut-être ici à Napoléon, à qui il fallut une révolution pour se faire connaître.
(*Note de l'éditeur.*)

Dès les dernières années du règne de Louis XV on la vit prendre une route nouvelle. Elle se fit l'appui des philosophes; les courtisans se crurent esprits forts, parce qu'ils adoptaient les principes de Voltaire. Ils se figuraient, en se rapprochant de la multitude, atteindre un autre genre de considération; ils ne voyaient pas que la philosophie tendait à confondre tous les rangs, et qu'ils seraient les premières victimes des maximes qu'ils propageaient avec tant de zèle, de la liberté et de l'égalité.

On vit aussi s'élever un nouveau pouvoir en concurrence avec celui de la magistrature, qui seul avait survécu au nivellement de Louis XIV : ce fut le pouvoir des gens de lettres, qui passèrent de la soumission la plus complète à une indépendance absolue; qui sapèrent le trône et les institutions monarchiques, et furent une des principales causes de leur renversement total. Voltaire donna la première impulsion à ce grand mouvement; d'Alembert, Diderot, Rousseau et quelques autres le secondèrent, sans faire cause commune avec lui. Cette nouvelle faction eut à combattre à la fois la royauté et la magitrature, lasse qu'elle était d'avoir si long-temps rampé devant elle.

Le haut clergé, par son ambition et ses prodigalités, s'était aussi attiré le mécontentement de la nation. Il désertait les temples, et ne se montrait plus qu'à Versailles. Profitant de son influence, il exerçait une tyrannie insupportable sur le bas clergé et sur le peuple, se faisait craindre par son intolérance, et mépriser par le relâchement de ses mœurs.

Ainsi donc, toutes les hiérarchies de la nation offraient une désorganisation croissante, et il ne se trouvait pas une main vigoureuse pour raffermir cet édifice chancelant ; le roi, son seul soutien, allait lui-même bientôt manquer. Une agitation inquiète, précurseur de la tempête, grondait sourdement. Le péril était d'autant plus menaçant que, ne pouvant découvrir le point d'où il partirait, on restait dans une sécurité fatale ; car sur quoi fonder ses craintes ? La magistrature hostile venait d'être renvoyée ; la cour et la ville ne montraient aucun factieux ; nous n'étions plus au temps des Guises ni des Retz : tout contribuait donc à entretenir notre aveuglement.

Je m'arrête ici, me réservant de traiter ces événemens des premières années du règne de mon frère lorsque le moment en sera venu, et de prouver, ainsi que je l'ai dit ci-dessus, que tous nos malheurs proviennent de la même source.

L'heure suprême de notre aïeul allait bientôt sonner ; mais il n'y songeait pas, et ne changeait rien à ses habitudes ordinaires : le soin de ses plaisirs, et de voir tous ses goûts satisfaits, étaient son unique occupation. Madame Dubarry, dispensatrice de ses amusemens, avait fini par adopter dans toute son étendue le rôle complaisant de madame de Pompadour ; et reconnaissant que le roi avait besoin de distractions, elle lui accordait de temps à autre des beautés de passage, qui, sans le rendre infidèle, lui procuraient le plaisir du changement : car, dans le fond, Louis XV était l'homme de son royaume le plus constant dans ses habitudes.

Vainement son premier chirurgien le conjurait de se ménager : il faisait la sourde oreille, et se croyait le maître, même de son existence, comme s'il pouvait à son gré prolonger ses jours aussi bien qu'augmenter ses armées ou doubler l'impôt.

Sur ces entrefaites, le hasard ou autre chose plaça sur sa route une jeune fille de dix-huit ans, modèle de grace et de beauté. Louis XV mit ses affidés en campagne comme il eût fait traquer une forêt par ses piqueurs, afin de faire venir le gibier à lui. Les Pétrones de Versailles, après avoir rehaussé les attraits de la demoiselle par une riche parure, l'amenèrent à Trianon, où devait se donner une partie fine.

Je crois devoir flétrir, en les nommant ici, les personnes qui assistèrent à ce dernier festin de Balthazar : ce furent mesdames de Mirepoix, de Flavacourt, de Forcalquier et Dubarry, le prince de Soubise, les ducs de Richelieu, d'Aiguillon, de Cossé, de Noailles et de Duras. On s'amusa, on rit à qui mieux mieux, et déjà la mort avait pris place au banquet. Le roi le quitta à minuit environ pour aller trouver la jeune fille qui l'attendait.

Le lendemain, il se plaignit d'une violente indisposition. Déjà la petite vérole se développait en lui avec les symptômes les plus alarmans ; elle lui avait été inoculée par la jeune fille, qui elle-même en avait le germe sans s'en douter. On appela Bordeu, médecin de la comtesse Dubarry, à défaut de Quesnay, premier médecin ordinaire, qui n'exerçait plus, attendu son grand âge, et de Le Monnier, qui l'avait remplacé en survivance, mais qui ne possédait pas la confiance de la favorite. Bordeu, gagné par celle-ci, dit que la maladie du roi ne serait rien, et qu'il ne voyait pas la nécessité de le transporter à Versailles. C'était un grand point pour la comtesse et sa cabale, qui connaissaient l'importance de ne point remettre mon aïeul en d'autres mains, et surtout de l'éloigner de tout retour à la religion.

Mais La Matinière, que le roi avait fait appeler dès le premier moment, bouleversa bientôt tout ce plan, en déclarant qu'il fallait conduire au plus vite le malade à Versailles. On savait qu'il n'y avait point à transiger avec sa volonté, et force fut de s'y soumettre.

Louis XV était comme un enfant docile en présence du chirurgien investi de toute sa confiance, et malgré la crainte de déplaire à la favorite, il consentit à quitter Trianon.

Le roi n'était pas encore parti que nous le savions déjà dangereusement malade. Chacun alors s'examina avec attention ; on fit d'un coup d'œil l'énumération de ce qu'on avait à perdre ou à gagner dans cette catastrophe. En un instant la cour changea d'aspect ; une expression vague de crainte ou d'espérance se dessina sur tous les visages. La dauphine passa une partie de la nuit en causeries avec ses intimes. Je sus, de la personne qui m'informait des moindres détails de la maison de Marie-Antoinette, que l'abbé de Vermont ne s'était pas couché, et qu'après avoir écrit plusieurs heures de suite, il était allé lui-même porter ses dépêches chez le comte de Mercy-Argenteau, ambassadeur de l'impératrice Marie-Thérèse.

Je ne devais point hériter de la couronne, et cependant il y eut plus de monde dans mon salon ce soir-là que d'ordinaire; d'Artois lui-même, qu'on négligeait généralement, parce qu'on lui croyait peu de crédit, se vit comme moi l'objet de nombreux hommages. Le prince de Beauvau trouva moyen de me joindre un moment pour me parler encore du duc de Choiseul. J'eus un véritable plaisir à lui communiquer la lettre de mon frère : il en fut consterné, mais non de manière à perdre toute espérance, tant il comptait sur l'influence de la dauphine.

On cacha d'abord le genre de maladie du roi; néanmoins le bruit ne tarda pas à circuler qu'il était attaqué de la petite vérole. Mes tantes accoururent auprès de leur père dès qu'elles le surent dangereusement malade, et ne le quittèrent plus jusqu'à sa mort, quoi qu'on pût faire pour les arracher d'auprès de lui. Leur conduite dans cette circonstance fut au dessus de tout éloge. Elles chassèrent en quelque sorte de la chambre de mon aïeul la favorite, qui ne put y paraître qu'à la dérobée, lorsque, sous un prétexte quelconque, on faisait retirer Mesdames dans un cabinet voisin.

Le lendemain matin, Le Monnier, Bordeu, La Martinière, et le reste des médecins du roi, s'assemblèrent en consultation, en présence du duc de Duras. La Martinière, avec sa franchise brutale, n'hésita pas à signaler l'existence de la petite vérole, et à dire qu'il regardait le roi comme perdu. Tous ses confrères, qui jusqu'à ce moment n'avaient pas osé se prononcer, se rangèrent de son opinion ; néanmoins on se promit de garder le plus profond secret sur le résultat de la consultation.

Le duc de Duras, effrayé de l'espèce de responsabilité qui pesait sur lui, chercha à la diminuer de moitié, en la faisant partager à quelqu'un. Sa bonne étoile voulut que le comte de Muy se trouvât ce jour-là à Versailles. Tous ceux qui ont connu cet homme estimable ont conservé le souvenir de ses vertus, qui faisaient pardonner en lui l'infériorité de son esprit. Avec des principes invariables, il était rempli de noblesse et de désintéressement, d'une piété sincère, et qui ne se manifestait extérieurement que par ses bonnes œuvres. Aussi habile militaire que brave, il s'était distingué aux batailles de Fontenoy, de Haustenbell, de Revel et de Minden. Attaché, sous le titre de menin, au dauphin notre père, il devint bientôt son ami le plus sincère et le plus dévoué ; l'un et l'autre n'avaient qu'un seul désir, le bonheur du peuple et la gloire de l'état. Le rang avait disparu entre eux pour faire place à la plus touchante affection : aussi le comte de Muy fut inconsolable de la mort du dauphin. Il blâma la conduite du roi dans cette circonstance, et refusa le ministère de la guerre lors de la disgrace des Choiseuls, parce qu'il lui aurait fallu voir la favorite. Le comte reporta sur nous l'amitié qu'il avait eue pour notre père, et Berry et moi lui manifestons une vive reconnaissance. Sa conversation était grave, mais attachante. On craignait sa sévérité, quoiqu'il ne la montrât jamais ; mais sa réputation d'homme vertueux était si bien établie, que ceux qui avaient des reproches à se faire ne pouvaient être à leur aise dans sa société.

Le pauvre duc de Duras n'aurait pu, certes, mieux s'adresser. Il lui confia l'imminent péril du roi, et lui demanda ce qu'il avait à faire dans cette circonstance. La réponse du comte de Muy fut qu'on devait administrer au monarque les derniers sacremens le plus tôt possible. Le duc, effrayé de prendre sur lui une telle mission, essaya de contester la nécessité; mais M. de Muy lui parla de manière à lui fermer la bouche au premier mot; puis il le quitta pour aller annoncer au dauphin la situation de notre aïeul.

Mon frère aîné, quoique le plus intéressé à ce qui se passait, était peut-être celui de la famille qui s'en occupait le moins : aussi, grande fut sa surprise lorsqu'il apprit que la couronne allait probablement bientôt lui appartenir. Loin d'en manifester la moindre joie, il ne songea qu'à la perte dont il était menacé, et son excellent cœur lui fit répandre des larmes. Ceux qui l'environnaient eurent la naïveté d'en témoigner leur étonnement. On fut obligé d'envoyer chercher la dauphine pour le consoler; elle lui prêcha la résignation, et parvint à apaiser le premier élan de sa douleur.

Le comte de Muy passa ensuite chez moi pour achever de remplir sa mission. J'étais déjà préparé à la mort du roi, car j'avais été instruit par une personne de confiance de l'arrêt qu'avaient prononcé les médecins. L'ami de mon père me trouva donc plus ferme que le dauphin, en m'apprenant que Louis XV était sur son lit de mort. Je m'attendais qu'il allait m'entretenir particulièrement de la situation précaire de la cour, et sur ce qu'il y aurait à faire pour l'avenir; mais il ne me parla que de l'urgence de faire confesser le roi sans délai, car il ne voyait rien au delà. Mes regards se portaient plus loin; j'interrogeais l'avenir, et je ne pouvais m'empêcher néanmoins d'admirer le désintéressement du comte de Muy, qui n'avait en vue que le salut du roi, tandis que chacun n'était occupé qu'à tirer parti de l'événement à son profit.

## CHAPITRE XV.

Scènes diverses pendant que le roi est sur son lit de mort. — L'archevêque de Paris. — Les évêques de Senlis, de Meaux et de Gap. — On se renvoie la balle. — Le chancelier demande une audience secrète au comte de Provence. — Matière dont ils traitent. — Renvoi de la favorite. — Mot sublime de la dauphine. — Le roi reçoit les sacremens. — On veut donner un guide au monarque futur. — Madame Victoire et M. de Machault.

Le duc de Duras luttait en vain contre la responsabilité qui pesait sur lui : si, d'un côté, il craignait de déplaire au roi, en le faisant administrer, dans le cas où il recouvrerait la santé; de l'autre, il encourait l'indignation du dauphin, des filles de Louis XV et de tout le clergé, s'il le laissait mourir sans les secours de la religion. Lorsque le comte de Muy l'eut quitté, il resta quelque temps en consultation avec lui-même, ce qui lui arrivait rarement, et se décida enfin à faire son devoir. Il dépêcha donc des gentilshommes ordinaires aux ministres, et envoya des courriers à madame Louise, que le salut de son père intéressait particulièrement, ainsi qu'à l'archevêque de Paris et au cardinal de la Roche-Aymon, qui était dans ce moment à Paris.

Le bruit du danger que courait le roi se répandit rapidement à Versailles; il ne fut pas, comme disent nos chroniques, fils de bonne mère qui ne s'en émût. On n'ignorait pas que cet événement allait totalement changer la face des affaires; car il paraissait impossible que le dauphin gouvernât selon les maximes de Louis XV. Les gens à courtes vues voyaient déjà le duc de Choiseul à la tête du ministère, M. d'Aiguillon disgracié, le chancelier à la bastille, et l'abbé Terrai à la potence. Quant à la favorite, on s'imaginait qu'elle ne pouvait être rien moins que fouettée et marquée, ou enfermée à perpétuité dans quelque monastère.

On se remua de cent façons pour se mettre en mesure de paraître avec avantage sous le nouveau gouvernement. Le prince et la princesse de Beauvau, dont on s'était éloigné avec soin jusqu'à ce moment, furent, le même soir, entourés d'une foule nombreuse, tandis que la maréchale de Mirepoix, leur sœur, demeura presque seule. J'ai déjà dit que j'eus aussi ma part d'hommages dans ce bouleversement général : ce fut pour moi le sujet de plus d'une réflexion.

Dès que le comte de Muy m'eut quitté, je me rendis chez le dauphin, qui revenait de chez le roi, près duquel il n'avait pu parvenir, l'étiquette s'y opposant; et, en effet, on ne pouvait exposer l'héritier présomptif à respirer l'atmosphère d'une maladie contagieuse.

Mon frère était encore fort triste. Il parut se complaire dans ma société, ainsi que dans celle de ma femme, du comte et de la comtesse d'Artois; nous nous renfermâmes entre nous, en admettant néanmoins dans notre intimité quelques personnages destinés à jouer un rôle sous le nouveau règne : le duc de Coigni, le comte de Modène, le marquis de Montesquiou et la princesse de Lamballe, ainsi que les dames d'honneur et d'atours de la dauphine, qui composèrent toute notre société jusqu'à la mort du roi.

Nous apprîmes dans le courant de la journée que madame Louise avait écrit à ses sœurs, pour leur recommander de s'occuper du salut de leur père, et de mettre de côté toute autre considération terrestre. Elle s'adressait à la conscience de mes tantes, qu'elle rendait responsables envers le ciel de tout le blâme qui adviendrait en cas de malheur.

Le grand aumônier vint le premier; mais, plus courtisan qu'ecclésiastique, il chercha à se tirer de cette position difficile; et feignant une indisposition subite, il s'établit sur une chaise longue, où il resta jusqu'à l'arrivée de l'archevêque de Paris à attendre l'événement. Celui-ci, véritable successeur des apôtres, se hâta de venir accomplir ses devoirs auprès du mourant, dès qu'il eut reçu la lettre du duc de Duras, quoiqu'il fût atteint d'une strangurie qui lui causait de vives douleurs. Il parut donc à Versailles au moment où on le croyait entre les mains de son chirurgien.

Il alla d'abord rendre ses devoirs à mes tantes, qu'il ne trouva pas chez elles, car elles étaient déjà auprès du roi. Ayant été prévenues que M. de Beaumont les attendait, mesdames Adélaïde et Sophie vinrent le rejoindre, laissant madame Victoire près de leur père. Les princesses reçurent le prélat comme un envoyé du ciel. Les évêques de Meaux, de Gap et de Senlis survinrent; celui de Chartres, diocésain, ne parut pas. M. de Roquelaure, évêque de Senlis et premier aumônier du roi, qui vient de mourir après avoir longuement prolongé sa carrière, était le plus aimable des hommes. Spirituel, léger, galant à l'occasion, rempli de gaîté et d'abandon, sans passer toutefois les bornes de la réserve, il avait trouvé le moyen de se mettre bien avec les divers partis qui divisaient la cour. Le roi aimait sa piété douce, qui ne consistait point à tourmenter les autres; il causait volontiers avec lui, l'admettait dans une privauté que le digne prélat ne se souciait pas de perdre en s'avançant trop dans une affaire qui ne le regardait que peu. Car avant lui devaient passer le grand aumônier, l'archevêque de Paris, l'évêque de Chartres, le curé de Notre-Dame de Versailles, et enfin le confesseur de sa majesté.

L'évêque de Meaux, Périgourdin ou Quercinois, premier aumônier de madame Adélaïde, n'avait guère voix au chapitre, ses connaissances étant bornées. Il passait pour être très régulier dans sa conduite publique, mais les méchans prétendaient qu'il s'en dédommageait dans sa conduite privée. L'évêque de Gap, M. Narbonne-Lara, aumônier de mes deux autres tantes, était plus grand seigneur qu'humble prélat. C'était un bel homme, fort en odeur de sainteté auprès de nos vieilles douairières, et qui était plus occupé de son avancement temporel que du salut de son ame.

C'est ainsi que se composait le conseil vénérable chargé de décider du sort futur de mon aïeul. Il s'adjoignit le cardinal de La Roche-Aymon, qui arriva se soutenant à peine et faisant les plus plaisantes contorsions, afin de soutenir le rôle de sa feinte indisposition. On le choisit cependant pour annoncer au roi la nécessité de se confesser, mais il s'y opposa de toutes ses forces ; enfin, voyant que l'archevêque de Paris insistait, il s'avisa de demander que l'on consultât le dauphin.

Mon frère laissa voir toute l'indécision de son caractère dans cette circonstance mémorable ; il rougit, balbutia lorsque les saints personnages vinrent le consulter, et fut incapable de prendre une résolution.

La question en resta donc au même point après lui avoir été soumise. De mon côté je me tins dans une réserve muette, me gardant bien de prendre sur moi une responsabilité que chacun voulait écarter. Je n'avais par bonheur aucune obligation à remplir dans cette circonstance, et je n'étais pas homme à m'en créer dont les conséquences pussent m'inquiéter un jour.

Les évêques revinrent près de mes tantes; on se renvoya successivement la balle, et, tandis qu'on passait un temps précieux à ces débats, l'ame d'un fils aîné de l'église pouvait être enlevée par Satan, au grand scandale de toute la chrétienté. Enfin, on allait se séparer sans rien conclure, lorsqu'on songea à l'abbé Madoux, confesseur du roi, qui poussait la tolérance à l'extrême envers son royal pénitent, et épiait l'heure de se dédommager de ses complaisances forcées. Il fut décidé à l'unanimité qu'on le chargerait de la tâche pénible qu'aucun de ses supérieurs ne voulait remplir. M. de Beaumont, après l'avoir catéchisé convenablement, l'envoya près de l'auguste malade.

L'abbé Madoux, en arrivant dans la chambre du roi, fait part de sa mission aux ducs de Duras et de Richelieu. Ces messieurs veulent consulter la faculté avant de rien décider. On appelle Bordeu, qui, tout dévoué à la favorite et au duc de Richelieu, déclare qu'on tuera le roi si on l'instruit de son état. Le confesseur retourne donc déclarer à Mesdames et aux prélats qu'il n'y a encore rien à faire aujourd'hui.

J'étais allé trouver la dauphine dans la journée pour lui rappeler que le moment d'agir approchait; mais elle persistait à rester dans une complète inaction, et à ne pas vouloir d'autre guide que le duc de Choiseul. Elle craignait M. de Muy, je ne sais trop pourquoi.

Retiré dans mon appartement avec Modène et Montesquiou, nous faisions des conjectures sur l'avenir; ils me voyaient jouer un grand rôle par l'envie qu'ils en avaient. Je reçus sur ces entrefaites un billet du chancelier, qui me demandait une audience secrète pour le même soir, ayant, disait-il, à me raconter des faits de la plus haute importance.

Je me contins de manière à ne rien laisser deviner aux deux courtisans de ce qui se passait en moi, et je trouvai moyen, par des voies détournées, de faire savoir à M. de Maupeou que je consentais à sa demande. J'avoue que ce message du chancelier excita toute ma curiosité. Que pouvait-il avoir à m'apprendre ? était-ce une révélation sur le passé ou sur l'avenir ? Cependant, malgré mon anxiété, je continuai à causer avec Modène et Montesquiou, jusqu'à l'heure où j'avais l'habitude de me coucher. Lorsqu'ils furent partis, je me rendis dans le petit salon par lequel le chancelier devait s'introduire furtivement chez moi. Il ne se fit pas long-temps attendre; le valet qui était dans la confidence me l'amena accoutré d'une façon si étrange, qu'en toute autre occasion j'en aurais ri.

Après avoir débuté par les complimens d'usage, il me manifesta ses inquiétudes sur la manière dont le dauphin gouvernerait ; il partageait l'opinion générale sur la rentrée soudaine de M. de Choiseul.

Je ne pus ni ne voulus lui rien dire de certain à ce sujet; je préférais d'ailleurs entretenir cette croyance que je croyais propre à empêcher toute autre cabale. Je répondis donc à M. Maupeou en termes généraux ; j'ajoutai que je me reposais sur la sagesse de mon frère, pour ne pas remettre en question une affaire déjà décidée, et que, quant à moi, j'étais pour le nouvel ordre de choses.

Tout en conservant cette réserve, je ne m'étais jamais expliqué si clairement; aussi le chancelier, transporté, faillit me sauter au cou, et son visage, naturellement vert pâle, devint pourpre de joie. Il me dit en retour que si le nouveau roi suivait une autre route, il perdrait la monarchie, les parlemens détruits ayant le projet de chercher à s'emparer de l'autorité au détriment du souverain, en la partageant avec les états-généraux. Que, de plus, ils voulaient amener l'établissement d'une constitution à l'instar de celle des Anglais, dans laquelle les parlemens remplaceraient la pairie, et que, par des élections faites dans les diverses municipalités, on formerait une sorte de chambre des communes.

Le chancelier appuya cette assertion de raisonnemens plausibles; puis il me signala les principaux meneurs de cette intrigue, et ses ramifications avec les provinces. Il me parla ensuite de son ennemi juré, en termes si peu menagés que j'en fus effrayé, car il n'hésita pas à le charger d'un triple crime dont j'étais la victime. Je fus étourdi de ces révélations du chancelier, qui m'en fournit des preuves ou prétendues telles. Il est certain que s'il ne parvint point à me convaincre complètement, il jeta du moins dans mon esprit des doutes qui augmentèrent ma méfiance et me portèrent dans la suite à des actes et à des recherches que je ne peux ni ne veux spécifier : c'est un sujet que de grandes raisons d'état m'empêchent de traiter plus clairement, peut-être même en ai-je déjà trop dit.

Au résultat, je n'étais pas totalement étranger à la révélation de M. Maupeou ; il m'en était déjà revenu quelque chose. Le chancelier conclut en me demandant de nouveau ma protection : je lui promis que, quoi qu'il arrivât, je n'oublierais jamais le service qu'il avait voulu rendre à la monarchie. Tout occupé de lui-même, il ne songeait guère aux autres, et ne me dit pas un mot de madame Dubarry, ni du duc d'Aiguillon, ni de l'abbé Terray : était-ce l'effet d'un oubli égoïste ou calculé ? je l'ignore.

Je dormis peu ; on venait, selon mon ordre, me rendre compte de deux heures en deux heures de l'état du roi. Je sus qu'un Anglais, le docteur Sultow, offrait de le guérir si on l'autorisait à le traiter comme il l'entendrait. Cette prétention fit d'abord jeter feu et flammes à la faculté, qui qualifia de charlatan l'Esculape anglais : celui-ci s'adressa au duc d'Orléans, qui, persuadé de son mérite, en parla à mes tantes. Mesdames ayant désiré le voir, le duc le leur amena. On tâcha, à l'aide d'une forte récompense, de le décider à laisser analyser les remèdes qu'il comptait employer par une commission choisie à l'école de médecine; mais il s'y refusa constamment, sous prétexte que le moment d'en faire usage était passé, et que l'effet en serait nul maintenant.

Il était difficile d'approcher du roi. Le duc de Richelieu, profitant de l'extrême bonhomie de Duras, s'emparait de la haute police de la chambre du malade, et ne laissait entrer que qui bon lui semblait. Il manœuvrait même avec tant d'adresse, que nos tantes, quoiqu'en station fixe près de leur père, ne pouvaient lui parler sans qu'un tiers fût là pour épier leurs paroles.

Mais le maréchal prenait des peines inutiles. Toutes ses précautions ne purent écarter un de ses plus dangereux antagonistes, le chirurgien La Martinière, qui, fort de sa loyauté et moins courtisan qu'attaché à ses devoirs de médecin, ne pouvait taire la vérité si le roi la lui demandait. En effet, La Martinière, pressé par Louis XV, lui avoua qu'il avait la petite-vérole. C'en fut assez pour renverser l'édifice construit avec tant d'efforts par le maréchal. Le roi aussitôt pensa à la mort et voulut s'y préparer. Il commença par donner l'ordre, auquel on se conformait à l'avance, d'interdire à ses petits-fils, non-seulement l'entrée de sa chambre, mais encore la partie du château où elle était située. Il se refusa à toute signature, et défendit qu'on lui parlât d'affaires ; puis, appelant ses filles près de son lit, il leur annonça son état d'un ton pénétré de tristesse.

Mesdames fondirent en larmes, ne pouvant maîtriser leur douleur. Madame Adélaïde lut à Louis XV une lettre qu'elle venait de recevoir pour lui de madame Louise. Le roi l'écouta à peine, toute sa force morale l'ayant abandonné depuis qu'il connaissait sa position. Cependant il vit encore une fois madame Dubarry ; mais il ne tarda pas à la convaincre que son règne était passé, en disant au duc d'Aiguillon :

— Je n'ai point encore oublié la scène de Metz, et il me serait désagréable qu'on la renouvelât à Versailles. Dites à la duchesse d'Aiguillon qu'elle me fera plaisir d'emmener la comtesse Dubarry à Ruel.

C'était un congé dans toutes les règles, qui causa une grande joie au château. Le départ de cette malheureuse femme fit plus de sensation à la cour que la mort prochaine du monarque. Les Choiseuls en étaient dans le ravissement. Plus de cent voix s'élevèrent pour engager la dauphine à se venger aussitôt qu'elle en aurait le pouvoir ; mais je dois lui rendre cette justice, que loin de prêter l'oreille à ces conseils, elle répondit d'un ton rempli de dignité :

— La comtesse Dubarry a pu vouloir lutter avec moi, mais je ne m'abaisserai point à lutter avec elle ; la punition de cette femme va être dans son changement de fortune et son isolement. La reine de France n'aura pas à s'en occuper.

Marie-Antoinette tint parole ; elle se conduisit avec une magnanimité dont la cabale ne lui sut aucun gré, et que les héros de la faction Choiseul eurent l'infamie de lui imputer à crime. Madame Dubarry partit dans la nuit du 4 au 5 mai.

Le roi passa dans les alternatives du mieux et du pire jusqu'au 10 suivant, jour qui enleva tout espoir. Il était aux portes du tombeau, et son successeur ne songeait pas encore à adopter un plan de conduite. La dauphine, qui avait le sien, cherchait à le maintenir dans cette apathie, espérant toujours profiter du premier moment de confusion que causerait son avènement inopiné pour lui faire adopter ses projets. Mon influence était nulle ; mes tantes perdaient le peu qu'elles en possédaient par la mort de leur père : d'ailleurs on empêchait d'approcher du dauphin ; et ce que j'avais prévu arriva, il fut pris complètement au dépourvu.

Le 8 au matin, qui était un lundi, le roi demanda lui-même son confesseur, puis il désira recevoir les derniers sacremens. Nous jugeâmes d'après cela que Louis XV sentait bien qu'il n'y avait plus pour lui de royaume dans ce monde, et nous dûmes nous préparer à une prochaine séparation. Cette cérémonie se fit avec toute la solennité d'usage : nous allâmes, mes deux frères et moi, à la chapelle, mais on ne nous permit pas d'accompagner le viatique chez le mourant. Le grand-aumônier, dont l'indisposition avait cessé avec la certitude de ne plus encourir le déplaisir du roi, officia pontificalement dans cette circonstance. Il y avait cependant une formalité à remplir qui causa un instant d'embarras au prélat : c'était la réparation publique d'une vie un peu désordonnée ; mais il s'en tira d'une manière adroite. Au moment de donner la communion au roi, il dit aux assistans, qui avaient suivi en grand nombre le clergé près du lit de mort de Louis XV :

— Messieurs, la faiblesse du roi l'empêchant de parler, il m'ordonne de vous dire que, bien qu'il ne doive compte de sa conduite qu'à Dieu, il est fâché d'avoir donné du scandale à ses peuples ; qu'il se repent de ses péchés avec une douleur sincère, et que si la Providence lui accorde encore quelques années d'existence, il veut les consacrer au bonheur de son peuple et au soutien de la religion.

Cette allocution pieuse produisit son effet ; nul ne douta que tout scandale de la vie de Louis XV ne fût effacé par ces paroles, et qu'il pouvait désormais se présenter sans crainte au pied du trône céleste.

Dès ce moment on cessa de s'occuper du roi moribond. Chacun était impatient de quitter le monarque dont on n'avait plus rien à attendre pour se rapprocher de l'autre, qui allait être le dispensateur de toutes les grâces. Madame Victoire, celle de nos tantes dont le jugement était le plus éclairé, pensa qu'il était nécessaire de guider le dauphin dans le choix important d'un premier ministre ; elle lui écrivit et ne craignit pas de se déclarer contre le duc de Choiseul avec une fermeté qui fit honneur à son caractère : elle proposa à sa place M. de Machault, qu'elle regardait comme un homme probe et habile. Plût au ciel que mon frère s'en fût rapporté à ce sage conseil ! Mais une mauvaise influence devait le pousser, dès le commencement de son règne, à prendre les partis les plus désavantageux et à s'éloigner de ceux qui l'avaient servi avec zèle et intelligence, pour se livrer à des hommes incapables de lutter contre les obstacles que leur suscitait la cabale ennemie.

## CHAPITRE XVI.

Les ducs d'Aiguillon et de La Vrillière cabalent, en désespoir de cause, en faveur du comte de Maurepas. — Le marquis de Pezay. — Le comte de Maurepas. — Pourquoi madame Adélaïde se déclare en sa faveur. — Mort de Louis XV. — Voyage à Choisy. — Joie du peuple.— Détails. — Age des principaux membres de la famille royale. — Changement de politique. — Amis de la reine. — Suite des intrigues pour le choix d'un premier ministre. — Les choiseuls sont battus. — M. de Maurepas est nommé. — Lettre que Louis XVI lui écrit. — Madame de Maurepas.

Tandis que mon aïeul était agonisant, le parti qui régnait en son nom, fort de sa situation présente, cherchait à reculer sa chute par tous les efforts humains. Cette cabale environnait la famille royale dans un filet qu'elle ne pouvait rompre ni même apercevoir. Madame Victoire croyait correspondre secrètement avec le dauphin ; mais avant que ses lettres parvinssent jusqu'à lui elles étaient adroitement décachetées et mises sous les yeux des ducs d'Aiguillon, de Richelieu et de Saint-Florentin, trio étroitement uni dans ce moment.

Ces messieurs surent donc que ma tante penchait

pour M. de Machault. On redoutait la probité incorruptible de cet austère vieillard : on savait qu'il ne serait pas possible de l'éblouir, de le tromper ; il fallait l'écarter à tout prix. Il existait en parallèle avec celui-ci un autre vieillard, né la même année, qui conservait sur le déclin de l'âge toute la frivolité de la jeunesse. Le comte de Maurepas, qui avait été ministre sous Louis XV, était incapable de hautes pensées ; superficiel au plus haut degré, il donnait autant d'importance à la confection d'un couplet qu'à une affaire d'état ; il aimait les bons mots, et croyait tout réparer à l'aide d'une plaisanterie faite à propos. Le soin de rendre ses soupers agréables l'occupait avant celui de bien gouverner la France ; aussi l'état marchait en conséquence. Tel fut l'homme que le duc de La Vrillière, uni à lui par des liens de parenté ainsi que le duc d'Aiguillon, proposa de mettre à la tête des affaires. Ces messieurs espéraient établir sur le comte de Maurepas une complète domination, grace à sa facilité et aux bons offices de sa femme, qui ne savait rien leur refuser. Le comte d'ailleurs ne pouvait aimer les Choiseuls, dont il avait à se plaindre, et ces raisons suffisaient pour en faire l'homme indispensable du moment.

Cet ex-ministre, exilé pour avoir déplu à la marquise de Pompadour, habitait depuis lors la terre de Pontchartrain, à six lieues de Versailles, où la cour allait souvent le visiter sans que le roi le trouvât mauvais. Il était donc facile au triumvirat de correspondre avec lui. On lui dépêcha un homme de paille, dont la fortune qu'il fit depuis surprit généralement. Je puis mieux éclaircir que personne ce petit mystère, qui occupait à cette époque tant de gens. C'est sur ce personnage qu'on fit l'épigramme suivante :

> Ce jeune homme a beaucoup acquis,
> Beaucoup acquis, je vous assure,
> Car en deux ans, et malgré la nature,
> Il s'est fait poète et marquis.

M. de Pezay, ou Masson, sorti d'une famille de finance, quoique assez jeune encore, était déjà consommé dans l'intrigue ; il avait eu l'art de se faufiler dans la bonne compagnie, et même jusqu'à la cour. Il allait à Pontchartrain recevoir de fréquentes audiences du duc d'Aiguillon ; et, d'homme obscur qu'il était d'abord, il finit par jouer une espèce de rôle. Ce fut donc lui que le duc de La Vrillière chargea d'aller trouver M. de Maurepas, pour l'engager à écrire à madame Victoire qu'il offrait ses services au dauphin, pensant qu'il pourrait lui être agréable dans la conjoncture actuelle.

Le long exil de M. de Maurepas ne l'avait pas rendu plus sage ; il saisit avec avidité cette lueur d'espérance qui lui était offerte de rentrer au pouvoir. Ma tante Adélaïde lui était très attachée ; ils étaient en correspondance suivie ; elle lui demandait souvent des conseils, et le comte ne manquait jamais d'y joindre une collection de bons mots, d'épigrammes et de caricatures, futilités auxquelles il attachait beaucoup plus de prix que ma bonne tante. Il se rappela dans cette occasion au souvenir de madame Adélaïde d'une manière toute particulière, et cette princesse reçut en même temps une lettre anonyme qui l'informait que madame Victoire travaillait en faveur de M. de Machault.

Mes tantes vivaient trop rapprochées les unes des autres pour qu'il ne se glissât pas entre elles quelques divisions. L'aînée, forte de son droit féodal, en faisait peser tout le poids sur ses cadettes, et il lui sembla que la cabale que madame Victoire voulait former contre elle était un attentat à son rang de primogéniture. Elle travailla donc dès lors avec activité à porter son protégé au ministère, et arriver à son tour au dauphin. Mon frère, qui recevait déjà les billets de madame Victoire, dictés dans un sens tout opposé, ne sut bientôt plus auquel entendre, et cette perplexité était d'autant plus pénible qu'il n'osait en faire part à personne, et surtout à sa femme dont il redoutait l'opposition.

On mit en œuvre un autre moyen pour écarter M. de Machault. Pendant son ministère il avait essayé de réformer les mœurs du haut clergé et de contenir son ambition ; on partit de ce point pour le représenter au dauphin comme un impie qui voulait renverser la religion. Le grand aumônier, que mon frère aimait beaucoup, ainsi que l'évêque de Senlis avec lequel il s'était raccommodé, entreprirent de lui faire croire à cette calomnie, et ils y réussirent si bien que le concurrent dangereux fut complètement évincé. Il restait le duc de Choiseul, que Marie-Antoinette soutenait avec un zèle qu'aucun obstacle ne pouvait ralentir ; mais d'un autre côté la faction Maurepas ne restait pas dans l'inaction.

M. de Pezay ne fit qu'aller de Versailles à Pontchartrain, du 7 au 9 mai, ne prenant pas même de repos la nuit, et voyageant sous divers déguisemens afin d'éviter les soupçons. La part qu'il eut à cette intrigue acheva de le rendre agréable à M. de Maurepas. Je dirai plus tard comme ce dernier s'y prit pour lui faire obtenir la bienveillance de Louis XVI.

L'agonie du roi se prolongea jusqu'au mardi, 10 mai 1774 ; il expira vers trois heures du matin. Nous avions résolu en famille de quitter Versailles aussitôt après qu'il aurait rendu le dernier soupir, et d'aller passer les premiers jours de deuil à Choisy, où nous espérions être plus livrés à nous-mêmes que partout ailleurs.

Il était convenu entre les gens de notre service et ceux qui étaient près du roi, que pour indiquer le moment précis de sa mort, on éteindrait une bougie placée derrière une croisée de l'appartement royal, que l'on apercevait de celui de la dauphine. Cet ordre fut exécuté, et on alla aussitôt chez le dauphin lui annoncer qu'il était roi de France sous le nom de Louis XVI.

Ce fut un grand désappointement pour ceux qui

se flattaient d'apporter au dauphin la première nouvelle de son avénement; du reste nous reçûmes fort peu de monde, et les voitures étant toutes disposées, nous partîmes dès la pointe du jour; le roi, la reine, moi, ma femme, le comte et la comtesse d'Artois, mettant toute étiquette de côté, en ne nous faisant point accompagner.

Louis XVI avait quelque envie de pleurer; le comte d'Artois aurait volontiers imité son exemple; mais, il échappa à sa femme un quiproquo si plaisant, rehaussé encore par son accent piémontais, que notre douleur ne put résister au rire bruyant excité parmi nous. Nous arrivâmes à Choisy presqu'entièrement consolés, et il faut le dire, le feu roi n'avait jamais rien fait pour s'attirer notre tendresse.

Nous causâmes à qui mieux mieux; mon frère aîné était surtout charmé de penser que pendant neuf jours il ne verrait pas un ministre et n'entendrait point parler d'affaires. Nous allâmes loger dans le château neuf, nos tantes qui nous rejoignirent occupèrent le vieux. Mais avant de décrire ce qui caractérisa le nouveau règne, je veux terminer les détails qui ont rapport à l'ancien.

Louis XV, en mourant, avait perdu toute la popularité qu'il avait eue dans sa jeunesse; on lui faisait même un grief de la destruction des parlemens, sans lui tenir compte de l'amélioration qu'avait amenée cette mesure; on le rendait responsable de tous les malheurs des temps; enfin, il serait difficile d'exprimer l'allégresse que la nouvelle de son trépas causa dans toutes les classes. On osa même, sans respect pour sa mémoire, témoigner sa joie par des écrits en vers et en prose, et des caricatures de toutes sortes ; je le vis avec douleur, car il me semblait qu'une telle licence retombait sur les enfans du prince qui n'était plus.

Marie-Antoinette, étrangère à notre famille, croyait ne pas devoir s'en offenser; elle empêcha même le roi de sévir contre les coupables, si bien que pendant plusieurs semaines, on aurait dit que chacun avait acquis le droit d'insulter à la mémoire, et presqu'au cadavre de notre aïeul. Je ne rapporterai pas ce qui eut lieu à Versailles à cette époque, non plus que les funérailles du feu roi, qui se firent avec une indécence dont il me serait pénible de parler. Je tairai également le service qui se célébra à Saint-Denis, où je conduisis le deuil ; car tous ces détails sont connus et se trouvent partout.

Je me bornerai à dire, qu'une lettre de cachet, conçue en termes fort peu alarmans, reléguait d'abord madame Dubarry, à l'abbaye de Pontaux.

La famille royale, au moment de la mort de Louis XV, se composait de son petit-fils Louis XVI, son successeur, âgé alors de dix-neuf ans, huit mois et treize jours; de la reine Marie-Antoinette, archiduchesse d'Autriche, âgée de dix-huit ans, six mois et huit jours.

De Louis-Stanislas-Xavier de France, comte de Provence, titré de *Monsieur* à l'avènement de son frère, âgé de dix-huit ans, cinq mois et vingt-trois jours ; de sa femme, Marie-Louise-Joséphine de Savoie, âgée de vingt ans, huit mois et huit jours.

De Charles-Philippe de France, comte d'Artois, âgé de dix-sept ans, sept mois et un jour ; de Marie-Thérèse de Savoie, sa femme, âgée de dix-huit ans, trois mois et dix jours.

De nos sœurs, madame Clotilde, âgée de quatorze ans, sept mois et dix-huit jours ; de madame Élisabeth, âgée de dix ans et sept jours.

De nos tantes, madame Adélaïde, atteignant sa quarante-troisième année ; de madame Victoire, âgée d'environ quarante-deux ans ; de madame Sophie, entrant dans sa quarante-unième année, et de madame Louise, religieuse carmélite à Saint-Denis, âgée de trente-huit ans. J'ai déjà parlé des autres branches de la famille, et c'est pourquoi je me dispense de les faire figurer ici.

En montant sur le trône, Louis XVI avait le désir sincère de faire le bonheur de ses peuples ; mais malheureusement la faiblesse de son caractère le rendait accessible à toutes les influences qui voudraient le dominer ; il en arriva que la marche des affaires ne fut jamais stable jusqu'au moment où le vaisseau de l'état alla se briser sur le rocher qui aurait dû le sauver. Un conseil composé d'hommes inhabiles en dirigeait tous les mouvemens, et il vint s'y joindre une direction soutenue par la cour de Vienne, d'autant plus dangereuse qu'elle était imprévuë. La personne qui était chargée de lui prêter son appui, ne se doutait pas sans doute de rôle qu'on lui faisait jouer ; mais l'abbé de Vermont, placé derrière elle, avait le mot d'ordre, et lorsqu'elle croyait travailler en pleine conscience à l'intérêt des Français, elle n'était qu'un instrument de la diplomatie autrichienne.

La cour, qui était accoutumée à la politique mystérieuse de notre aïeul, ne vit pas sans étonnement la marche toute contraire que suivait le nouveau règne ; le secret de l'état devint celui de la comédie. Je me plaignis de ce peu de réserve ; j'aurais voulu plus de gravité, des formes imposantes ; mais je ne fus point écouté : on clabauda contre moi. Les principaux meneurs de ces écervelés, qui conduisaient sans s'en douter l'état à sa perte, étaient le comte d'Artois, dont la jeunesse se prolongea au delà des bornes voulues ; le baron de Besenval, sorte de vieillard céladon, au cerveau étroit, et se croyant une capacité très vaste ; le duc de Coigni, trop bel esprit pour être raisonnable, et dont la restauration a été obligée de faire un héros, faute de mieux ; le chevalier, son frère, frivole par excellence ; le comte d'Adhemar, diplomate de boudoir ; le beau Vaudreuil, lourd à faire plaisir, et à qui sa famille dut au moins son élévation, s'il ne sut rien faire pour la chose publique ; la duchesse, le duc, le comte, le marquis, le vicomte et le baron de Polignac, famille trop funeste à la France et à Marie-Antoinette ; la princesse de Lamballe, si cruellement punie d'avoir voulu suivre le torrent ; M. de Calonne, dont l'influence date de plus loin qu'on ne le croit communément, et enfin le comte de Maurepas, dont l'âge n'avait pu mûrir l'expérience.

C'est à lui que nous dûmes la marche fatale que prit le gouvernement. Doué de conceptions étroites et d'une vanité sans bornes, il fut une des principales causes de la perte de mon frère, qui mit en lui toute sa confiance, et se persuada qu'il n'y avait chez lui de superficiel que l'écorce, et qu'elle cachait des vues profondes et propres à gouverner habilement.

Lorsque nous fûmes arrivés à Choisy, on s'occupa de M. de Maurepas plus sérieusement qu'on ne l'avait fait jusqu'alors. La reine, avant que de se décider à l'accepter, tenta un dernier effort en faveur du duc de Choiseul; mais le roi, avec sa rudesse accoutumée, lui dit que sa résolution à ce sujet était prise, et que rien ne pourrait l'en faire changer. Marie-Antoinette, qui n'était point préparée à un tel refus, versa des larmes, et jura dans son dépit qu'elle ne dirait plus jamais un mot en faveur du duc de Choiseul, qui, dès ce moment, cessa d'être un concurrent redoutable pour ceux qui pouvaient prétendre à la direction des affaires.

Le comte de Maurepas n'avait plus d'obstacles à vaincre pour arriver au pouvoir. Mon frère penchait pour lui; son âge lui inspirait de la confiance, et il lui supposait d'ailleurs un mérite qu'il n'avait pas. Ce fut donc sur lui que le choix se fixa définitivement. Cette décision eut lieu le 11 mai, et aussitôt après le roi lui écrivit de Choisy le billet suivant.

« Dans la juste douleur qui m'accable, et que je « partage avec le royaume, j'ai de grands devoirs « à remplir; je suis roi, et ce mot renferme toutes « les obligations qui me sont imposées. Néanmoins « ma bonne volonté ne peut remplacer l'expérience « qui manque. J'ai besoin d'un guide éclairé; je « crois l'avoir trouvé en vous. Ainsi donc, mon- « sieur le comte, je vous prie de venir m'aider de « vos conseils le plus tôt possible. »

On voit que le choix royal ne pouvait s'annoncer d'une manière plus flatteuse envers celui qui en était l'objet. Quelqu'un de ma maison, le marquis de Montesquiou, dit à cette époque avec justesse qu'on aurait mieux fait d'adresser cette lettre à la comtesse de Maurepas qu'à son féal époux, car c'était elle que l'on appelait à la place de premier ministre. En effet, cette dame avait sur son mari un pouvoir absolu; il ne faisait rien sans la consulter. Cette conduite, dans laquelle il persista depuis, ne tarda pas à être connue, et ne lui attira pas la considération. Du reste, il n'abusa jamais de son pouvoir, et en jouit avec modération.

## CHAPITRE XVII.

Arrivée du comte de Maurepas. — Il débute par tromper le roi. — Le duc de Richelieu disgracié en partie. — Incapacité du Mentor royal. — Mot de madame Victoire. — Le prince de Montbarrey. — La princesse de Lamballe. — Première faute de la reine. — La comtesse de Grammont. — Quelques femmes tombées en défaveur. — Chute du duc d'Aiguillon. — Le comte de Vergennes. — Fureur du duc de Choiseul. — Il vient à Versailles. — Propos du roi. — Un parti se forme contre la reine. — Maladresse de Mesdames. — Le chancelier écrit au comte de Provence, relativement au retour présumé de l'ancienne magistrature.

Le courrier que le roi dépêcha à son Mentor, ainsi qu'il se plaisait à le nommer, fut devancé néanmoins par le marquis de Pezay, qui voulut porter le premier cette bonne nouvelle à son protecteur. Le comte de Maurepas, ne se donnant pas le temps de délibérer s'il devait accepter ou non cette nomination se hâta d'arriver aussitôt après à Choisy. Sa vue causa une surprise générale. La plèbe des courtisans, qui attendait le duc de Choiseul, fut complétement désappointée ; mais on fit contre fortune bon cœur, on affecta même de la joie pour mieux déguiser son dépit.

La reine surtout sut parfaitement se contraindre ; cependant elle voyait s'évanouir en un instant ses espérances de quatre années, et pensait avec chagrin que la défaite du parti autrichien affligerait vivement l'impératrice ; mais Marie-Antoinette savait en même temps ce qu'elle devait à sa dignité. Elle fit donc un acceuil plein de noblesse et de grace à M. de Maurepas, et le nouveau ministre aurait pu s'y laisser prendre, s'il n'eût été instruit à l'avance de se qui s'était passé. Quoiqu'il en soit, il ne resta point en arrière envers la jeune reine, et appelant à son secours toute la galanterie de sa jeunesse, il lui jura un dévouement et une obéissance sans bornes.

Le comte prit un ton grave en parlant au roi, et chercha à l'effrayer sur le nombre et la difficulté des affaires, afin que Louis XVI lui en abandonnât l'entière direction dès son début. Il y réussit, car le monarque, dont la modestie était fondée sur la défiance de lui-même, ne tarda pas à prévenir tous les ministres qu'avant de lui soumettre leur travail, ils le prépareraient avec M. de Maurepas. C'était assurer à celui-ci une suprématie sur ses confrères qu'il était incapable de soutenir dignement.

Si la reine avait échoué dans son projet favori, elle chercha du moins un dédommagement dans le renvoi de deux ministres qu'elle ne voyait pas avec plaisir : c'étaient les ducs d'Aiguillon et de la Vrillière, dont elle demanda la destitution; mais l'ascendant du comte de Maurepas commença déjà à se montrer dans cette circonstance. Il n'avait point oublié qu'il devait en partie son élévation à ces deux messieurs ; aussi, lorsque le roi lui eut transmis la volonté de la reine, il répondit qu'il croyait peu prudent de congédier ces ministres du feu roi, au moment même où l'opinion publique se prononçait injustement contre la mémoire de ce prince; ce qui serait donner une nouvelle force à la malveillance du peuple; que plus tard il serait toujours temps de satisfaire à la justice de sa majesté.

Mon frère, docile aux inspirations de son Mentor, n'insista plus, et alla aussitôt rapporter cet entretien à Marie-Antoinette. Cette princesse crut devoir se taire; mais elle n'en resta pas moins déterminée à reprendre sur son mari cet empire qui semblait près de lui échapper. En attendant le moment d'arriver à son but, la reine accabla de sa froideur les ducs de Richelieu, de la Vrillière et d'Aiguillon.

Le premier ne supportait qu'avec peine l'idée d'une disgrace à laquelle il ne s'était point préparé pendant la longue faveur dont il avait joui sous Louis XV. Il y avait en lui un singulier mélange d'orgueil et de souplesse ; on pouvait dire qu'il ne s'abaissait qu'avec fierté; mais du reste il était si adroit, il savait être parfois si aimable, que, quoique vu de mauvais œil par le roi et la reine, il réussit à les ramener, ou du moins à se faire supporter, ce qui était pour lui le point capital. Il put donc encore se faire une espèce d'illusion, et se supposer du crédit.

Je le voyais peu. Son caractère ne pouvait mériter mon estime; mais je riais quelquefois de ses bons mots et de ses fanfaronnades. Je le prenais pour ce qu'il valait: je m'en amusais, et rien de plus. Il fut un de ceux auxquels la faveur du comte de Maurepas causa le plus de dépit. Il n'avait point été étranger à son ancienne disgrace, et il devait s'attendre par conséquent que le ministre userait envers lui de représailles dès qu'il en trouverait l'occasion.

Mais c'était mal connaître le comte, qui avait un caractère trop insouciant pour avoir conservé depuis tant d'années l'idée de se venger de ses ennemis: il attachait d'ailleurs trop de prix aux jouissances présentes pour songer au passé. Loin d'avoir du fiel et de l'aigreur contre personne, il désirait satisfaire tout le monde, non par des services, mais en laissant chacun à sa place agir comme il l'entendrait. Jamais il ne se départit de cette règle de conduite, aussi sa devise favorite était: *Il faut laisser couler l'eau sous le pont.*

Notre tante Victoire le connaissait mieux que personne, et lorsque le roi s'excusa près d'elle de n'avoir pas accepté le ministre qu'elle lui proposait, la princesse répondit avec vivacité:

— Je sais ce qu'aurait fait M. de Machault, mais

je ne vois pas ce que M. de Maurepas pourra faire.

Cependant on cabalait pour obtenir la confiance du premier ministre. J'avais un homme dans ma maison qui devait en avoir un jour la meilleure partie ; c'était le marquis, depuis prince de Montbarrey, singulièrement propre à l'intrigue, et qui, avec une capacité médiocre, poussa fort loin sa fortune : il était l'orgueil en personne. Il voyait en lui un phénix, et se dédommageait, en s'admirant, du peu d'effet qu'il produisait sur les autres. Il s'impatronisa facilement chez M. de Maurepas, où, en devenant le protégé de la femme, il domina sans peine le mari. Je n'en fus pas fâché, car c'était prendre pied moi-même dans cette maison en la personne de mon serviteur, et j'en tirai souvent bon parti.

D'un autre côté, on se demanda sur qui tomberait l'affection de la reine ; mais cette question ne tarda pas à être résolue : la princesse de Lamballe devint bientôt son amie intime et la confidente de tous ses secrets. La chance était belle et aurait pu mener loin une autre duchesse de Chevreuse ou une princesse des Ursins ; mais ici l'étoffe manquait pour faire une favorite. Madame de Lamballe, grande dame sans ambition, et d'un esprit médiocre, ne sut pas tirer parti de sa position ; elle eut à peine la force de rendre tendresse pour tendresse, et finit par changer en indifférence l'amitié de la reine.

La fin affreuse de la princesse de Lamballe doit

sans doute faire respecter sa mémoire; cependant, en narrateur véridique, je ne puis me dispenser de signaler, à côté de ses qualités, quelques défauts qui font ombre au tableau. En vantant son bon cœur, sa grace, l'élévation de son ame, sa bienfaisance et son affabilité, je dirai également qu'elle commit des fautes et en fit commettre à la reine. Ce fut elle qui, une des premières, lui inspira cette aversion de l'étiquette, et le goût des plaisirs frivoles, si pernicieux dans une souveraine. Madame de Lamballe étant plus âgée que Marie-Antoinette, aurait dû la guider par de sages conseils au lieu d'approuver toutes ses fantaisies. Cette conduite, qui l'eût élevée bien plus haut dans l'estime publique, lui aurait aussi plus sûrement conservé la confiance de la reine, qu'elle se laissa enlever en l'aidant à augmenter les membres de sa société intime.

Mais, avant ce moment, il fallut créer une charge éminente pour l'auguste amie de Marie-Antoinette : elle fut nommée surintendante de la maison de la reine, qui en augmenta ainsi les dépenses sans s'inquiéter des recettes. Je parlerai de ce fait plus au long en temps et lieu.

Ma belle-sœur, voulant du moins dédommager la famille de son protégé, si elle ne pouvait être utile à lui-même, écrivit sur-le-champ à la comtesse de Grammont, mère du duc de ce nom, qui avait épousé la sœur de M. de Choiseul, pour l'autoriser à venir reprendre son service auprès de sa personne. Cette dame avait été une des premières victimes du parti Dubarry, et la résistance qu'elle mit à plier devant la favorite lui valut une lettre de cachet. La dauphine, regardant cette disgrace comme une insulte faite à elle-même, s'empressa de rappeler cette exilée sans en prévenir le roi.

La comtesse de Grammont arriva donc inopinément au milieu de nous. Louis XVI, surpris de la voir, n'en ayant pas donné l'ordre, ne put retenir un geste d'étonnement. Marie-Antoinette, prenant alors la parole, dit au roi avec le plus doux sourire :

— Remerciez-moi, sire, du cadeau que je vous fais en vous rendant la comtesse, dont la société vous était si agréable.

Mon frère n'avait rien de mieux à faire que d'approuver sa femme, et la chose se passa le mieux du monde. On en conclut que la reine acquerrait bientôt une grande influence sur le monarque, et elle profita de celle qu'elle avait déjà pour balayer la cour des Dubarry. Mademoiselle Fumel, mariée au plus jeune frère de cette famille, n'osa plus s'y montrer. Quant à mademoiselle de Noué, elle fit mieux, car elle renonça tout d'abord aux armoiries et à la livrée de son mari, et plus tard elle quitta même son nom lorsqu'il fut tué en Angleterre.

Madame de Forcalquier et la maréchale de Mirepoix, amies intimes de l'ex-favorite, mesdames de Montmorenci, de Monaco, de Raven, et quelques autres encore, plus ou moins entachées de leurs anciennes relations avec madame Dubarry, eurent également quelques mortifications à essuyer; mais elles les soutinrent avec la résignation que donne l'habitude de la cour. La maréchale s'en tira un peu mieux que les autres, graces à son frère et à sa belle-sœur (les Beauvau), qui se conduisirent dans cette circonstance avec une générosité qu'on eût dû mieux apprécier. Madame de Mirepoix, accoutumée depuis quarante ans à vivre grandement aux dépens de la maîtresse de Louis XV, ne pouvait se consoler d'avoir été mise à la réforme ; elle aurait tout sacrifié, même le salut de son ame, pour que le nouveau roi se passât la fantaisie d'une favorite ; mais il n'en fut rien. Elle se vit donc forcée de vieillir à la cour, dans une position assez médiocre, jusqu'au moment où elle alla terminer dans l'émigration des jours qui ne pouvaient que lui peser.

M. de Maurepas, malgré son crédit, luttait vainement en faveur de l'ancien ministère contre la force des choses. C'était déjà beaucoup d'en avoir retardé la chute dans le premier moment, car Louis XVI était déterminé à ne point conserver des hommes dont la capacité lui semblait douteuse, et qui ne possédaient pas son estime.

La reine ne pouvait surtout pardonner au duc d'Aiguillon son attachement avéré pour madame Dubarry, ni les marques d'intérêt qu'il n'avait cessé de lui prodiguer depuis la mort du feu roi ; elle désirait donc vivement qu'on lui donnât son congé. Ce désir ne tarda pas à être satisfait, car la démission de ce ministre lui fut signifiée le 2 juin 1774.

Avant qu'on désignât un successeur au duc d'Aiguillon, son portefeuille passa provisoirement dans les mains de M. Bertin. Madame de Forcalquier, dame d'honneur de la comtesse d'Artois, et toujours poursuivie par la même influence, quitta le même jour sa place, dont on gratifia la duchesse de Quentin. On reprochait à madame de Forcalquier une visite qu'elle avait faite, secrètement à la vérité, à l'ex-favorite, depuis son exil à Pont-aux-Dames. Elle croyait n'avoir mis personne dans la confidence de cette dernière dette de charité qu'elle avait payée, sous un déguisement, à la Cananéenne royale ; mais comme à la cour tout se sait, des ennemis profitèrent de cette circonstance pour la perdre. Elle fut renvoyée au moment où elle commençait à espérer qu'on la conserverait.

Le partage des dépouilles du duc d'Aiguillon se fit le 6 juin. Les affaires étrangères passèrent au comte de Vergennes, alors ambassadeur de France à la cour de Suède ; le ministère de la guerre fut donné au chevalier comte de Muy. Ces deux nominations obtinrent le suffrage du public. J'ai déjà fait connaître M. de Muy ; je ne parlerai donc que de M. de Vergennes. C'était un homme d'honneur, de naissance peu illustre, sans beaucoup de capacité, et tout dévoué à notre maison.

Ces deux ministres étaient dignes de la bonne

réputation dont ils jouissaient; mais leurs collègues provisoires étaient loin de pouvoir leur être comparés, non que je confonde dans ce jugement sévère le chancelier, à qui l'on pouvait appliquer ce que Figaro s'appliquait à lui-même : Qu'il valait mieux que sa réputation.

Cette double nomination fut un coup de foudre pour le duc de Choiseul. Il s'était flatté jusque là que M. de Maurepas ferait la faute de s'emparer d'un portefeuille, ce qui, en mettant son incapacité au jour, rendrait plus tard sa chute facile; mais le vieux courtisan avait trop d'adresse pour se laisser prendre au piége. Il refusa tout ce que le roi lui proposa, même les affaires étrangères, prétendit qu'il était là pour conseiller et non pour agir, et cacha ainsi, sous une feinte modestie, son manque réel d'habileté.

La colère du duc de Choiseul ne connut plus de bornes. Il s'en prit au ciel et à l'enfer; il accusa la reine de faiblesse, ses amis d'ingratitude, et le roi d'une injuste prévention. Cependant il eut pour dédommagement la permission de quitter son exil, et de venir à Paris faire sa cour, sauf à retourner quelque temps encore à Chanteloup. C'était une mince compensation sans doute de la perte de ses brillantes espérances; mais il n'en arriva pas moins rayonnant et superbe à Versailles, en traînant à sa suite une foule de fidèles ou de curieux qui étaient empressés pour juger par eux-mêmes de l'accueil qu'on ferait à cet astre déchu.

Celui de la reine fut affectueux, ainsi que cela devait être; mais le roi montra une froideur très marquée. Sa majesté me dit, le matin même de son arrivée :

— Nous aurons aujourd'hui la visite de l'*olibrius*. Je sais qu'il conserve encore des espérances; mais je l'accueillerai de manière à les lui enlever une fois pour toutes. Je ne veux autour de moi que des hommes que je puisse estimer.

En effet, le duc de Choiseul, après avoir vu le roi, se retira la rage dans le cœur. Il jugea en un coup d'œil qu'il serait difficile à Marie-Antoinette de changer à son égard les dispositions du roi, et il en advint que son parti en prit de l'humeur contre la reine, et il s'éloigna d'elle en quelque sorte. Ma belle-sœur commençait à peine à régner, que déjà il se formait contre elle une cabale de mécontens, d'ennemis et d'intrigans, dont l'animosité ne fit que croître avec le temps.

On eût dit d'abord que l'inimitié contre la reine ne consistait qu'en un commérage de cour. Les héroïnes du règne précédent lui faisaient un crime de sa légèreté et de ses plaisanteries; on l'accusait d'avoir ri aux dépens de madame de Mortan tandis qu'elle avait le dos tourné; on prétendait encore qu'elle avait traité de *sempiternelle* une femme de trente-six ans, et que le jour où les duchesses et autres étaient venues lui faire la révérence en paniers et en grande cérémonie, elle s'était pincé les lèvres afin de retenir un accès d'hilarité que lui causait la vue de ces dames, forfait impardonnable dans une reine de dix-huit ans.

Ces griefs puérils devinrent plus sérieux lorsque les Richelieu, les Rohan, et tout ce qui tenait aux familles en demi-disgrace, se joignirent aux aboyeurs de la cabale Choiseul. La reine augmenta encore leur mauvaise humeur en se choisissant une société intime dont ils ne firent point partie ; chacun se fit un prétexte de son exclusion pour clabauder : elle eut des détracteurs dans tous ceux qu'elle ne distinguait pas par quelques faveurs particulières ; on lui fit un crime de ses moindres imprudences ; on alla même jusqu'à la calomnier dans ses affections les plus pures.

Cette hostilité contre Marie-Antoinette s'annonça presque dès le commencement de son règne : ses bonnes graces avaient trop de prix pour que ceux à qui elle les refusait pussent le lui pardonner ; malheureusement cette défaveur s'étendit de la cour à la ville ; il n'y eut pas de sot bruit qui ne trouvât un écho dans les salons, et puis un autre jusque dans les boutiques.

Nos tantes auraient pu détourner une partie du mal, mais il leur aurait fallu plus de lumières et à Marie-Antoinette plus de confiance à leur égard ; elle les croyait prévenues contre elle ; peut-être penchait elle trop pour cette maxime : *qui n'est pas pour moi, est contre moi*, et leur savait-elle mauvais gré de ne pas l'avoir aidée dans son projet de rappeler le duc de Choiseul ; mais les princesses étaient trop pieuses pour protéger un homme qu'elles regardaient comme un des protecteurs de la philosophie.

D'ailleurs mesdames ne nous approchaient pas après la mort de leur père, par mesure de sûreté; effectivement elles furent attaquées quelque temps après de la même maladie, et nous ne les vîmes que pendant le voyage de Compiègne.

Outre les intrigues ministérielles, un grand combat devait se livrer, qui devait décider le retour de l'ancienne magistrature ou consolider la nouvelle. Les partisans de la première tenaient beaucoup à ce que le parlement existant ne fût pas admis à saluer le roi, ce qui eût semblé une confirmation de son droit; aussi s'agita-t-il de mille manières pour ou contre cette formalité.

M. de Maurepas, déjà déterminé à faire revivre un corps éteint, n'était cependant point préparé encore à cette grande entreprise. Il conseilla donc au roi de recevoir le parlement Maupeou, sans s'inquiéter des suites. Le chancelier, ne se sentant pas de joie, vint en cérémonie avec son corps voir Louis XVI, qui répondit à son compliment par ce peu de mots :

« Je reçois avec plaisir les respects de mon par-
« lement ; qu'il continue à remplir ses fonctions
« avec zèle et intégrité, et il peut compter sur ma
« protection et ma bienveillance. »

La reine, que cette compagnie alla saluer ensuite, lui dit à son tour :

« En travaillant pour l'autorité du roi et pour
« le bonheur de ses sujets, vous pouvez compter,
« messieurs, sur ma bienveillance. »

On pouvait prendre en bonne part les deux réponses ; mais le chancelier ne pouvait s'empêcher de concevoir des craintes, qu'il me manifestait de vive voix et par écrit. Il avait l'habitude de me parler avec une franchise qui me plaisait beaucoup. Je reçus, dans les premiers jours de juillet suivant, une lettre de lui que j'ai conservée et que je vais joindre ici, afin de donner une idée de son style et de ses opinions (1).

« Monseigneur,

« Je ne puis dissimuler à votre altesse royale que
« je regarde la cause de la couronne en aussi grand
« péril que la mienne, car je les ai fondues par le
« grand acte que j'ai conçu et exécuté. Je sais de
« bonne part que M. de Maurepas aime les *revenans* et que le roi n'en a pas peur ; la reine sollicite aussi pour eux, étant loin de se douter de la
« manière dont ils reconnaîtront ses bontés ; elle a
« avant-hier traité longuement de ce point avec

---

(1) Cette lettre est autographe et annexée au manuscrit entre les mains de l'éditeur. (*Note de l'éditeur.*)

« la princesse de Lamballe, la comtesse de Gram-
« mont, la marquise d'Adhémar, et deux ou trois
« autres dames admises au conseil de la reine. Sa
« majesté a dit également que M. de Maurepas lui
« avait promis le retour de l'ex-parlement pour ses
« étrennes ; j'ai voulu hier m'expliquer avec le mi-
« nistre, qui, au lieu de me répondre, s'est mis
« à fredonner la nouvelle chanson de Collé. Cette
« manière inattendue de traiter des affaires de cette
« importance m'a paru du moins neuve, sinon
« convenable ; j'ai insisté, M. de Maurepas a battu
« la campagne. Je me plais à croire que cet oubli
« de tout décorum est moins chez lui une habitude
« qu'une ruse qu'il emploie pour éluder toute ré-
« ponse catégorique. J'admire cette manière de
« mettre la politique en chansons ; mais elle doit
« moins étonner de la part d'un homme qui fut
« jadis célèbre par ses petits vers.

« Ne pouvant obtenir rien de positif, ni même de
« raisonnable du ministre, je me suis retiré ; il ne
« me reste donc plus d'espoir qu'en vous, mon-
« seigneur : daignez voir M. de Maurepas ; cher-
« chez à lui dessiller les yeux sur le danger qu'il
« médite : il est plus facile de consolider que de
« rebâtir. Si on rappelle les anciens parlemens,
« ils auront à venger leur injure, à s'affermir, à
« augmenter leur pouvoir ; ils tyranniseront le gou-
« vernement sans rendre plus heureux les justicia-
« bles. Vous m'avez paru persuadé de ces vérités,
« Dieu veuille que vous les fassiez adopter aux

« autres : la France vous en aura une immense
« obligation. Quant à la mienne, elle vous est ac-
« quise à jamais, ainsi que mon entier dévouement.
« Vous m'avez autorisé à la franchise dans mes
« communications, j'en use.

« J'ai l'honneur d'être, monseigneur, avec un
« profond respect, de votre altesse royale, etc. »

# CHAPITRE XVIII.

Politique du comte de Provence. — Comment il agit envers M. de Maurepas. — Il va chez lui. — Le ministre lui chante une nouvelle chanson de Collé. — Conversation futile. — Le comte de Provence a peine à entamer le sujet du parlement avec le comte de Maurepas. — Le sort de chacun est décidé. — Le comte de Provence écrit un mémoire sur cette matière. — Il en cause avec le roi. — Arrogance des anciens parlementaires. — Prévisions du chancelier. — Service funèbre à Saint-Denis. — Le duc d'Orléans se brouille avec la cour. — Succès du comte de Provence, que ne partage pas le comte d'Artois. — Bonté de Louis XVI. — Avec quelle grace il donne le petit Trianon à la reine. — Comment elle reçoit ce cadeau.

J'aime à croire que la sollicitude du chancelier pour les intérêts de la couronne et de la France était grande; mais je suis plus persuadé encore que dans cette circonstance ses intérêts personnels l'occupaient avant toute autre chose. En effet, il avait tout à redouter de l'ancienne magistrature, qui pouvait, si elle rentrait en grace, le mettre en jugement, et rendre contre lui un arrêt infamant. Il devait donc faire tous ses efforts pour l'empêcher de renaître. Cependant l'avantage de l'état s'y trouvait aussi, et c'est ce qui me décida à le seconder dans cette entreprise.

Je m'étais imposé la loi de conformer ma volonté politique à celle du roi mon frère, et je l'exprimai plus tard en disant qu'en marchant après lui, je poserais mon pied où il avait mis le sien; c'était annoncer clairement que quelque résolution qu'il adoptât je la ferais mienne; mais en même temps je m'étais réservé de lui communiquer mes observations sur les mesures qu'il voudrait prendre, afin de n'avoir rien à me reprocher dans ma double qualité de frère et de premier sujet. En montant sur le trône j'ai prétendu que mon frère devait s'imposer le même rôle; j'espère n'avoir du moins rien exigé que ce que j'avais toujours fait moi-même.

Avant de m'adresser au roi, je voulus d'abord sonder les intentions du comte de Maurepas; car, malgré mon rang, je ne savais jamais directement aucun secret d'état, ne siégeant point au conseil; je n'apprenais rien qu'à la dérobée, ou en provoquant l'indiscrétion des uns et des autres. La reine observait envers moi un rigoureux silence sur cette matière; le roi ne me montrait guère plus de confiance, et cependant j'étais forcé de dissimuler mon ignorance à l'égard des courtisans, afin de ne rien perdre de mon importance.

On dit que je tiens à l'étiquette; en effet, je la crois nécessaire pour maintenir la dignité d'un rang élevé; néanmoins je sais m'en affranchir lorsque je le crois utile aux intérêts de l'état ou aux miens : par exemple, je compris qu'il était indispensable de la mettre de côté si je voulais obtenir quelque crédit auprès de M. de Maurepas ; je m'étais donc mis sur le pied d'aller le voir sans cérémonie aux heures où je le savais moins occupé, et en cela j'imitais le roi qui montait chez lui à tous momens, car à Versailles son appartement était situé au dessus de celui de Louis XVI.

Ce ministre, quoique vieux, avait une manie, celle de plaire à tout le monde : il en est de moins agréables ; mais en politique c'est la manie d'un fou. Mes avances parurent le flatter : j'affectais une grande confiance dans ses conseils ; nous nous entretenions ensemble des arts, qu'il ne connaissait guère, de la littérature, qu'il ne possédait que superficiellement ; nous faisions assaut de science et de mémoire, et je dois dire que je n'étais pas le plus faible. Il me chantait aussi quelquefois d'une voix chevrotante les chansons politiques composées depuis la Fronde jusqu'à nos jours ; de mon côté je lui récitais les plus beaux passages de nos grands maîtres anciens et modernes ; bref, il trouvait un vrai plaisir dans ses rapports avec moi, auxquels j'avais soin cependant de ne pas donner trop d'intimité, afin de ne point exciter les soupçons.

Le ministre ne fut donc pas étonné, lorsque je me rendis sans bruit dans son cabinet après avoir reçu la lettre du chancelier ; nous causâmes d'abord de choses indifférentes, de la duchesse de Grammont, qui était aux eaux de Barège, et qui avait failli mourir de joie en apprenant les changemens survenus dans l'état, bien que par la suite elle eût moins sujet de s'en réjouir. Il me fallut écouter à mon tour cette chanson de Collé, que j'aime à transcrire ici comme un échantillon du genre d'opposition que se permettaient alors les gens d'esprit.

>Or, écoutez, petits et grands,
L'histoire d'un roi de vingt ans,
Qui va nous ramener en France
Les bonnes mœurs et l'abondance.
D'après ce plan que deviendront
Et les catins et les fripons?

>S'il veut de l'honneur et des mœurs,
Que deviendront nos grands seigneurs?
S'il aime les honnêtes femmes,
Que deviendront nos belles dames?
S'il bannit les gens déréglés,
Que feront nos riches abbés?

>S'il dédaigne un frivole encens,
Que deviendront les courtisans?
Que feront les amis du prince,
Autrement nommés en province?
Si ses sujets sont ses enfans,
Que deviendront les partisans?

>S'il veut qu'un prélat soit chrétien,
Un magistrat homme de bien,
Combien de juges mercénaires,

D'évêques et de grands vicaires,
Vont changer de conduite. *Amen.*
*Domine salvum fac regem.*

— Peut-on mettre plus de sel et de malice? disait M. de Maurepas à la fin de chaque couplet ; on ne saurait trop propager cette charmante chanson en France.

— D'autant mieux, répliquai-je, qu'elle console de tout ; Mazarin aurait raison aujourd'hui comme au temps de la Fronde : *cantoun, cantoun, pagaram.*

— Oui, monseigneur, car quand ils chantent ils s'exécutent ; je les craindrai lorsqu'ils se tairont.

— Alors, vous ne pouvez en avoir peur maintenant, car leur faconde est intarissable.

— Ils ont tant souffert sous l'ancien régime!

— Aussi s'en dédommagent-ils amplement aujourd'hui, et je souhaiterais qu'on n'ajoutât pas à leur satisfaction en leur accordant plus qu'ils n'ont.

— Il y a cependant encore beaucoup à faire, dit M. de Maurepas, en hochant la tête et clignant les yeux, selon son usage, lorsqu'il traitait un sujet important; ce qui, par parenthèse, donnait au digne ministre un air fort niais, lorsqu'il croyait inspirer le respect sous cette apparence de recueillement. Oui, poursuivit-il, je le répète, il y a beaucoup à faire ; le règne de Louis XVI doit être celui du bonheur du peuple.

— On l'affermira, monsieur le comte, en consolidant les institutions actuelles.

— Ceci est une question épineuse, monseigneur; il ne faut pas heurter l'opinion publique.

— Le roi voudrait-il donc renverser l'ouvrage de Louis XV, dont nous ne pouvons trop nous glorifier?

— Vous devez vous apercevoir, monseigneur, que la nouvelle magistrature ne jouit d'aucune considération, et, entre nous soit dit, elle n'en mérite guère.

— Vous savez, monsieur le comte, qu'en toutes choses les commencemens sont toujours difficiles, et votre jugement me semble un peu sévère. Avant que ce corps soit apprécié à son juste mérite, il faut qu'il ait le temps de se faire connaître.

— Je crois que ce nouveau-né du chancelier est menacé de rester long-temps dans l'enfance, s'il parvient jamais à l'âge mûr; et avant que nous puissions jouir de sa raison, il nous faudra d'abord supporter toutes ses folies; Dieu sait même si elles ne nous survivront pas.

Je reconnus dans ces paroles l'égoïsme d'un vieillard qui ne voulait rien voir au delà de sa carrière, et s'intéressait plus au présent qu'au bien-être des générations futures. Je vis également que l'amour-propre seul l'engagerait à détruire l'œuvre d'une politique sage, pour chercher les applaudissemens d'une popularité passagère. Ne croyant pas le moment favorable pour le combattre de vive voix, je me contentai de lui dire :

— J'ai, monsieur le comte, un mémoire à vous confier, que j'ai rédigé sur cette matière; je désirais le présenter à mon frère, mais avant je serais bien aise de savoir ce que vous en pensez.

— Il me sera toujours agréable de m'éclairer de vos lumières, me répondit M. de Maurepas avec une modestie feinte dont je ne fus pas dupe. Vous avez raison, monseigneur, de vous occuper de ce qui regarde le bien de l'état; confiez-moi votre travail, et je vous promets de vous en dire franchement mon opinion.

Je promis au ministre de le lui apporter le lendemain, car je l'avais déjà préparé, tant sur mes propres notes que sur des documens que m'avait fournis le chancelier. Ce mémoire formait un cahier de seize pages in-folio, écrites de ma main, n'ayant voulu en confier la copie à personne. Je regrette de ne pouvoir le transcrire ici, mais il a été égaré avant la révolution, ou peut-être dérobé par un amateur, avec l'intention de le faire imprimer après ma mort. Dans tous les cas, s'il est jamais mis sous les yeux du public, je puis en certifier à l'avance l'authenticité.

Je quittai le comte de Maurepas, bien convaincu que le pouvoir de la nouvelle magistrature était sur son déclin, et désolé de voir que le règne de mon frère commençait sous de si fâcheux auspices. Je ne manquai pas cependant de retourner le jour suivant chez le ministre, auquel je remis mon mémoire qui aurait dû faire une impression sur des esprits moins prévenus, car je me flattais d'avoir employé une logique aussi juste que convaincante.

M. de Maurepas le lut avec moi, s'extasia sur la force et la profondeur de mes pensées, et me promit de prévenir le roi en faveur de mon œuvre. Effectivement, étant allé deux jours après chez mon frère, je saisis l'instant où nous étions sans témoins pour lui dire que sachant que la question relativement aux deux parlemens allait bientôt être agitée, j'avais fait un petit travail à ce sujet que j'étais bien aise de lui soumettre. Le roi prenant le mémoire que je lui présentai, me répondit :

— Je ne doute pas, mon frère, que vos raisonnemens ne soient fort justes; mais tant de gens dont j'apprécie les talens et la sagacité me parlent dans un sens si contraire, que je suis forcé de m'en rapporter à leur opinion. En dernier résultat, mon seul but est de faire le bonheur de mes peuples; et puisque la nation entière désire l'ancienne magistrature, je ne puis la lui refuser.

— Prenez garde, sire, que cette résolution n'ait de funestes conséquences. Par exemple, si les anciens parlemens sont rétablis, vous devez vous attendre au scandale de voir mettre en jugement le chancelier, pour avoir exécuté les ordres du feu roi.

Louis XVI parut réfléchir un moment, puis il reprit :

— Je ne souffrirai point un tel acte, dont l'opprobre rejaillirait sur nous tous.

— Méfiez-vous, mon frère, de ces gens de robe, qui savent donner l'apparence de la justice à une rigueur que rien ne peut fléchir.

Ces paroles ne furent pas perdues; le roi se hâta d'en causer avec son mentor. Celui-ci, qui prêtait toujours aux autres ses intentions toutes bénignes, n'avait jamais songé que les parlemens, en rentrant, dussent sortir des bornes de la modération. Afin de savoir à quoi s'en tenir, il en fit toucher quelque chose aux chefs, et entre autres à M. d'Aligre, premier président. On sut alors que le projet de ces messieurs était, dès qu'ils auraient le pouvoir en main, non seulement d'assigner le chancelier, mais encore tous les magistrats du grand conseil et autres, qui avaient siégé à leur place.

Il fallut négocier avec eux pour les faire renoncer à cette indigne vengeance, et ne leur accorder leur rappel qu'à cette condition. Les nombreuses démarches auxquelles cette négociation donna lieu, furent cause du retard qu'on mit à les rétablir dans leurs fonctions.

Je n'avais pas attendu au dernier moment pour annoncer à M. de Maupeou qu'il devait renoncer à toute espérance, et il me répondit:

— Je dois déclarer à votre altesse royale que le roi ne sera pas un an sans se repentir de la faute qu'on veut lui faire commettre. Les parlemens, en reprenant leurs fonctions, reprennent toutes leurs exigences. Le roi voudra les détruire ; on gémira de ne pouvoir tenter ce coup d'état. Quant à moi, j'ai fait mon devoir ; et si l'on me refuse justice aujourd'hui, les générations futures seront plus équitables à mon égard.

J'étais presque attendri en écoutant le chancelier ; il me semblait que ses paroles avaient quelque chose de prophétique ; néanmoins je ne pouvais penser alors que Louis XVI, avant de succomber lui-même, détruirait une seconde fois les parlemens, donc il voulait maintenant rétablir la puissance.

J'appris bientôt après que cette imprudente résolution était définitivement arrêtée ; mais le roi ne voulant point encore déclarer son projet, conservait quelques ménagemens envers la magistrature qu'il s'apprêtait à frapper. Un service funèbre devant être célébré dans l'église abbatiale de Saint-Denis pour la mémoire du feu roi, on convoqua les princes du sang. Les ducs d'Orléans et de Chartres refusèrent d'y paraître, sous prétexte qu'ils ne voulaient pas reconnaître le parlement en exercice en lui faisant le salut d'étiquette obligé. Louis XVI prit fort mal cette fantaisie ; il prétendit que cette formalité n'était qu'un hommage rendu au feu roi, et qu'on ne pouvait s'y refuser sans lui manquer à lui-même. Les deux princes ayant persisté, un ordre leur interdit de se présenter à la cour : c'était une sorte d'exil. Dès les premiers mois du règne de mon frère, les princes du sang commencèrent ainsi à lever l'étendard de la résistance, et cette conduite produisit d'autant plus d'effet, que les ducs d'Orléans et de Chartres s'étant rapprochés de notre aïeul, auraient dû reconnaître le parlement qui lui devait son existence. Ils allèrent rejoindre le prince de Conti, toujours en disgrace, et que Louis XVI tenait éloigné de sa personne, ainsi qu'il l'avait été de son prédécesseur.

Le service funèbre eut lieu, le mercredi 27 juillet, avec une grande pompe. On tâcha de réparer en cette circonstance le scandale des obsèques de Louis XV. Je conduisis le deuil en vertu de mon rang, secondé par le comte d'Artois et le prince de Condé qui, depuis sa réconciliation, s'exécutait franchement. Le duc de Bourbon remplit aussi avec beaucoup de grace ses fonctions de grand-maître de la maison du roi.

Nous étions entourés d'une cour nombreuse. Le clergé abbatial fut augmenté ce jour-là de quarante évêques, outre les soixante qui résidaient à Paris. Le cardinal de La Roche-Aymon officia en sa qualité de grand aumônier; il était encore frais et dispos, bien que la date de sa naissance remontât à 1697.

Aurai-je la vanité de dire que pour la seconde fois que je paraissais en public, j'obtins un succès flatteur. Je sus conserver ce milieu si difficile à saisir entre la dignité et l'aisance, et j'eus l'approbation générale. Les gazettes en parlèrent, il en fut même question dans les Mémoires secrets de Bachaumont, qui, bien que m'étant quelquefois peu favorables, sont cependant très véridiques sous plusieurs points. Le comte d'Artois ne fut pas aussi heureux que moi dans cette circonstance; il avait un air guindé et boudeur, marchait tout d'une pièce, et l'ennui qui se peignait sur son visage indisposa contre lui les spectateurs.

En général, mon jeune frère se montrait peu gracieux dans les cérémonies d'apparat; il réservait toute son amabilité pour les sociétés intimes, tandis qu'il était hautain et peu affable envers le public. Faut-il s'étonner si, dans des momens difficiles, il trouva ce public plus sévère pour lui que pour moi.

Nous eûmes pour prédicateur M. de Sencez, dont on n'avait point encore oublié la prédication des quarante jours. Son oraison funèbre, à laquelle le souvenir donnait plus de solennité, brilla de plusieurs traits d'éloquence. On rendit justice au style, mais on attaqua le fond, qui laissait voir que ce prélat regrettait plus les jésuites que l'ancien parlement.

Plusieurs événemens peu importans, qui eurent lieu avant cette cérémonie, contribuèrent à prouver la douceur du nouveau règne. On remarqua, par exemple, la manière obligeante avec laquelle le roi retira au comte d'Hargicourt son régiment de royal Dauphin pour le donner à M. de Ronay. Sa Majesté lui écrivit que, si sa carrière était terminée comme courtisan, faisant allusion à son titre de beau-frère de madame Dubarry, il en trouverait toujours une ouverte dans ses armées; et que, ne pouvant le conserver à la tête de son corps, il lui donnait pour dédommagement le régiment de Champagne, en attendant qu'il lui accordât plus tard la permission de venir lui faire sa cour.

Louis XVI, craignant d'avoir mécontenté la reine en refusant son protégé, lui dit dix ou douze jours après la mort de Louis XV :

— Je sais que vous aimez beaucoup les fleurs et le jardinage, et aujourd'hui que je puis satisfaire votre goût, je vous prie d'accepter, pour votre usage particulier, le grand et le petit Trianon. Ces lieux ont toujours été le séjour des favorites des rois, ils doivent donc être le vôtre.

Cette galanterie, qui était si loin des habitudes du roi, prouvait à quel point il aimait sa femme. Marie-Antoinette en connut tout le prix, et elle lui répondit avec un sourire mêlé de grace et de finesse :

— Je ne veux point abuser de vos dons en acceptant l'un et l'autre, le petit Trianon suffira à mes désirs ; mais en le recevant de votre main, j'y mets une condition : c'est que nul ne s'y présentera sans être invité ; je n'en excepte pas même celui à qui je le devrai.

Le roi se récria sur cette rigueur inattendue ; cependant il s'y soumit de bonne grace. La reine, devenue maîtresse absolue du petit Trianon, confia d'abord le soin de son embellissement au comte de Caraman, grand dessinateur de jardins à l'anglaise, puis en second lieu à son architecte Bellangé. Elle ne tarda pas à le prendre en affection, en fit son palais de retraite, comme son boudoir des champs. Elle en jouit trop peut-être, car elle acheva d'y perdre le respect pour l'étiquette, sans lequel le prestige de la royauté ne peut se maintenir qu'imparfaitement. Ce fut de l'intimité de Trianon que découla une foule de maux qui se répandirent sur la France ; aussi ce n'est qu'avec un plaisir mêlé de regrets que je me rappelle les fêtes de ce séjour enchanteur.

## CHAPITRE XIX.

Caractère de Marie-Antoinette. — Anecdote du marquis de Pontécoulant. — Ce que la reine en dit au comte de Provence. — Madame de Langeac veut se battre en duel. — Levée du scellé royal. — Dispositions testamentaires de Louis XV. — Le roi, le comte et la comtesse d'Artois, et le comte de Provence, se font inoculer. — Mort de madame de Valentinois. — La conduite de la princesse de Monaco irrite le roi. — Conversation du comte de Provence à ce sujet avec Louis XVI. — Désespoir du prince de Condé. — Rudesse du roi à son égard. — Tout s'arrange. — M. de Maurepas et le comte de Provence. — Exil du chancelier. — M. de Miromesnil. — M. de Sartines. — M. Turgot. — Dialogue politique avec la reine.

Je crois avoir dit que Marie-Antoinette revenait difficilement de ses préventions, et qu'elle avait peine à oublier une injure ; cependant, dans plusieurs circonstances, au commencement de son règne, elle se montra de manière à faire honneur à son caractère. Je me plais à en citer des exemples, car je tiendrai toujours à la peindre sous l'aspect le plus favorable, lorsque je pourrai le faire sans blesser la vérité. Ses malheurs et son injustice envers moi m'en font d'ailleurs un devoir.

J'ai déjà rapporté avec quelle magnanimité elle pardonna à la comtesse Dubarry, qui, dans sa faveur, ne l'avait pas ménagée. La reine défendit de tout outrage l'ex-favorite, et ne souffrit pas qu'on la dépouillât d'aucun des dons qu'elle tenait de la munificence royale. Elle la laissa jouir en repos d'une fortune immense qu'on aurait pu lui disputer équitablement; et, satisfaite de sa propre grandeur, Marie-Antoinette crut en hausser l'éclat en ne la faisant pas peser sur une femme abandonnée de tout le monde, et qui n'aurait trouvé nul asile contre son courroux.

Peu de temps après la mort de Louis XV, la reine eut encore l'occasion de se montrer avec avantage. Il y avait au château le marquis de Pontécoulant, major des gardes-du-corps, homme de la vieille roche, un peu raide dans son maintien, faisant mieux son service militaire que celui de courtisan, et ne connaissant que le roi et l'ordonnance. Marie-Antoinette, lorsqu'elle n'était encore que dauphine, ayant exigé du marquis je ne sais quelle démarche qui ne lui convenait pas, il refusa en prétextant ses instructions; enfin, il mécontenta la princesse au point qu'elle fit serment de ne jamais oublier cette offense.

Le roi mourut sur ces entrefaites. M. de Pontécoulant, certain que son renvoi ne tarderait pas à lui être signifié, voulut prendre les devants. Il alla trouver le prince de Beauvau, capitaine des gardes, auquel il fit part de son projet, en lui expliquant le motif qui l'engageait à se retirer du service. M. de Beauvau, après avoir reçu la démission de cet excellent officier, au lieu de la porter au roi, alla sur-le-champ trouver la reine, chez laquelle j'étais dans ce moment, et lui conta, avec autant de délicatesse que de franchise, la douleur du marquis de Pontécoulant, et sa détermination de complaire à sa majesté en éloignant de ses yeux un serviteur qui paraissait lui être désagréable.

Une rougeur subite colora le front de la reine; puis, faisant un violent effort sur elle-même pour paraître calme, elle répondit au capitaine des gardes :

— En vérité, M. de Pontécoulant a plus de mémoire que moi. La reine de France ne doit plus se rappeler des griefs de la dauphine, et vous pouvez dire, de ma part, au marquis, que je serais fâchée que le roi perdît, par ma faute, un de ses meilleurs serviteurs.

Ces paroles, que la reine prononça avec un accent plein de noblesse, m'attendrirent malgré moi, ainsi que le prince de Beauvau, et par un mouvement spontané, nous osâmes prendre la main de la princesse et la porter à nos lèvres.

— Il paraît, ajouta Marie-Antoinette, que mon courroux vous causerait moins de surprise?

— Ah, madame! rien de ce qui est bien ne peut

nous surprendre, venant de vous, me hâtai-je de répondre.

Le prince ne se montra pas moins galant; puis je pris congé de ma belle-sœur, empressé, dans mon enthousiasme, d'aller répandre ce trait charmant. Le marquis de Pontécoulant en conserva à la reine une reconnaissance qui dura jusqu'à sa mort, et moi je répétai à plusieurs reprises cette maxime de Sénèque parfaitement adaptée à la circonstance :

> *Hoc reges habent*
> *Magnificum et ingens, nulla quod rapiat dies,*
> *Prodesse miseris.*

« Le plus beau privilége des rois est d'être utiles aux « malheureux; le temps ne peut rien contre la gloire qu'ils « en retirent. »

Je voudrais citer, à côté de ces souvenirs touchans de la reine de France, quelques traits fort plaisans qui nous amusaient beaucoup, et, dans le nombre, le motif pour lequel la marquise de Langeac fut exilée. Cette dame, amie intime du duc de La Vrillière, et même quelque chose de plus, disait la chronique scandaleuse, était encore soupçonnée de n'être pas très délicate en matière d'intérêts. On prétendait que les lettres de cachet dont *petit saint* (M. de La Vrillière) était le dispensateur, rapportaient à cette dame des sommes considérables. Toute la considération des Langeac reposait sur le crédit du secrétaire-d'état qui ne tenait plus qu'à un fil.

Le marquis de Langeac, fils aîné de l'amie de M. de La Vrillière, avait des prétentions à la main de la sœur de M. d'Égreville : chacun s'étonnait que celui-ci approuvât un tel hymen. Quelqu'un lui en ayant parlé, il répondit qu'il ne pouvait s'opposer à la volonté d'une veuve qui avait le droit de contracter de nouveaux nœuds, si bon lui semblait ; mais que, quant à lui, il ne se trouverait nullement flatté d'une alliance avec les Langeac et l'amant de la famille.

Ces paroles, qui furent rapportées charitablement à la marquise, la rendirent furieuse : elle exigea que son fils en demandât raison à M. d'Égreville. Celui-ci accepte le duel qui lui est proposé : les deux adversaires se rendent sur le lieu du combat ; mais ils rencontrent en route des gardes du tribunal de la connétablie qui les arrêtent, les amènent devant les juges, et le marquis de Langeac, en sa qualité d'agresseur, est condamné à une détention de six mois.

La sentence rendue, on croyait l'affaire terminée ; mais madame de Langeac, voyant sa vengeance prête à lui échapper, s'arme de courage : semblable à une héroïne des vieux âges, elle envoie un cartel dans toutes les formes à M. d'Égreville, qu'elle veut punir à défaut de son fils, et lui propose de vider la querelle à l'anglaise, c'est-à-dire au pistolet. M. d'Égreville, ne pouvant sans ridicule accepter un tel défi, renvoie l'affaire aux maréchaux de France, qui font admonester l'amazone. Celle-ci, ne gardant plus de mesure, écrit à ces messieurs eux-mêmes en termes si extravagans, que le tribunal se voit forcé de transmettre la lettre au roi.

Sa Majesté, pensant que l'instant était venu de punir la marquise de tous ces méfaits, manda M. de La Vrillière, et lui enjoignit de signer sur-le-champ une lettre de cachet qui exilait madame de Langeac à cinquante lieues de Paris. Il est facile de se figurer la consternation du *petit saint* à cet ordre inattendu, prononcé d'un ton qui ne laissait pas de réplique.

Le roi espérait que cette rigueur amènerait M. de La Vrillière à donner sa démission, ne pouvant se décider à le renvoyer lui-même par égard pour M. de Maurepas qui le protégeait. Mais celui-ci était trop habile courtisan pour ne pas savoir supporter une offense lorsque ses intérêts en dépendaient.

Louis XVI revint momentanément à Versailles, afin d'assister à la levée des scellés. Le bruit s'était répandu qu'on trouverait dans le trésor une somme considérable en billets de caisse et autres effets. On parlait d'environ trente millions, et l'on ne trouva que zéro, car ils avaient disparu. Qui s'en était emparé? c'était là le secret. Les soupçons tombèrent d'abord sur madame Dubarry et sur son beau-frère; mais on ne tarda pas à reconnaître qu'ils étaient sans fondement. La cassette particulière renfermait seulement dix-sept mille louis en or. On signala un testament dont on ignorait l'existence, écrit de la main du feu roi, et daté du 16 février 1766. Louis XV exprimait dans cette pièce le désir que ses obsèques se fissent avec une extrême simplicité, et que ses entrailles fussent portées au chapitre de Notre-Dame de Paris. Malheureusement un tel legs ne pouvait guère être exécuté, à cause de la putréfaction qui s'était mise dans cette partie de son corps.

Ce testament donnait à mes tantes deux cent mille francs de rente, outre l'entretien de leur maison qui devait rester à la charge de l'état. Ces revenus seraient répartis, à la mort de l'une des princesses, entre les survivantes, et ainsi de suite jusqu'à la dernière. Les diamans, les bijoux autres que ceux de la couronne, et qui formaient l'écrin particulier du feu roi, devaient être partagés également entre nous trois, nos deux sœurs et nos trois tantes. Louis XV laissait à chacun de ses enfans illégitimes la somme de cinq cent mille francs une fois payée.

Mais en revanche il ne léguait nulle marque de souvenir au duc de Richelieu ni à M. de Chauvelin, qu'il parut avoir complètement oubliés. La maréchale de Mirepoix prétendait que notre aïeul s'était engagé à lui laisser à sa mort cent mille écus comptant et un surcroît de pension de vingt mille francs ; mais elle ne put en fournir les preuves.

Elle s'adressa à moi pour me prier d'en parler à mon frère afin qu'il fît chercher plus soigneusement un codicille qu'elle disait exister dans les papiers du feu roi. On ne trouva rien, et la pauvre maréchale en fut pour ses démarches, car le roi refusa de la dédommager de cette perte, ainsi qu'elle finit par le demander en dernière ressource.

Peu de jours après, nous nous soumîmes, mes frères et moi, à l'inoculation de la petite-vérole, tant cette maladie, qui avait terminé les jours de Louis XV, nous causait d'effroi. C'était donner un démenti formel à l'arrêt que le parlement avait décreté contre cette mesure conservatrice. Nous fûmes inoculés à Marly le 19 juin, par le sieur Richard, surnommé Sans-Peur, en raison de l'entreprise hardie dont il se chargeait.

La comtesse d'Artois imita notre exemple. Ce fut un grand événement dans le public; il fit baisser les fonds royaux tant on en redoutait les conséquences. Le plus heureux succès fit taire les alarmes que les ennemis de l'inoculation affectaient de répandre. Nous fûmes complètement rétablis le 30 juin; on ne pouvait espérer une plus prompte guérison.

Tandis que nous prenions un second bail de vie, la comtesse de Valentinois succombait aux chagrins que lui causait son changement de position, auquel elle ne pouvait s'accoutumer. Marie-Antoinette, qui n'avait point oublié la basse servilité de cette dame envers l'ex-favorite, m'avait déjà engagé plusieurs fois à forcer la comtesse de donner sa démission. Je m'y refusais d'abord, autant par bonté d'ame que par la crainte qu'on ne mît à sa place une personne qui ne me serait pas dévouée.

Madame de Valentinois, qui mourut sur ces entrefaites presque subitement, mit fin à mon embarras. Son testament fit grand bruit; elle déshéritait en quelque sorte sa famille, en instituant la marquise de Fitz-James sa légataire universelle. Elle donnait au comte de Stainville sa maison de plaisance de Passy, dix mille livres de rente viagère au procureur Bondot, son homme d'affaires. Sa succession, outré d'autres legs particuliers, montait à plus de quarante mille écus de rente.

Madame de Valentinois fut remplacée par la duchesse de la Vauguyon, dame d'atours de la comtesse de Provence, et la charge de cette dernière échut à la comtesse de Guiche.

Immédiatement après la mort de madame de Valentinois, le roi traita assez sévèrement sa plus proche parente, la princesse de Monaco. Cette dame vivait ostensiblement avec le prince de Condé, qui, pour être plus libre dans leurs amours, avait, dès 1771, engagé le parlement à reprendre ses fonctions, suspendues avant sa destruction définitive, pour juger la cause de séparation entre la princesse de Monaco et son mari. Ce dernier avait donc eu la douleur de se voir enlever judiciairement sa femme sans pouvoir lutter contre l'influence de rival.

Le prince de Condé, depuis sa réconciliation avec la cour, ne conservait aucune mesure ; sa liaison avec madame de Monaco causa enfin un tel scandale que Louis XVI en prit de l'humeur. On ne saura jamais jusqu'à quel point le jeune roi poussait la sévérité des mœurs. La débauche et l'adultère lui causaient une horreur invincible ; il ne pouvait donc approuver la conduite du prince. Les choses en étaient à ce point lorsque, me promenant un jour avec lui à Marly, il me dit :

— Je vois avec peine que la corruption règne partout, même dans les classes les plus élevées, qui devraient donner le bon exemple ; il est temps de mettre un frein à tant de désordre, et j'y songe sérieusement ; mais, pour que le châtiment porte coup, il faut que la personne appelée à le subir soit d'un rang supérieur.

— Je demandai au roi l'explication de ces paroles.

— La voici, me répondit-il : Je suis décidé à faire enfermer madame de Monaco dans un couvent, car je ne puis souffrir plus long-temps sa liaison scandaleuse avec le prince de Condé.

Je me récriai en faisant observer à mon frère le mécontentement qu'il allait faire éclater chez le prince.

— Que m'importe, me répondit sa majesté ; je ne veux point être accusé de protéger le vice chez les grands.

Je priai le roi de me permettre du moins d'annoncer sa résolution à notre cousin, afin qu'il s'éloignât lui-même de madame de Monaco.

— Non, répliqua le monarque, cette rupture ne serait que simulée; d'ailleurs il faut un exemple qui frappe, et celui-ci atteindra le but que je me propose.

En effet, une lettre de cachet vint tomber comme la foudre sur la princesse : il lui était enjoint de se retirer sur-le-champ dans une maison religieuse. Le prince de Condé, étourdi, vint en toute hâte trouver le roi à Marly, se flattant de le désarmer; mais mon frère le reçut mal, et lui dit avec sa brusque franchise :

— Je suis surpris, monsieur, que vous preniez la défense d'une femme qui, mettant toute pudeur de côté, se sépare d'un époux légitime pour vivre avec un amant. Si de tels sentimens se trouvent chez les princes, que pouvons-nous espérer des classes inférieures ?

Le prince de Condé, atterré par ces paroles sévères, s'excusa sur la violence d'un amour que ni l'un ni l'autre n'avaient pu dompter.

— Je conçois l'amour lorsqu'il est légitime, reprit Louis XVI, en veritable *uxorius rex*, comme disait Horace : l'amour légitime est une vertu, tout autre est un vice ou un crime. Une femme qui est séparée de son mari doit vivre dans la retraite. Ma résolution à l'égard de madame de Monaco est irrévocable, et si vous tenez à ne pas me déplaire, vous n'insisterez pas davantage.

Le prince de Condé s'éloigna furieux et désespéré ; il accusa le reine d'être l'instigratrice de cette décision du roi, parce qu'elle voulait punir madame de Monaco d'avoir prit part à la cabale que madame Dubarry avait formée contre elle. Dès ce moment il se rangea parmi ses détracteurs, et ce fut de son palais que sortirent plus tard les premiers pamphlets qui firent tant de tort à Marie-Antoinette. Je dois dire à la justification de la reine que, loin d'avoir excité le roi, elle le sollicita en faveur de la princesse de Monaco, et obtint que l'ordre d'exil ne s'exécuterait pas. Mais on ne lui tint aucun compte de son indulgente intervention, qu'on taxa d'hypocrisie pour se dispenser de la reconnaissance.

C'est ainsi que sous le règne de mon frère la vigueur finissait presque toujours par dégénérer en faiblesse. Par exemple, dans cette circonstance, il ne fit qu'irriter les deux amans, sans que le châtiment dont il les avait menacés fût une leçon profitable pour ceux qui se trouvaient dans le même cas.

Le comte de Maurepas, sans s'inquiéter de ce qui se passait autour de lui, poursuivait toujours son projet de restauration parlementaire. Il vint chez moi un matin dans les premiers jours d'août, et me dit :

— Le roi ne vous a pas parlé plus longuement de votre mémoire parce que ce sujet l'embarrassait à traiter. Vos objections lui ont paru si spécieuses que nous avons eu beaucoup à faire pour les combattre avec succès. Sa majesté désire, maintenant que sa détermination est prise, que vous n'y mettiez nul obstacle en faisant connaître que vous êtes contraire à cette mesure.

— Monsieur, répondis-je, je crois déjà vous avoir dit que je m'étais imposé une obéissance aveugle aux volontés du roi mon frère : il peut donc compter sur un silence respectueux de ma part, bien que je déplore sincèrement la marche qu'il veut suivre.

— Vous me blâmez donc aussi, monseigneur? demanda le comte avec inquiétude.

— Je n'ai point, monsieur, assez de confiance en mes lumières, pour croire qu'elles l'emportent sur votre expérience ; néanmoins je crois qu'on ferait sagement de laisser subsister la nouvelle magistrature.

Je ne me souciais point de me mettre à dos un homme qui tenait en tutelle le roi et gouvernait la France ; je savais d'ailleurs que ma résistance serait vaine, et je ne défendis que faiblement mon opinion. M. de Maurepas, que toute opposition effrayait, car il ne se sentait pas de force à la combattre victorieusement, me sut bon gré de mon désistement. Il crut pouvoir, en retour, m'instruire des changemens qu'on projetait dans l'état. Le chancelier, dont l'exil était décidé, devait être remplacé au ministère, en qualité de garde-des-sceaux, par M. de Miromesnil, excellent Crispin dans l'occasion, car il en jouait volontiers le rôle dans les comédies de société ; ce talent remplaçait chez lui le manque d'habileté et d'énergie. Il devait aussi se laisser entraîner au torrent, et recevoir la loi de la magistrature victorieuse. D'ailleurs, aimable, galant, se donnant des grands airs qui ne lui allaient pas mal, mais étant à mille lieues, pour la capacité, de M. de Maupeou, que j'ai toujours regardé comme un véritable homme d'état, quoi qu'on ait pu dire à son désavantage.

M. de Sartines arrivait ensuite, précédé d'une grande réputation qu'il s'était faite à la police. Doué de beaucoup d'adresse, on lui croyait des moyens supérieurs; mais il n'était que prudent et mesuré dans ses discours et ses actions. Cependant on ne pouvait lui refuser d'être bon administrateur; aussi il ne fut point déplacé dans le ministère de la marine; il en sortit avec l'estime générale, et on rencontre encore des gens qui disent : *Du temps que M. de Sartines était à la marine, les choses allaient mieux qu'aujourd'hui.*

M. Target possédait une instruction réelle, un vif amour du bien et une philanthropie éclairée. Philosophe-pratique, ses utopies étaient des rêves de vertu : il voulait ouvrir de nouvelles routes à l'agriculture et à l'industrie; il cherchait à faire aimer le roi en fondant sa puissance sur le bonheur de ses sujets. Ce choix de ministres ne pouvait être meilleur; et il fut complet lorsque, plus tard, M. de Malesherbes remplaça le duc de La Vrillière dans la maison du roi.

M. de Maurepas m'apprit également que le parlement rentrerait aussitôt après le renvoi du chancelier, et que la magistrature de M. Maupeou redeviendrait le grand conseil.

La reine, avec laquelle j'étais bien à cette époque, me demanda pourquoi je me déclarais contre les parlemens d'autrefois.

— Parce que, répondis-je, je suis pour le roi d'aujourd'hui.

— Mais c'est lui qui veut leur retour.

— Aussi, madame, sera-ce contre lui qu'ils travailleront d'abord.

— M. de Choiseul m'a répondu de leur reconnaissance.

— C'était prendre une grande responsabilité. Les parlemens sont dans l'usage de susciter des obstacles au souverain, et M. de Choiseul lui-même aurait à s'en plaindre s'il tentait de les maintenir dans le seul exercice de leur charge. Quoi qu'il en soit, ajoutai-je, je tiendrai ma promesse en ne faisant point connaître mon opinion sur ce point.

En effet, je gardai le silence que je m'étais imposé, ce qui n'empêcha pas que le bruit courût dans Paris, peu de temps après, que j'avais présenté de nouveau au roi un mémoire des plus virulens, afin de le détourner de rappeler l'ancienne magistrature.

## CHAPITRE XX.

On nuit au comte de Provence dans l'opinion publique.— Voltaire pensait comme lui sur l'ancienne magistrature. — Ennemis de la reine. — *L'Aurore*, libelle contre elle. — Scène très vive entre le roi et la reine. — Le comte de Provence les raccommode. — Histoire de l'abbé de Bourbon. — Vie privée de la famille royale. — L'éventail et les vers. — Le roi croit le comte de Provence savant. — On en profite pour le rendre redoutable. — Le roi n'aimait pas les jeunes gens. — Singularité de l'étiquette. — Le comte de Provence passe mieux la revue d'un régiment que le comte d'Artois.

Qui pouvait me calomnier ainsi? Qui trahissait volontairement un secret qu'on avait tant pris soin de me recommander? Pour répondre à ces questions si naturelles, il me faudrait charger des personnes qui m'approchaient de trop près, et ce serait en quelque sorte réveiller des querelles éteintes, récriminer contre ceux qui ont été trop punis. Je dois dire cependant que ces médisances adroitement répandues ne laissèrent pas que de me faire tort ; elles irritèrent contre moi les parlementaires, leurs familles, leurs adhérens, et tout le parti Choiseul.

Néanmoins la rentrée des parlemens fut retardée

jusqu'au mois de novembre. Je tairai les détails consignés dans les procès-verbaux et les gazettes du temps, relatifs au lit de justice, et autres cérémonies, qui consacrèrent cette mesure importante. Je ne puis nier qu'elle causa une joie universelle dans la classe bourgeoise ; mais la noblesse d'épée la vit avec peine, les vrais politiques du temps en redoutèrent les conséquences, et Voltaire lui-même, le premier génie du siècle, en ressentit un violent excès de colère et de frayeur.

Son enthousiasme pour la magistrature Maupeou l'avait brouillé avec les Choiseuls, qui regardaient la cause des Robins perdue comme la leur. On l'accusait d'ingratitude, parce qu'il ne lui plaisait pas de déraisonner, et on lui jetait la pierre de tous côtés dans la société de la marquise du Deffant, sa prétendue amie. Voltaire n'ayant plus rien à craindre de l'ancien parlement qui, au moment de sa destruction, se préparait à le poursuivre comme un ennemi de l'état, jouissait paisiblement de la sécurité que lui donnait la nouvelle magistrature, et ne ménageait pas les prévenances envers le chancelier. Le duc de Choiseul s'en vengea d'une manière singulière : il fit découper en tôle le profil de Voltaire pour le placer à une girouette du château de Chanteloup.

Voltaire ne vit donc pas sans inquiétude le retour de l'ancienne magistrature. La frayeur le gagna au point qu'il se disposait à quitter la France. Je l'appris par madame de Saint-Julien ; et comme j'aimais ses ouvrages, je lui fis dire qu'il trouverait à Versailles des protecteurs. Voltaire, que cette assurance tranquillisa, m'en aurait hautement témoigné sa reconnaissance si je ne m'y fusse opposé. Je craignais de me déclarer son partisan, sachant que le roi avait hérité de toute l'antipathie de notre aïeul pour ce génie célèbre.

Louis XVI regardait Voltaire comme un impie, un serpent dangereux, dont les phrases perfides lui rappelaient les séductions du tentateur. Il estimait peu d'ailleurs le talent littéraire, dont il croyait que l'état ne pouvait retirer aucune utilité, cherchant d'abord le but en toute chose. La reine n'aimait pas non plus cet apôtre de l'irréligion philosophique ; elle lui reprochait ses adulations envers madame Dubarry, sa tendance à encenser les maîtresses des rois aux dépens de leurs femmes légitimes, et sa désertion à la cause des Choiseuls pour celle de la favorite. Marie-Antoinette attachait encore moins de prix à la littérature française que son mari. Elle la possédait imparfaitement, et partageait en général les préjugés de sa mère contre les gens de lettres.

Quant à moi, j'avais alors une admiration sans bornes pour Voltaire : mais c'était une admiration de jeune homme, et il y entrait un peu de l'attrait qu'a toujours le fruit défendu. L'âge, en donnant un nouveau cours à mes idées, a un peu refroidi cet enthousiasme. J'ai dû mieux juger de tout le mal que cet écrivain a fait à la monarchie, en sapant les bases de tout l'édifice social, et je me suis convaincu que si de tels génies sont précieux pour la propagation des lumières, ils doivent toujours être redoutés de ceux qui ont le pouvoir en main.

C'est à Voltaire que doit être attribuée une des principales causes de notre révolution. C'est lui qui répandit dans toutes les classes de la société un scepticisme dangereux, un désir d'amélioration dégagé de toute prévoyance de l'avenir. Ses œuvres, en circulant dans les classes inférieures, firent naître des idées toutes nouvelles, et le besoin de s'affranchir du frein qui leur était imposé; dès lors elles crurent leur liberté enchaînée, et voulurent à tout prix sortir de ce prétendu esclavage. C'est encore Voltaire qui dépouilla le trône du prestige qui l'entourait, en cherchant à en abaisser la majesté; il fit mépriser la religion, en foulant aux pieds ses ministres; et je crois qu'on aurait rendu un véritable service à la France, si on avait arrêté dans son essor cet esprit turbulent et désorganisateur.

La peur de Voltaire était donc légitime, en apprenant la résurrection de ceux qu'il n'avait pas craint de charger publiquement depuis leur disgrace, après les avoir persiflés pendant leur faveur. Il s'en prit dans sa douleur aux personnes qui les ramenaient : aussi fut-il sobre de louanges envers M. de Maurepas, et surtout envers la reine. J'ai su positivement que des ames charitables lui avaient fait connaître le peu d'entraînement que cette princesse avait pour lui, et ceci ne contribua pas à apaiser son mécontentement.

Déjà le sort semblait se prononcer contre Marie-Antoinette; un orage, qui ne devait éclater que plus tard, commençait à se former sur sa tête. Une cabale nombreuse, composée des amis de l'ex-favorité, des d'Aiguillon, des parlementaires congédiés et des Choiseuls mécontens, était réunie contre la reine, toujours menaçante, toujours prête à la frapper des traits de la calomnie, seule arme de ceux qui n'attaquent que dans l'ombre; on avait déjà osé associer le nom de la reine de France à un libelle infâme dont je ne nommerai pas l'auteur, ne voulant point souiller ma plume, et dans lequel on ne craignait pas de la noircir indignement. Il devint même le sujet d'une discussion assez vive entre ma belle-sœur et son mari.

Je me rendais une après-dînée chez le roi, ayant une grâce à lui demander pour un homme de ma maison, lorsque je fus arrêté, dans la pièce qui précédait celle où était sa majesté, par Thibaut, huissier de la chambre, tout dévoué à la famille royale, qui, la larme à l'œil, me conjura d'attendre un instant, parce qu'il craignait que ma présence ne fût pas agréable au roi dans ce moment.

— Qu'y a-t-il de nouveau, Thibaut? lui demandai-je avec inquiétude, tu parais tout troublé.

— Ah! monseigneur, je crains que le roi n'ait quelque sujet de mécontentement contre la reine, car il l'a fait appeler, et dès qu'elle a paru il a élevé la voix comme s'il était en colère. Tenez, écoutez, on l'entend encore dans ce moment.

En effet, j'entendis plusieurs expressions assez vertes sortir de la bouche de mon frère, auxquelles sa femme répondait avec humeur ; et, craignant que cette querelle conjugale ne vînt à la connaissance de tout le château si elle se prolongeait, je ne balançai pas à me rendre médiateur entre les deux époux. J'entrai donc brusquement chez le roi, après avoir recommandé à l'huissier d'empêcher que personne pénétrât jusqu'à nous.

Au bruit que je fis en ouvrant la porte, mon frère et sa femme se retournèrent : le premier tenait un papier à la main et arpentait l'appartement d'un air agité. La reine était aussi debout, mais immobile, pâle, le visage baigné de larmes, et exprimant une douloureuse indignation ; dès qu'elle m'aperçut elle vint à moi et me dit :

— Vous venez à propos, mon frère, pour m'aider à me défendre contre d'atroces inculpations dont le roi a la faiblesse de s'inquiéter ; connaissez-vous cet odieux libelle? ajouta-t-elle, en me désignant des yeux une brochure que tenait le roi.

— Oh ! répondit Louis XVI, Provence l'a lu certainement, car je dois être le dernier de la cour à qui on l'ait montré.

— Il est vrai que cette œuvre misérable m'est parvenue comme à vous par la petite poste ; mais j'en ai fait le cas qu'elle mérite en la détruisant sur-le-champ.

— Celle-ci, dit le roi, a été posée sur mon secrétaire par une main inconnue.

— Le mépris de votre majesté doit seul faire justice du libelle et de l'insolent qui a osé le colporter si loin.

A mesure que je parlais, mon frère recouvrait son sang-froid, et il semblait déjà regretter l'espèce d'emportement auquel il s'était livré. Je profitai de cette disposition pour le prémunir contre ces indignes tentatives, si jamais elles se renouvelaient dans l'avenir. Tandis que je parlais, je m'aperçus que la reine, qui avait recouvré aussi une partie de son calme, m'examinait avec attention, et je crus démêler dans ses regards une expression de méfiance.

Néanmoins, elle me témoigna sa reconnaissance du service que je venais de lui rendre, et c'en était un véritable, car, grace à mon intervention, la querelle conjugale, qui aurait pu devenir sérieuse, se termina par une explication toute amicale. Nous passâmes en revue ceux qu'on pouvait soupçonner, non d'avoir fait le libelle, mais de l'avoir ordonné, car celui-là nous semblait le vrai coupable, et nous convînmes de le chercher plutôt parmi les courtisans que parmi les gens de robe, bien que la rentrée des parlemens donnât à ceux-ci de l'humeur contre la reine.

Il fut décidé entre nous que le roi serait censé

ignorer l'existence de cette pièce mensongère, intitulée *l'Aurore*, et que moi, dans ma juste indignation, je la ferais poursuivre rigoureusement. La paix étant ainsi rétablie, je mis sur le tapis une autre affaire, dont je me ressouvins à propos, et que je crus propre à chasser de notre esprit le sujet désagréable qui venait de nous occuper : la voici.

Parmi les femmes qui avaient joué auprès de notre aïeul le rôle de maîtresse de passade, une d'elles était parvenue, par sa jeunesse, ses graces et son esprit, à donner quelque suite à sa liaison avec le feu roi. Les choses avaient même été si loin que Louis XV avait rendu mademoiselle de Roman (c'était le nom de la jeune personne) mère d'un fils. Celle-ci sut tirer adroitement parti de sa position vis-à-vis du feu roi, en lui faisant prendre l'engagement de reconnaître le nouveau-né, ce qu'il n'avait jamais fait et ne renouvela pas depuis. Il mourut sans exécuter sa promesse, dont une preuve authentique existait néanmoins dans une lettre écrite de sa main à mademoiselle de Roman.

Celle-ci, dès qu'elle eut la parole du roi, se conduisit comme si l'exécution s'en était suivie ; elle traita son fils, quoique enfant, comme un fils de roi de France, l'environnant de respect, d'hommages, et d'une étiquette convenable à sa naissance.

Cette conduite, qui ne se démentit point, produisit son effet : on s'y accoutuma ; le roi lui-même, qui aurait mieux aimé d'abord plus de mystère et de simplicité, finit par trouver bon que l'enfant dont il était le père fût élevé selon son rang, et la sultane en titre fut forcée de s'en arranger ; si bien que, quoique la position brillante de ce fils de Louis XV ne reposât sur rien de positif, elle se trouva établie dans tous les esprits au moment du décès de mon aïeul.

Aussitôt après la mort du roi, mademoiselle de Roman s'empressa de faire draper en noir les voitures de service de son fils, qu'elle mit aussi en grand deuil, ainsi que les personnes de sa maison. Puis, avec non moins d'adresse qu'elle en avait montré jusque là, elle envoya à Louis XVI l'écrit de notre aïeul, par lequel il reconnaissait que l'enfant lui appartenait ; elle le confiait, disait-elle, à la loyauté du roi, qu'elle sollicitait en même temps de reconnaître formellement les droits de son fils.

C'était cette matière importante que je crus devoir traiter avec mon frère dans la circonstance mentionnée ci-dessus. Je n'étais guère disposé à lui parler en faveur de notre prétendu oncle. Cependant, voyant qu'il penchait pour ce qu'il appelait un acte de justice, je ne voulus pas y mettre d'opposition, et nous convînmes, appuyés de Marie-Antoinette, qui défendit avec chaleur la cause de mademoiselle de Roman, que son fils entrerait dans les ordres afin de ne pouvoir perpétuer sa race par le mariage ; qu'il prendrait publiquement le titre d'abbé de Bourbon, et aurait droit à certains priviléges qu'on n'accordait pas à la noblesse, et même aux princes étrangers; mais que néanmoins ces priviléges ne s'étendraient jamais jusqu'à ceux dont jouissaient les princes du sang.

L'abbé de Bourbon était digne des avantages dont on le gratifiait : c'était un homme de bonne mine, doux, spirituel, affable, de mœurs pures, et ne ressemblant guère sur ce point aux dignitaires de l'église parmi lesquels il devait siéger un jour. Nous l'aimâmes dans la famille lorsque nous l'eûmes connu; mais ce ne fut pas pour long-temps, car il mourut peu après de la petite-vérole, qui avait été si funeste à son père. Nous le regrettâmes sincèrement. Sa mère se maria au marquis de Siran Cavanac, dont elle eut plusieurs enfans. Je crois qu'une fille de ce nom vit encore.

La famille royale, bien qu'un peu divisée, était cependant assez unie en apparence. Les trois ménages semblaient n'en faire qu'un. La reine était enfin parvenue à nous faire mettre l'étiquette de côté dans nos rapports intimes. Nous nous visitions sans pompe; nous parcourions ensemble les promenades royales de Versailles, de Trianon, de Marly, de Meudon et de Choisy; nous mangions des fruits, nous buvions du lait avec un plaisir d'écoliers échappés à leurs maîtres. Nos soirées se passaient en bals impromptus, en comédies de société et en jeux de toute espèce. Un petit cercle d'intimes était seul admis à faire partie de ces charmantes réunions, parmi lequel on comptait nos deux sœurs, la princesse de Lamballe, le duc de Chartres, le baron de Bezenval, les ducs de Coigny, de Cossé, Modène, Montesquiou, La Vauguyon, Maillé, Damas, et plusieurs femmes remarquables par leur beauté et leur esprit.

C'était un heureux temps. Que ne se prolongea-t-il davantage! Dans une de ces occasions il m'arriva de casser l'éventail de la reine, qui se plaignit avec une gaîté charmante de la peine qu'elle aurait à remplacer cette perte sans mettre à contribution la cassette du roi; elle ajouta à cette agacerie de reproches mille autres folies gracieuses qui nous amusèrent beaucoup. Je m'efforçai de lui répondre sur le même ton que de mon côté j'espérais pouvoir réparer le mal sans que la bourse de ma femme eût à en souffrir.

Ce badinage nous divertit la moitié de la soirée, car alors il fallait peu de chose pour exciter notre gaîté; et le lendemain j'envoyai à ma belle-sœur un éventail, aussi riche que de bon goût, accompagné du quatrain suivant, qui eut assez de succès pour qu'on m'en disputât la propriété, en l'attribuant tour à tour à tous les poètes de l'époque. Je crois, sans me vanter, qu'il valait bien le fameux madrigal qui avait valu à M. de Saint-Aulaire, le fauteuil à l'académie.

Au milieu des chaleurs extrêmes,
Heureux d'occuper vos loisirs,

J'aurai soin près de vous d'amener les zéphirs ;
Les amours y viendront d'eux-mêmes.

Cette galanterie plut beaucoup à la reine, qui me fit répéter le quatrain trois fois, sous prétexte de voir si elle l'avait même bien retenu ; elle le récita long-temps elle-même à tous ceux qui l'approchaient. Il est doux de louer les vers des autres, quand ces vers sont à notre louange. Le roi se plut, dès ce moment, à m'appeler *mon frère le poète*, et chaque fois qu'on agitait devant lui une question d'histoire ou de littérature, il ne manquait pas de dire : il faut consulter mon frère le poète. Il me voyait alors avec plaisir me livrer à l'étude ; plus tard, il vit d'un autre œil ces passe-temps, et il en parlait même quelquefois avec un peu de persiflage.

Mes ennemis étaient parvenus à faire croire à Louis XVI, que mon amour du travail cachait des projets contraires à son repos, que je ne cherchais à acquérir de l'instruction que pour m'en faire des armes contre lui ; je ne saurais répéter tout ce qu'on imaginait pour me mettre mal avec le roi. On y réussit en partie, si bien que quelques années avant la révolution, il me regardait avec une jalousie inquiète. Cette méfiance sans motif nuisit beaucoup à sa cause, par la répugnance qu'elle lui donnait à me consulter.

Le roi, en général, aimait peu la société des eunes gens ; il redoutait leur légèreté, leur ton railleur, et se trouvait plus à son aise avec les hommes d'un âge mûr. La gravité de ceux-ci se rapprochait davantage de ses goûts, et jamais il ne montra mieux son penchant sur ce point, que lorsqu'après les premiers jours donnés à la douleur de la perte de notre aïeul, il voulut aller passer une semaine au château de Choisy. Le duc d'Aumont, premier gentilhomme de la chambre de service, lui ayant demandé de quels courtisans il voulait se faire suivre, Louis XVI répondit :

— Vous pouvez faire la liste comme vous l'entendrez, je ne tiens pas plus à l'un qu'à l'autre; cependant, je désirerais que vous ne les choisissiez pas au dessous de trente ans, car je suis fatigué de ne voir autour de moi que de jeunes têtes.

Ce propos, peu obligeant pour nos élégans du jour, fut répété et commenté de mille façons, mais tant il y a, qu'il ne plut pas à tout le monde.

Sur ces entrefaites, et pendant le voyage de Fontainebleau, le marquis de Poyannes, commandant en second de mon régiment de carabiniers, voulant me faire une galanterie, profita de la proximité de sa terre de Petitbourg pour y amener ses troupes et me proposer de les passer en revue. J'acceptai avec plaisir, sous la condition que le roi y viendrait. Sa Majesté y consentit; la reine se fit une véritable fête d'assister à cette cérémonie militaire, et par suite toute la cour fut en mouvement pour obtenir la permission de s'y montrer.

Mais il survint une petite difficulté qui faillit renverser nos projets. L'étiquette défendait que nous fussiens hébergés chez un particulier; la reine en était déjà au désespoir : j'imaginai, pour sortir d'embarras, un expédient que je lui communiquai, et dont elle fut enchantée. C'était de prier monsieur de Poyannes de me prêter Petitbourg pour un jour, et par ce moyen j'en ferais moi-même les honneurs au roi, ce qui lèverait tout obstacle. Cette proposition, qui plut à tout le monde, fut acceptée avec joie, et força le marquis de Brezé, grand-maître des cérémonies de France, à refermer ses registres, avec lesquels il était déjà venu nous menacer de s'opposer à nos plaisirs.

Nous allâmes donc joyeusement à Petitbourg en nous rendant à Fontainebleau. Le régiment, sous les armes, nous reçut avec des transports et des vivats sans nombre; j'en pris le commandement à la revue du roi, qui eut lieu avant la mienne. On avoua que je m'en étais tiré avec autant de grace que d'aisance. Il est vrai que j'avais étudié mon rôle en acteur qui désire obtenir un succès complet, aussi je le remplis comme si j'eusse passé toute ma vie dans les camps, et je crus pouvoir m'approprier dûment une grande partie des applaudissemens. Le comte d'Artois voulut ordonner des manœuvres; il s'embrouilla, perdit la tête, et fit tellement rire à ses dépens qu'il en prit de l'humeur pour tout le reste du voyage. Si la pratique eût répondu chez lui à la bonne volonté, il est certain qu'il eût fait un soldat accompli.

## CHAPITRE XXI.

Le duc de Choiseul à Paris. — La reine se plaint déjà des parlemens. — Réponse. — Cause de la défaveur qui s'attache à la reine. — On veut changer le costume des gens de cour. — Ce que le comte de Provence dit au comte d'Artois. — Propos de madame de Marsan. — Le roi se fâche. — L'archiduc Maximilien. — Sa sottise. — Son orgueil. — Querelle à son sujet avec la reine. — Prétention des princes de la maison de Lorraine. — Comment le comte de Maurepas tenait la balance entre le comte d'Artois et le comte de Provence. — La perruque de M. de Montyon. — Fermeté de M. Turgot. — Remontrance du roi à la reine. — Comment le marquis de Pezay faisait son chemin. — De quelle façon la reine apprend la grossesse de la comtesse d'Artois.

Le duc de Choiseul, sa femme, et la duchesse de Grammont sa sœur, arrivèrent définitivement à Paris, à la fin de cette année, pour essayer si, par leur présence et le concours des parlementaires, ils pourraient rendre leur cabale nécessaire au gouvernement. Le chef de cette famille ne pouvait imaginer qu'on se passât de lui ; il se croyait indispensable, et cette croyance, qui ne se réalisa jamais, finit par le conduire au tombeau avant l'époque marquée par la nature. Ses regards demeurèrent constamment fixés sur la cour, où il ne devait plus jouer de rôle, le comte de Maurepas ayant achevé de le rendre odieux au roi.

Il ne put même se consoler de cette disgrace par l'influence qu'il continua à exercer sur la haute société; sa maison était le rendez-vous de l'élite des courtisans et de la caste parlementaire. Enfin il se piquait de représenter un prince.

Dès sa rentrée en fonctions, l'ancienne magistrature commença à inquiéter l'autorité royale qui l'avait rétablie. Je n'entrerai point dans les détails de ces misérables querelles, qui prouvent seulement que la reconnaissance était une vertu inconnue à cette compagnie. La reine fut la première à s'en apercevoir, et elle m'avoua, dans un moment de franchise, qu'elle croyait qu'on avait mal fait de ne pas suivre mon avis.

— Malheureusement, madame, lui répliquai-je, il n'y a point à revenir sur le passé : puissions-nous éviter les maux que je prévois encore dans l'avenir; car je crains que les vainqueurs n'abusent de leur victoire.

Mes prévisions cependant ne pouvaient aller jusqu'à croire que, lors de la funeste affaire du collier, le parlement de Paris consentirait à décharger un coupable pour faire retomber le blâme sur la reine. Au reste, Marie-Antoinette, depuis ce moment jusqu'à la révolution, devint l'ennemie déclarée la magistrature. Elle contribua à la faire supprimer en 1788, pleura sa rentrée en octobre suivant, et ne chercha point à dissimuler sa joie lorsque l'assemblée constituante décreta sa dissolution définitive.

Mais au commencement de 1775, la reine ne s'occupait point encore de ces considérations politiques; satisfaite de régner sur le cœur de son mari et sur la cour la plus brillante de l'Europe, son ambition ne se portait pas au delà ; le plaisir était son unique but; elle le recherchait et s'y livrait avec une sorte d'ivresse, que son âge seul pouvait faire excuser chez une reine. Il était impossible que sa dignité, et par suite sa considération personnelle, n'en souffrissent pas. On passe facilement en France de l'adoration et de la servilité à l'insolence; on ne connaît pas de milieu entre la crainte et le mépris. Un souverain doit toujours éviter de jouer le rôle du soliveau de la fable, et ce n'est qu'en tenant la foule à une distance respectueuse de sa personne qu'il peut y parvenir.

On n'avait jamais vu encore une reine venir en cabriolet à un des théâtres de la capitale. Jusqu'alors les femmes des rois n'étaient jamais sorties de leurs palais qu'entourées de la pompe imposante qui convenait à leur rang, accompagnées d'une suite de dames, de seigneurs, de pages, d'écuyers, de gardes et de valets. Elles se montraient vêtues avec magnificence, étincelantes de diamans, et on aurait pu les prendre pour des divinités qui descendaient de leur olympe pour venir recevoir l'hommage des mortels.

Marie-Antoinette, au contraire, se faisait voir à la multitude avec une simple robe de mousseline où de taffetas, suivie seulement d'une dame et d'un valet de pied. Vive, communicative, elle fit trop oublier la reine pour ne laisser voir que la jolie femme; elle prodiguait trop sa présence pour qu'on ne s'en occupât pas sans cesse. Dès lors les conjectures malicieuses, les calomnies même ne lui furent point épargnées; on remarqua les personnes qui l'accompagnaient le plus souvent; on osa même voir dans sa préférence pour le duc de Coigny un sentiment plus tendre que de l'amitié, parce que, se croyant au dessus du soupçon, elle ne cherchait à le cacher à personne.

Je ne rappellerais point de telles légèretés, si elles n'avaient eu de trop funestes conséquences; mais j'ai tant entendu déplorer, par des personnes dévouées à la reine, l'antipathie que les Parisiens avaient conçue contre elle, je l'ai tant déplorée moi-même, que je ne cherche point à la justifier, mais à l'expliquer. L'infortunée Marie-Antoinette a été trop cruellement punie de ses imprudences pour que je ne me fasse pas un devoir de les signaler aux reines qui sont appelées à lui succéder, afin que son exemple leur serve de leçon.

Marie-Antoinette mit à la mode mille futilités, les plumes, les fleurs, et il ne tint point à elle ni au comte d'Artois qu'il n'y eût une révolution complète dans la forme des costumes de l'époque. Quelques étourdis, qui croyaient se donner de l'importance en se couvrant de ridicule, persuadèrent à ma belle-sœur et à mon frère que le seul moyen de rehausser l'éclat de la couronne et la majesté du trône était d'adopter des ajustemens qui, par leur richesse et leur coupe, ne pouvaient convenir qu'à ceux qui fréquentaient la cour.

On apporta donc chez moi un costume dont le modèle était pris sur ceux de François I$^{er}$, en me conjurant d'en faire usage pour les fêtes du carnaval. Je me prêtai d'abord à cette fantaisie ; la comtesse de Provence en fit autant. Ces brillans costumes, il est vrai, prêtèrent aux bals un nouvel éclat ; mais ils occasionnèrent d'énormes dépenses, par la nécessité où chacun fut de renouveler complètement sa garde-robe. Le commerce y perdit également des sommes considérables, car tous les habits et robes coupés et brodés selon la mode du temps furent mis ou rebut.

J'appris bientôt qu'on avait le projet d'établir en usage ce luxe ruineux. Ne pouvant l'approuver, j'en parlai au comte d'Artois, qui me répondit que rien n'était plus chevaleresque, et que c'était se rapprocher des siècles féodaux.

— Miséricorde, mon frère ! m'écriai-je, songez-vous à ce que vous dites ? Il ne pourrait nous arriver de plus grand malheur que celui de revenir à ces temps désastreux.

Mon frère prétendit que c'était au contraire l'âge d'or de la royauté.

— Dites, répartis-je, celui du clergé et des grands vassaux, car les uns pouvaient alors excommunier les rois, si tel était leur bon plaisir, tandis que les autres ne se faisaient pas scrupule de chercher à prendre leur place. A Dieu ne plaise que nous tombions jamais entre les mains de ces ennemis des souverains, pour le mince plaisir d'adopter un costume qui nous flatte.

Je crus devoir ajouter à ce début une longue leçon d'histoire de France, qui servit du moins à éloigner mon frère du désir de se rapprocher des âges de la barbarie au moyen d'un manteau brodé et d'un haut-de-chausses tailladé. La reine, plus versée dans l'étude des modes que dans celle de nos anciennes chroniques, ne pouvait prévoir toutes les conséquences du projet absurde qu'on cherchait à lui faire adopter; elle ignorait que plusieurs dames de la cour rêvaient le retour de la grande féodalité, et que la princesse de Marsan, entre autres, avait dit à une personne qui me l'avait rapporté :

— Maintenant que la maison de Bourbon est tombée en enfance, faisant allusion à notre jeunesse, il faut que nous travaillions à lui reprendre ce qu'elle nous a ravi.

Ce ne fut donc point à la reine que je parlai de cette ridicule affaire; je m'adressai au roi, qui comprit mes raisons, et me promit de mettre un terme à l'innovation projetée. En effet, la veille du mardi gras, il déclara, d'un ton qui ne souffrait point de réplique, qu'il désirait que les déguisemens prissent fin avec le carnaval. — Je donnerai l'ordre, ajouta-t-il, aux huissiers et aux gardes, de ne laisser entrer au château ou dans mon appartement aucun de ceux qui persisteraient à porter un costume que je condamne.

Ces paroles causèrent une consternation générale. On cria à la tyrannie; la reine bouda, les plus hardis imitèrent son exemple; cependant personne n'osa résister à la volonté du roi, exprimée avec tant de sévérité.

Marie-Antoinette, du reste, fut fort occupée pendant le carnaval à recevoir convenablement son frère, l'archiduc Maximilien. Ce prince, d'un physique peu agréable, et destiné à l'état ecclésiastique, était venu en France faire une visite au roi son beau-frère et à la reine sa sœur. Il fit peu de sensation, et nous amusa par son ignorance, ses prétentions et ses puérilités impériales, au moyen desquelles il s'était flatté de nous donner une haute idée de sa personne. Marie-Antoinette, en bonne sœur, nous l'avait fort vanté; nous nous attendions à voir une merveille, et nous fûmes tout surpris de ne trouver qu'un Germain bouffi d'orgueil, raide, effaré, avare de paroles, et n'ouvrant la bouche que pour dire des sottises. La plus piquante de toutes fut celle dont M. de Buffon eut les prémices. Ce naturaliste célèbre, ayant fait relier richement une collection de ses œuvres, l'offrit à l'archiduc Maximilien, lorsqu'il alla visiter le Jardin du Roi. Le prince, dont l'attention se fixa sur les planches coloriées et nullement sur le texte, dit, en se tournant vers l'auteur :

— Oh! monsieur, je ne puis accepter de si beaux volumes; j'aurais trop de regret de vous en priver.

Ce fut vainement que le comte chercha à le faire revenir de cette idée. Il quitta le Cabinet d'Histoire naturelle en recommandant surtout aux personnes de sa suite de ne pas *priver* M. de Buffon *de si beaux volumes*.

Nous rîmes beaucoup à Versailles de cette plaisante délicatesse du prince : la reine en parut honteuse. La dévotion méticuleuse de l'archiduc l'empêcha aussi de regarder nos jolies femmes. Fidèle aux instructions de sa mère, il ne laissa pas les philosophes l'approcher, ne dit mot à la littérature, et se jeta à corps perdu dans les Choiseuls. Il alla souper *in fiochi* chez l'ex-ministre, où étaient rassemblés tous les Lorrains du royaume, et il fallut le trouver bon pour plaire à Marie-Antoinette.

Si l'archiduc se montra si accessible pour ceux que nous n'aimions pas, il agit d'une manière bien différente envers les princes de notre maison. Il éleva des difficultés d'étiquette qui mirent de fort mauvaise humeur les branches d'Orléans et de Condé. Les choses en vinrent au point que les visites d'usage n'eurent point lieu, et que les princes, mécontens, désertèrent Versailles tout le temps que l'archiduc Maximilien y demeura.

J'avoue que je ne pus voir sans étonnement cet orguéil de la maison de Lorraine, prétendant lutter contre l'antique race des Bourbons. J'aurais voulu que le roi, sans avoir égard aux liens qui l'unissaient à Marie-Thérèse, prît en cette occasion le parti des princes de son sang, et déclarât que le comte de Burgen (c'était son titre d'incognito) devait rendre à chaque membre de la famille royale ce qui lui était dû. J'en dis quelque chose à mon frère, qui me répondit que la crainte de chagriner la reine était le seul motif qui l'empêchât de suivre cet avis, qui était aussi le sein.

Marie-Antoinette, de son côté, entama cette matière avec moi, un jour que nous étions seuls avec les comtesses de Provence et d'Artois:

— Que pensez-vous, me dit-elle, de la conduite des princes à l'égard de mon frère?

— Vous devriez d'abord, madame, lui répondis-je en riant, me demander ce que je pense de la conduite de l'archiduc envers les princes.

— Il est vrai, répliqua la reine d'un ton piqué, que je devais m'attendre que vous donneriez tort à mon frère.

— Vous ne pouvez vous plaindre, madame, répondis-je toujours avec la même gaîté, d'une chose dont vous-même me donnez l'exemple; car s'il est naturel que vous souteniez l'archiduc votre frère ; je dois par la même raison me déclarer pour les princes de mon sang.

— Les liens de parenté n'excluent pas la justice; et en donnant raison au prince mon frère, c'est que je crois le bon droit de son côté.

— Puisque tel est votre avis, madame, il y aurait peu de galanterie de ma part à persister à lui donner tort; cependant j'aurais cru que les princes de Condé et d'Orléans avaient droit, par leur naissance, à quelques égards de la part de l'archiduc Maximilien.

— Il me semble que le fils de Marie-Thérèse doit d'abord attendre des hommages avant de songer à en rendre aux autres.

— Mais vous avez trop de générosité, madame, pour ne pas pardonner un peu d'orgueil à des descendans de la maison de Bourbon, qui depuis huit cents ans règne sur le premier trône du monde; car je crois que peu de souverains peuvent faire remonter aussi haut leur arbre généalogique.

Marie-Antoinette se mordit les lèvres pour ne pas me répondre quelque chose de piquant; puis allant se placer devant la comtesse d'Artois et sa sœur :

— Mesdames, leur dit-elle, ne devons-nous pas nous enorgueillir, petites princesses que nous sommes, d'avoir obtenu l'honneur d'entrer dans l'antique maison de France ?

— Ah! madame, repondit la comtesse de Provence avec un esprit d'à-propos admirable, il y a si long-temps que cette maison et la nôtre forment des alliances réciproques, qu'il me semble que nous ne faisons qu'un avec elle.

J'aurais embrassé ma femme, tant je lui sus gré de sa repartie.

Quant à la reine, elle prit un air de dignité imposante, et ne chercha point à prolonger cet entretien, qui ne pouvait être de son goût. Elle me battit long-temps le froid, et je crois qu'elle m'aima encore moins depuis ce moment. J'en fus fâché ; mais je devais être Bourbon avant tout, et sur ce point il ne devait y avoir nulle concession. Une couronne d'origine élective ne pouvait entrer en parallèle avec une couronne héréditaire.

M. le comte de Burgen partit sans laisser après lui de grands regrets. Il alla postuler l'archevêché électoral de Cologne, où il parvint plus tard. Du reste, à part les vétilles que je viens de citer, je n'ai que du bien à en dire.

Le comte d'Artois, qui plus tard soutint une querelle à peu près semblable, ne songea qu'à recevoir dignement l'archiduc : il mit à cette réception toute l'importance d'un jeune homme qui attache le plus grand prix à ces puérilités. Bien que le roi prêchât l'économie, d'Artois débuta par donner au voyageur une fête qui coûta près d'un million : jamais pareille prodigalité ne s'était vue, même du temps de Louis XIV. Je déplorai que des sommes si considérables eussent été employées si inutilement. J'en fis l'observation au comte de Maurepas, qui me répondit :

— Le comte d'Artois est jeune ; il ignore encore le prix de l'argent, mais il l'apprendra plus tard. Quant à vous, monseigneur, la raison chez vous a devancé les années.

— Aussi ai-je moins à dépenser, répondis-je en riant.

Le lendemain je reçus une ordonnance sur le trésor de six cent mille francs. Cette galanterie du Mentor me fut fort agréable. J'employai cette somme en acquisition de terres, ne me souciant pas de la manger en futilités, ou de l'abandonner à l'avidité de ceux qui m'entouraient. Aussi, dès qu'on me connut ce surcroît de richesse, chacun vint me faire le récit de revers inattendus ; mais je fis la sourde oreille, ne voulant point me laisser prendre pour dupe, et les mandians titrés n'eurent pas un sou de mon argent.

C'est, je crois, à cette époque qu'eut lieu l'affaire de la perruque entre le comte d'Artois et M. de Montyon. Celui-ci était un philanthrope par excellence, un honnête homme comme on en voit peu. Intendant successif de diverses provinces, il avait éprouvé une disgrace sous le feu roi pour avoir refusé, en 1771, de procéder à l'installation de la magistrature Maupeou. Cette défaveur le rendit plus cher à tout ce qui était estimable dans le royaume ; et Louis XVI, en montant sur le trône, le traita avec distinction.

M. de Montyon arriva un jour de grand matin chez le comte d'Artois, je ne me rappelle plus pourquoi ; tant il y a que, faute de domestiques pour l'annoncer, il entra dans un appartement où il aperçut un jeune homme en veste, les cheveux en désordre, et dans un costume plus que négligé. Celui-ci, surpris à la vue d'un magistrat qui se présentait à lui coiffé d'une énorme perruque de forme toute particulière, lui demanda d'un ton brusque ce qu'il venait faire.

Monsieur de Montyon, croyant s'adresser à un valet de pied, lui réplique qu'il était un drôle bien hardi pour oser lui parler de la sorte. A peine a-t-il lâché ces paroles malencontreuses, que mon jeune homme lui arrache sa perruque, lui en caresse le visage, puis se sauve à toutes jambes en riant aux éclats. On peut s'imaginer la colère de M. de Montyon ; son stoïcisme même n'y résiste pas : il crie, il s'emporte, on accourt à sa voix, les choses s'expliquent ; bref, il apprend qu'il vient de traiter de drôle son altesse royale le comte d'Artois. M. de Montyon, stupéfait, s'évade sans en demander davantage, et en disant toutefois qu'il y avait compensation.

Ce fait, qu'on rapporta au roi, l'amusa beaucoup, surtout lorsqu'il sut que le premier tort venait de son frère ; il voulut même que d'Artois fit au magistrat mystifié une sorte de réparation La chose s'exécuta le plus cordialement du monde, et si bien, que lorsque Bastard fut chassé pour ses friponneries de la charge de chancelier du comte d'Artois, ce fut M. de Montyon qui lui succéda, à la satisfaction générale. Mon frère lui dit dans cette circonstance :

— Je désire, monsieur, que vous oubliiez mon étourderie.

— Et moi, monseigneur, j'espère que vous me pardonnerez ma susceptibilité.

Ils furent dès lors de la meilleure intelligence. Nous trouvâmes dans l'exil ce vertueux magistrat.

Si le comte d'Artois ne ménageait pas ses folles prodigalités, la reine ne restait nullement en arrière. Elle fit des dettes avant l'année révolue de son avènement, et fut fort étonnée, lorsqu'elle demanda des fonds à M. Turgot, qu'il allât d'abord prendre les ordres du roi avant de satisfaire ses désirs. Louis XVI, qui, comme je viens de le dire, avait des vues d'économie, se récria sur les exigences de Marie-Antoinette. Il enjoignit au contrôleur général de faire porter dans son cabinet la somme demandée, puis il envoya chercher la reine.

La princesse arriva, ne se doutant nullement du motif qui l'avait fait appeler. Le roi lui adressa des représentations amicales sur l'emploi qu'elle faisait de son argent, puis il lui remit les fonds en question, la conjurant de nouveau de ne point les dissiper en dépenses inutiles. A dater de ce jour, M. Turgot fut traité peu charitablement dans l'intimité de la reine ; on aigrit cette princesse contre lui, et à tel point, qu'elle promit de travailler à lui faire donner sa démission. Voilà le motif principal qui fit sortir sitôt du ministère cet homme habile et probe, que l'état regrettera toujours.

Les intrigans faisaient mieux leur chemin à la cour. Le comte de Maurepas voulait à la guerre un ministre qui lui fût tout dévoué. Il avait jeté les yeux sur le marquis de Pezay, flatteur subalterne, et investi alors de toute sa confiance. Désirant lui faire obtenir celle du roi, il lui conseilla d'écrire à ce prince sur divers sujets propres à l'intéresser. Les premières lettres demeurèrent sans réponse. Mais Pezay ne se rebuta pas, un mot l'encouragea; il continua son commerce épistolaire, qui lui réussit enfin, et la correspondance devint réciproque. Louis XVI cependant voulut avoir des renseignemens sur Pezay; il s'adressa au Mentor, qui lui en fit un éloge complet, comme cela devait être; si bien que sa majesté pria M. de Maurepas d'employer utilement un serviteur si méritant. C'est ainsi que perça un aventurier qui, malgré sa disgrace, dont je parlerai plus tard, aurait fini par arriver au ministère de la guerre, si le comte, mieux avisé depuis, ne l'en eut écarté avec autant de soin qu'il en avait mis d'abord à l'y porter.

Deux notifications faites en même temps occupèrent dans le moment l'attention publique. La première fut le mariage de notre sœur Clotilde avec le prince héréditaire de Piémont; et la seconde fut causée par la grossesse de la comtesse d'Artois. On nous fit long-temps un secret de cet événement, comme s'il avait dû nous être désagréable. Quant à moi, il m'importait fort peu que le comte d'Artois eût des enfans, puisqu'ils ne pouvaient m'éloigner du trône, dans le cas où le roi n'en aurait pas ; je reçus donc cette nouvelle plutôt avec plaisir qu'avec chagrin.

Il me prit fantaisie de la communiquer moi-même à la reine, pour voir comment elle la prendrait. J'allai donc chez elle, et lui appris en me frottant les mains que nous allions bientôt avoir un nouveau prince du sang.

— Et d'où nous vient-il ? demanda Marie-Antoinette.

— De haut lieu, madame ; et je le crois destiné à faire beaucoup de bruit.

— Est-ce que la comtesse de Provence vous rendrait bientôt père ? dit la reine avec quelque émotion.

— Tant de bonheur ne m'appartient pas encore ; mais le comte d'Artois est plus favorisé : sa femme est grosse, bien qu'on ne veuille pas encore l'avouer.

— Elle est bien heureuse ! dit la reine en étouffant un soupir ; tous les vœux des Français se porteront sur elle. Mais êtes-vous bien sûr qu'elle est enceinte ?

Je repartis par une plaisanterie qui dérida quelque peu Marie-Antoinette, accoutumée qu'elle était à mes saillies.

Néanmoins elle se plaignit du mystère qu'on avait mis envers elle. Je lui dis alors que moi-même je n'avais eu connaissance de l'événement que par une voie détournée, et que mon frère ne m'avait rien dit encore. Cette assurance la consola, puis elle me quitta, probablement pour aller conter cette grande nouvelle au roi.

# CHAPITRE XXII.

La grossesse de la comtesse d'Artois ne plaît pas à tout le monde. — Entrée du comte d'Artois à Paris. — Pourquoi il se brouillait avec le public. — Nomination de sept maréchaux de France. — Plaisanteries sur eux. — Fermeté du comte de Muy. — Bonté de Louis XVI. — Animosité réciproque du marquis de Montesquiou et du comte de Modène. — Mademoiselle Duthé. — Le comte d'Artois et M. de Turgot. — Le roi et la reine mis en jeu à propos d'une fille de joie. — Révolte des farines. — M. d'Aligre. — Lit de justice à Versailles. — Discours du roi et détails.

On ne tarda pas à savoir au château qu'un nouvel héritier était attendu dans la famille royale. Le comte d'Artois était radieux ; le roi ne paraissait content qu'à demi, et les flatteurs avaient peine à se figurer que notre belle-sœur eût assez peu de déférence envers la reine pour se permettre de devenir grosse avant elle. Le roi aurait eu presque envie de quereller la comtesse d'Artois de sa fécondité précoce, et celle-ci cherchait à contenir sa joie sous une indifférence affectée. On s'accoutuma cependant à un fait si naturel, et les distractions qu'occasionnèrent le mariage de la princesse Clotilde ne laissèrent plus le loisir de s'occuper d'autre chose.

Le comte d'Artois voulut faire, sur ces entrefaites, son entrée à Paris, où sa femme ne put le suivre à cause de sa grossesse. Cette cérémonie eut lieu le 7 mars 1775. Je sus que la réception du comte d'Artois avait été froide, et que les Parisiens s'étaient montrés avares de *vivat*. Mon frère, ainsi que je l'ai déjà dit, s'enivrant des louanges que lui prodiguaient les courtisans, ne voyait rien au delà de la sphère où il vivait ; c'était pour lui tout le royaume : il en résultait que, si d'un côté on l'élevait aux nues, de l'autre la nation avait pour lui plus que de l'indifférence. Déjà on désapprouvait ses plaisirs, on l'attaquait en vers et en prose. Cette haine devait plus tard le poursuivre par des manifestations encore plus énergiques.

Le comte d'Artois ne put se méprendre sur les dispositions des Parisiens à son égard, le jour de son entrée dans la capitale ; aussi il revint de fort mauvaise humeur. Nous jugeâmes de son mécontentement par le tableau satirique qu'il nous fit du peuple ; et sous ce rapport la partie fut égale des deux côtés, car on lui avait trouvé un air distrait, moqueur et peu affable.

Peu de jours après parut la liste des maréchaux de France au nombre de sept. Jamais promotion ne déplut davantage au public ; car, à l'exception du comte de Muy, elle ne se composait que d'hommes sans talens militaires et sans réputation : des ducs de Fitz-James, d'Harcourt, de Noailles, de Duras, des comtes de Nicolaï et de Noailles. On les compara aux sept péchés capitaux, en ajoutant qu'ayant voulu leur donner pour emblème les sept planètes, on n'avait pu trouver où placer celle de Mars.

Le ministre de la guerre s'était refusé d'abord à nommer le duc de Fitz-James, en disant au roi lui-même que ce courtisan, qui avait fait toutes ses campagnes à Versailles, ne pouvait remplir convenablement les fonctions de maréchal de France ; mais sa majesté lui répondit :

— Comte de Muy, tachons de nous entendre ; accordez-moi cette nomination à laquelle je tiens, et en voici une que je vous donnerai en échange.

En parlant ainsi, le roi écrivit le nom du ministre de la guerre sur la liste des maréchaux. Celui-ci confondu de cet excès de bonté, dont il était d'ailleurs si digne, ne put résister à la volonté royale, et le duc de Fitz-James fut nommé.

Je ne veux pas omettre de dire ici que cette même année Ange Braschi fut élevé sur le trône pontifical, sous le nom de Pie VI. Ce pape, dont la longue carrière devait être si agitée, succédait à Clément XIV. Il montra un esprit moins vaste que son prédécesseur ; mais il plut davantage à la chrétienté. J'ai entretenu avec lui, après les malheurs de la France, une correspondance qui m'a mis à même d'apprécier ses vertus et son zèle pour la religion.

Le 18 mars, le roi accorda au comte de Modène, sur ma demande expresse, le gouvernement du palais du Luxembourg, que le marquis de Marigny quittait par démission. Je ne négligeais aucune occasion d'être utile aux serviteurs qui m'étaient dévoués, et je dois mettre Modène de ce nombre. J'aimais la tournure de son esprit, il savait comprendre le mien; aussi c'était lui qui, après Montesquiou, était le plus avant dans ma confiance. Tous les deux en étaient jaloux réciproquement, et il n'était sorte de mauvais offices qu'ils ne cherchassent à se rendre. Ils s'efforçaient aussi de se nuire réciproquement dans mon esprit; mais je ne les écoutais pas; je connaissais leur qualités, et cela me suffisait. Un prince ne doit jamais prêter l'oreille au mal qu'on lui dit de ceux qu'il affectionne, à moins qu'il ne le reconnaisse par lui-même; d'ailleurs, plus ceux qui l'approchent sont divisés entre eux, et mieux il en est servi.

Le comte d'Artois se lia, à cette époque, avec une femme renommée dans les fastes de Cythère, la belle Duthé, qui existe encore, et qui a cru, en faveur de ses anciennes relations avec mon frère, pouvoir se rappeler dernièrement à son souvenir. C'était une dame riche d'attraits, et qui ne s'en montrait avare pour personne. Elle avait déjà ruiné nombre d'Anglais. C'eût été du patriotisme, selon les railleurs, si, disaient-ils en faisant cette observation, elle n'avait été tout aussi fatale à la noblesse française. Lorsqu'un fils de France lui fit l'honneur de se placer sur les rangs, elle crut déjà voir le trésor royal s'ouvrir pour elle; néanmoins il n'en fut rien : mon frère, quoique peu économe, a toujours été entouré de gens intéressés à ce qu'il vidât sa bourse dans la leur, et qui réussissaient même quelquefois à le faire passer pour avare, quoique personne ne fût plus généreux que lui.

Mademoiselle Duthé s'attendait donc à dévorer un ou deux apanages par mois. Elle prit à crédit chez tous les marchands de Paris, acheta des bijoux, de riches étoffes, des meubles, des porcelaines, des livres, voire même des tableaux de grand prix. Les mémoires ne tardèrent pas à pleuvoir sur mon frère; mais ses hommes d'affaires déclarèrent l'impossibilité de solder les sommes considérables qui leur étaient demandées, attendu que la cassette était vide.

Le comte d'Artois, au désespoir, ne peut supporter l'idée de déplaire à sa belle. Il fait venir le contrôleur général, à qui il conte son embarras, et le supplie de l'en tirer. M. Turgot, peu disposé à se laisser toucher pour de pareilles infortunes, répond froidement que les fonds du trésor ne lui appartenant pas, il ne put en disposer sans le consentement du roi. Le comte d'Artois s'emporte contre le contrôleur général, qui ne voit rien de mieux que d'aller communiquer au roi ce qui se passait.

Louis XVI prit fort mal la chose; il dit que

jamais le trésor ne s'ouvrirait pour satisfaire les fantaisies d'une prostituée ; que son frère s'arrangerait comme il le pourrait, mais qu'il défendait à M. Turgot d'accéder à sa demande; puis il fit mander le comte d'Artois.

Celui-ci se rendit d'assez mauvaise grace à l'ordre du roi, prévoyant déjà le sermon qui l'attendait. En effet, Louis XVI, dans sa vertueuse indignation, lui reprocha sa conduite, ses prodigalités, et conclut en lui signifiant qu'il ne serait rien ajouté à ses revenus. Le comte d'Artois, auquel la majesté royale ne pouvait même en imposer, se plaignit qu'on le laissât manquer d'argent, dit qu'il en emprunterait et qu'il espérait que toutes les bourses ne seraient pas fermées à un fils de France. Le mécontentement de Louis XVI fut tel, qu'il renvoya d'Artois dans son appartement, et lui défendit d'en sortir jusqu'à nouvel ordre.

Heureusement que je fus instruit à temps de cette querelle par Thibaut, huissier de la chambre, et je me rendis à la hâte chez le roi, pour servir encore de médiateur dans cette occasion. Je trouvai la reine qui venait dans les mêmes intentions que moi ; car d'Artois, malgré son étourderie, avait senti qu'il avait été trop loin, et il s'était adressé à Marie-Antoinette pour détourner l'orage que lui-même avait conjuré.

Mon frère, encore vivement ému, nous interrompit au premier mot, en se plaignant en général des dépenses folles qui menaçaient d'engloutir les revenus de l'état. La reine, piquée à son tour de ce qu'elle regardait comme un reproche indirect contre elle-même, défendit d'Artois avec chaleur, et comme une personne qui plaidait en même temps sa propre cause. Le roi, irrité de tant de résistance, lui demanda enfin si elle connaissait le motif des prodigalités de son beau-frère, et sur sa réponse négative il lui conta tous les méfaits du comte d'Artois. Marie-Antoinette resta un instant interdite; puis changeant tout à coup de ton, elle tonna contre les maris infidèles, et m'amusa beaucoup par ce passage subit de l'intérêt à l'indignation envers notre frère. Ce qui me prouva que l'infidélité est un crime que les femmes ne pardonnent pas, même dans le mari d'une autre.

La reine sortit pour aller sermonner le coupable, et pendant ce temps j'adoucis le courroux du roi, qui leva les arrêts du comte d'Artois et consentit à ne pas pousser plus loin le châtiment qu'il voulait d'abord lui infliger, car il n'avait été question de rien moins que d'une lettre de cachet. Mais les choses n'étaient encore faites qu'à demi; il fallait obtenir que sa majesté payât les dettes du comte d'Artois, que mademoiselle Duthé avait contractées en son nom. Nos tantes s'en mêlèrent, le comte de Maurepas intercéda pour lui; enfin Louis XVI, pressé de la sorte, finit par céder, et mon frère obtint ce qu'il désirait.

Une calamité qui sembla d'un triste augure pour le couronnement du roi eut lieu dans l'année 1775:

je veux parler de la révolte dite *des farines*. Le sang coula en diverses parties du royaume ; le peuple affamé poussa des clameurs indécentes, que la cabale contre M. de Turgot eut soin de faire retomber sur lui, sous prétexte qu'il soutenait les principes d'économie et la libre importation des grains. L'ame paternelle du roi en éprouva une vive douleur. J'aurais désiré que toutes les personnes qui l'approchaient eussent partagé ces sentimens généreux ; tandis que la plupart l'engageaient au contraire à employer des mesures de rigueur contre les séditieux que le besoin seul poussait à la révolte.

Cette sédition nécessita un lit de justice, qui se tint à Versailles. Le parlement, qui relevait déjà la tête depuis sa rentrée, y vint de mauvaise grace. Le roi témoigna son mécontentement de cette conduite à M. d'Aligre, homme à double face, courtisan à Versailles, et demi factieux au palais, trompant ainsi Dieu et le diable, et arrondissant sa fortune de grosses sommes qu'il tirait du monarque. Il n'existait pas d'homme plus avare : du reste il avait de l'esprit et de la ruse, qu'il cachait sous un air de simplicité auquel les dupes seuls se laissaient prendre. Peut-être serait-il parvenu à la dignité de chancelier qu'il briguait, si M. de Maupeou eût consenti à s'en démettre.

Le lit de justice avait pour but de décider un point fort important. Il s'agissait de retirer au parlement ( chambre de Tournelles ) la connaissance des délits de rébellion pour les *restribuer* aux prévôts-généraux des maréchaussées. Le parlement désapprouva cette mesure, qui lui semblait vicieuse dans le fond et dans la forme : il aurait bien voulu s'opposer à la volonté royale; mais craignant qu'une lutte sur ce point amenât la non-punition des coupables, il se soumit aux désirs du monarque, déterminé à revenir plus tard sur cet objet important. Néanmoins il manifesta un tel mécontentement, que le roi, alarmé, ou plutôt que M. de Maurepas se détermina à retirer l'arrêt, mais sans le faire casser par le grand conseil. C'était déjà adopter une marche d'indécision et de faiblesse.

Ce lit de justice fut le premier auquel j'assistai. Cette cérémonie fut précédée d'un grand dîner donné par le parlement, et que présida le maître-d'hôtel de service du roi. J'observai, à part moi, que lorsque le premier président alla aux voix, le prince de Conti, et M. Freteau, parlementaire, furent les seuls à motiver leur avis; les autres opinèrent du bonnet, comme à une chose décidée à l'avance.

Le roi ouvrit la séance en disant :

« Messieurs,

« Les circonstances particulières où je me trouve
« me forcent à sortir des règles ordinaires, et à
« donner plus d'extension à la juridiction prévô-
« tale; je dois et je veux arrêter des brigandages
« qui dégénéreraient bientôt en rébellion. Je désire

« également pourvoir à la subsistance de ma bonne
« ville de Paris et de mon royaume ; et je vous ai
« assemblés pour vous faire connaître mes inten-
« tions à cet égard, que mon garde-des-sceaux va
« vous expliquer. »

Le roi, en parlant ainsi, semblait vivement ému ;
il ne pouvait voir, sans chagrin, la première année de son règne signalée par un soulèvement po-
pulaire : dirai-je même qu'il en avait versé des larmes
devant moi, en prononçant ces paroles touchantes
que j'ai du plaisir à répéter ici.

« Ne suis-je pas bien malheureux d'avoir, dès
mon début, à sévir contre mon peuple, moi qui
voudrais ne travailler qu'à son bonheur ! »

Le garde-des-sceaux parla après le roi. C'était
ensuite le tour du premier président ; mais il garda
le silence. C'est le parti le plus sage quand on n'a
rien de bien à dire, et peut-être était-il dans ce cas.
L'avocat-général imita son exemple : on alla aux
voix ; puis le roi prenant la parole ajouta :

« Messieurs, vous venez d'entendre mes inten-
« tions ; je vous défends de faire aucune remontrance
« qui puisse mettre obstacle à l'exécution de mes
« volontés ; je compte sur votre soumission pour ne
« point entraver ou retarder les mesures que j'ai
« décidées, afin d'éviter à l'avenir les maux qui
« pèsent aujourd'hui sur nous. »

## CHAPITRE XXIII.

La cour des aides et ses remontrances. — Le roi veut y envoyer son frère. — Entrée à Paris. — Discours du comte de Provence à la cour des aides. — Entretien avec le comte d'Artois. — Sacre de Louis XVI. — Funeste présage. — Ce que le comte de Provence voulait répondre. — Mort du comte d'Eu et du prince de Conti. — Naissance du duc d'Angoulême. — La reine décide l'exil du duc de La Vrillière. — Détails à ce sujet. — Portrait de M. de Malesherbes. — Ce qu'apprend le comte de Provence. — Citation à propos.

La cour des aides, supprimée avec le parlement et rétablie à la même époque, avait fait au roi des remontrances dont le conseil apprécia la sagesse. Il fut résolu que Louis XVI répondrait à cette compagnie sur plusieurs points de ses observations, puis qu'un délégué du monarque irait lui faire connaître ses intentions. Je dus à la considération personnelle dont je jouissais d'être choisi pour remplir cette mission honorable pour mon âge.

Je saisis avec empressement cette occasion de me mettre en évidence, et je préparai avec soin ce que j'aurais à dire et à faire dans cette circonstance importante : ce fut le comte de Maurepas qui engagea le roi à m'employer. La reine, à qui S. M. fit part de sa volonté, lui répéta plusieurs fois que j'étais peut-être bien jeune pour mériter tant de confiance.

— Vous vous trompez, répliqua Louis XVI. Monsieur est rempli de prudence et de mesure, et je suis persuadé qu'il s'acquittera convenablement de sa mission.

— Mais ne craignez-vous pas de le mettre en avant? Je lui crois de l'ambition, quoiqu'il cherche à la dissimuler.

Le roi ne fut pas ébranlé par cette dernière observation, plus sérieuse que l'autre; mais l'impression lui en resta.

J'appris plus tard, par M. de Maurepas, les détails de cet entretien, qui me prouvèrent que je n'avais pas le bonheur d'être dans les bonnes graces de ma belle-sœur.

Je reçus ma nomination de commissaire, pour aller représenter sa majesté à la cour des aides le 31 mai 1775. La veille, le roi annonça officiellement les fonctions dont j'étais investi, au président et à deux conseillers de cette compagnie, et ajouta ensuite cette phrase remarquable :

« Vous ne pouvez vous attendre, messieurs, que je réponde sur chaque article des remontrances que vous m'avez adressées; je ferai successivement toutes les réformes que je jugerai nécessaires au bien de l'état ; mais ce ne sera pas l'ouvrage d'un jour, ce sera celui de tout mon règne. »

Le jour indiqué, je partis de Versailles, accompagné du maréchal de Clermont-Tonnerre, de M. d'Aguesseau, doyen des conseillers-d'état, et de M. de Chaumont de la Galaisière, conseiller-d'état. J'étais suivi également des grands officiers de ma maison, et un détachement des gardes-du-corps et des compagnies rouges escortaient ma voiture. J'allais lentement en traversant Paris ; je saluais à droite et à gauche de l'air le plus riant, et ce n'était pas sans satisfaction que j'entendais les complimens adressés à ma personne et à ma contenance, car je dois dire qu'on ne me les ménagea pas.

Je fus reçu à la cour des aides selon le cérémonial d'usage ; et après avoir pris la place qui m'était assignée, je m'adressai à la compagnie en ces termes :

« Messieurs,

« Envoyé par le roi mon frère pour vous faire
« connaître sa volonté, je me trouve heureux d'une
« telle mission. Mon désir est de faire exécuter les
« ordres de S. M., et je suis persuadé que vous n'y
« mettrez nul obstacle. Je suis chargé de vous re-
« mettre de la part du roi un règlement qui prouve
« son estime pour votre compagnie, sentiment que
« je partage, veuillez le croire. Ce réglement doit

« être enregistré sans remontrances ni délai : tel
« est le bon plaisir du roi, mon souverain seigneur
« et le vôtre. »

Voilà mon discours tel que je le prononçai, et non tel qu'on le répandit dans le public. Il déplut à la cour : j'ignore pourquoi, car M. de Maurepas l'avait approuvé; mais la reine était piquée, et je dus subir les conséquences de son mécontentement. Je m'en mis peu en peine, content de l'effet que j'avais produit dans l'assemblée.

La déclaration dont j'étais porteur disait que le roi reconnaissait la légitimité du droit, réclamé par la cour des aides, d'être jugés en matière criminelle par ceux qui siégeaient à cette cour, et notamment par les princes du sang et les pairs de France, membres essentiels de toutes les cours supérieures ; et que, dans le cas où les officiers de la cour des aides suspendraient l'administration de la justice ou donneraient leur démission, par une délibération combinée, et refuseraient de reprendre leurs fonctions au préjudice des ordres de sa majesté, la forfaiture serait jugée par le roi tenant la cour des aides, à laquelle il appellerait les princes du sang, le chancelier, le garde-des-sceaux, les pairs, les gens du conseil et autres, ayant entrée et séance en ladite cour des aides.

M. de Lamoignon-Malesherbes me répondit avec une liberté spartiate que j'admirai, bien qu'elle retombât indirectement sur moi. Je fus moins satisfait du discours de l'avocat-général Bellanger, dont les vains efforts n'échauffèrent pas la froide éloquence.

> La cérémonie faite,
> Chacun s'en fut coucher,

dit la chanson de Malborough. Je me retirai fort empressé d'aller rendre compte à Versailles de ce qui s'était passé à la cour des aides. Le roi m'accabla de questions, et le comte d'Artois me demanda si l'assemblée ne m'avait pas fait peur.

— C'est, répondis-je, comme si vous demandiez à un guerrier s'il a eu peur au feu, car pour moi c'était un de mes champs de bataille.

— Je sais que ces robins sont si intraitables!

— Ils ont la fermeté qui convient à des hommes à caractère, et investis d'importantes fonctions.

— Oh! vous les aimez, parce qu'ils font de la rhétorique. Quant à moi, je hais les philosophes et les raisonneurs.

— On pourrait trouver cette antipathie bien injuste, quand il est vrai de dire que la France voit aujourd'hui la raison et la philosophie assises sur le trône.

Le comte d'Artois n'osant répondre à ce compliment, qui s'adressait au roi, me tourna le dos.

Nous partîmes le 5 juin pour Compiègne, afin de nous rapprocher de Reims, où devait se faire le sacre du roi, le 11 du même mois. Je crois inutile de rappeler les détails de cette auguste cérémonie, qui se trouvent partout; je dirai seulement que j'y représentai le duc d'Aquitaine, premier pair de France, et que Louis XVI, s'étant plaint que la couronne était trop étroite, la quitta, en disant : *Il m'est impossible de la porter.*

Ce fut à cette époque que le comte d'Eu et le prince de Conti s'en allèrent chacun de vie à trépas. Le dernier, infirme et fort âgé, avait depuis long-temps disparu de la cour. Fils du duc du Maine, il n'avait point perpétué cette branche bâtarde de notre maison. Celle du comte de Toulouse s'éteignait aussi dans le duc de Penthièvre. Le comte d'Eu, que sa fausse position rendait timide, et qui craignait toujours de se brouiller avec le roi, se tenait à l'écart et n'avait jamais fait parler de lui : aussi sa mort causa peu de sensation.

Il n'en fut pas ainsi de celle du prince de Conti, contempteur déclaré de la puissance royale. Le feu roi le détestait autant qu'il le craignait; aussi il le tenait éloigné de la cour le plus possible. La mort du prince chagrina beaucoup la marquise de Boufflers, qui depuis longues années faisait les honneurs de l'île Adam, où il passait la plus grande partie de son temps.

La comtesse d'Artois, arrivée au terme d'une heureuse grossesse, accoucha, le 6 août 1775, d'un fils qui prit le titre de duc d'Angoulême. On ne se pressa pas de baptiser le nouveau-né, qui fut seulement ondoyé, selon l'usage observé dans la famille royale.

Le comte de Maurepas avait éprouvé, avant cet événement, une mystification que la reine lui avait préparée de longue main. Je veux parler du renvoi de son beau-frère, le duc de La Vrillière. Celui-ci, méprisé de la France entière, tenait d'autant plus à sa place de secrétaire de la maison du roi, qu'il savait qu'une fois rentré dans la vie privée, il tomberait dans une déconsidération complète. Il avait fallu la puissance du comte de Maurepas pour le soutenir jusqu'alors au poste dont chacun aurait voulu le voir descendre.

La reine se trouvant un jour chez moi avec le Mentor, lui demanda quand le duc de La Vrillière donnerait enfin sa démission. — Je déplore, lui dit-elle avec adresse, qu'il vous soit lié par les nœuds du sang; mais nous ne pouvons résister plus longtemps aux vœux de la nation, qui demande à grands cris son renvoi.

Le roi, enchanté que Marie-Antoinette lui fournît l'occasion de se débarrasser du duc, qu'il ne supportait que parce qu'il n'avait pas la force de le disgracier, dit à son tour au comte de Maurepas :

— Il est vrai que je suis forcé de céder aux sollicitations qui me sont faites de toutes parts. Ainsi le duc de La Vrillière doit songer à se retirer cette semaine : telle est ma volonté, que je vous charge de lui transmettre.

Le comte de Maurepas fut étourdi à ce coup imprévu. Néanmoins, sentant que toute résistance était désormais impossible, il ne chercha plus qu'à entraver la résolution de Louis XVI.

— Mais, sire, dit-il, qui mettrez-vous à sa place? Je ne vois personne, et c'est un point qui demande à être médité.

— Mon choix est fait, répondit le roi, et je me flatte qu'il obtiendra l'approbation publique et la vôtre : c'est M. de Malesherbes, premier président de la cour des aides.

Sa Majesté ne pouvait proposer au Mentor un homme qui lui convînt moins, car c'était celui auquel il aurait songé le dernier pour le nommer ministre de la maison du roi. Il sentait qu'il était impossible que, rapproché autant de sa personne, le monarque ne finît pas par apprécier le mérite de l'ex-président de la cour des aides. M. de Malesherbes joignait aux vertus antiques toute l'amabilité de l'homme du monde. Ce beau caractère était un composé de philosophie et de tolérance, de profondeur et de simplicité; on avait du plaisir à le voir, à l'entendre, à vivre avec lui; il se montrait toujours le même, bon, affable, gracieux, savant sans pédantisme, magistrat sans orgueil, littérateur sans envie. Heureux enfin qui pouvait l'avoir pour ami ou pour ministre; mais, avec toutes ces qualités, il devait obtenir le suffrage de la France et échouer complètement à la cour.

Cependant M. de Maurepas, connaissant le caractère grave et réfléchi du roi, craignait que le nouveau ministre ne devînt une comparaison défavorable pour lui-même dans l'esprit du monarque, et que par suite il ne le supplantât dans sa confiance; mais, en envisageant le mal d'un coup d'œil, il ne voyait nul moyen d'y remédier : force fut donc à lui de s'y soumettre. Le duc de La Vrillière apprit sa disgrace avec une douleur qui abrégea sa carrière. Il vécut encore deux ou trois ans, si je me rappelle bien.

La reine, qui espérait mettre à la place de M. de La Vrillière un protégé de l'abbé de Vermont, désapprouva le choix du roi. Je ne sais si c'est à ce motif que doit être attribué le court séjour que M. de Malesherbes fit au ministère. Dans tous les cas, la nation n'eut qu'à déplorer son renvoi, et ses ennemis auraient pu dire avec Plaute :

*Est etiam ubi profecto damnum prodest facere quam lucrum.*

« Il est telle occasion où il est plus avantageux de perdre
« que de gagner. »

FIN DU TOME PREMIER.

# TABLE DES MATIÈRES

CONTENUES

**DANS LE TOME PREMIER.**

Pages

Chapitre I<sup>er</sup>. — Préambule. — Naissance de l'auguste auteur de ces Mémoires. — Les Enfans de France. — Le gouverneur. — Le précepteur. — MM. de La Vauguyon, Coëtlosquet et Radonvilliers. — Les gentilshommes de la Manche. — Réflexions d'un prince sur les princes. — Le dauphin. — La dauphine. — Leur mort. — La marquise de Pompadour. — La comtesse Dubarry. — Vie des jeunes princes. — Éducation. — Règles de conduite. — Contraste des frères. — Calomnies réfutées. — Louis XVI. . . . 1

Chap. II. — Comment on élève les enfans de France. — Propos du dauphin au duc de Chartres. — De quelle manière il est réparé par son frère cadet. — On rend le comte de Provence suspect au dauphin. — Le duc de Choiseul. — La duchesse de Grammont. — Mot du duc d'Ayen. — Cabales à la cour. — Chute du principal ministre. — Le duc d'Aiguillon. — Portrait de Louis XV. — Ce qu'il pensait et disait de son petit-fils. — Ses frères l'aimaient peu. — Ses filles. — Les tantes des princes. — Le duc d'Orléans. — Le duc de Chartres. — Le prince de Condé. — Le duc de Bourbon. — Le prince de Conti. — Le comte de la Marche. . . . . . . . . . . . 15

Chap. III. — Mariage du dauphin. — Maison de Lorraine. — Marie-Antoinette. — Défauts de ceux qui vivaient dans son intimité. — Motifs de sa colère contre le prince Louis de Rohan. — Négociations à ce sujet. — Portrait de M. Cheney, premier valet de chambre du comte de Provence. — Bonnefoy, son subordonné. — Lecture que le comte de Provence faisait en secret. — Anecdote d'intérieur. — Colère du sieur Cheney. — Ce que lui dit le duc de La Vauguyon. — Première aventure du comte de Provence. — Citation scientifique à ce sujet. . . 28

Chap. IV. — On veut marier le comte de Provence. — Il cherche des renseignemens sur sa fiancée dans l'*Almanach royal*. — Son colloque avec Bonnefoy. — La princesse de Piémont. — Formation de sa maison et de celle du comte de Provence. — Le marquis de Bièvre et le docteur Lieutaud. — Cromot de Fougy. — Intrigues de famille. — L'abbé de Vermont. — Louis XV raconte d'une manière plaisante au comte de Provence sa résolution de le marier. — Les Choiseuls. — Ce qui brouille le comte de Provence avec la dauphine. — On lui donne le régiment de Provence. — Mot du roi à ce sujet. — Ce que dit le comte de Provence et ce qu'on lui fait. . . . . . . . . . . . . . . 41

Chap. V. — Le duc de Bourbon chevalier de l'Ordre. — Sa femme. — Réponse que lui fit Bonaparte. — Le père Hyacinthe Sermet. — Ses piquantes reparties. — Cérémonie du mariage du comte de Provence. — Anecdote à ce sujet. — Impolitesse du dauphin. — La princesse de Piémont témoigne le désir de plaire à son mari. — Détails d'intérieur. — La duchesse de Brancas. — La comtesse de Valentinois. — Comment le comte de Provence et sa femme agissent envers madame Dubarry. — Querelle entre le dauphin, la dauphine et le comte de Provence. — Quelles en sont les suites. . . . . 55

## DES MATIÈRES.

Chap. VI. Mots de Louis XV. — Le comte de Provence partisan de la magistrature Maupeou. — Louis XVIII se refuse, en 1814, à rétablir les parlemens. — Mort du comte de Clermont. — Propos du roi sur ce prince. — Les anciens parlementaires prennent en aversion le comte de Provence. — Vers infâmes contre le roi. — La marquise de R... donne une singulière preuve d'amour à son amant. — Aventures d'un mousquetaire dans un couvent de nonnes. — Scandale qui en résulte. — Les prélats courtisans. — Ce qu'en dit le roi. — Le prince Louis de Rohan à Vienne. . . . . . . . . . . . . . . . 73

Chap. VII. — Motifs des égards que le comte de Provence avait pour madame Dubarry. — Le roi lui en savait gré. — Faveurs qu'il lui accorde. — Il passe en revue son régiment. — Maladie de la comtesse de Provence. — Mutation dans la maison de son mari. — La dauphine se rapproche d'eux. — Anecdote sur la fête donnée à la comtesse de Provence par sa dame d'atours. — Petits différens qui en résultent. — La duchesse de Brancas partage la disgrace du comte de Provence. — La maréchale de Mirepoix. — Elle cause avec le comte de Provence. — Ce dernier cède aux volontés de la favorite par respect pour le roi. . . . . . . . . . . . . . . 84

Chap. VIII. — Le roi accorde de nouvelles grâces à son petit-fils. — Le cardinal de la Roche-Aymon. — Mort du duc de La Vauguyon. — L'ordre de Saint-Lazare. — Le comte de Provence grand-maitre de cet ordre. — Intrigue qui fait nommer le comte d'Artois général des Suisses. — La dauphine s'en mêle. — Maladie du comte de Provence. — Le roi craint le dauphin. — Ce qu'il en dit. — Révélations curieuses. — Retour du prince de Condé et du duc de Bourbon à la cour. — Le dauphin les traite mal. — Malice du comte de Provence à leur égard. —

Pressentiment des malheurs à venir. — Naissance du duc d'Enghien.— Le comte de Lauraguais. . . 100

Chap. IX. — Le duc d'Orléans, gagné par madame de Montesson, revient à la cour. — La favorite veut être reine de France. — Lettre des princes. — Mot du comte de Provence sur cette lettre. — Tabouret de mademoiselle de Rohan. — Scène très vive entre la duchesse de Bourbon et la princesse d'Henin. — Suite de cette esclandre. — Une maîtresse cédée contre une lettre de change. — Dialogue de deux roués de ce temps-là. — Ce que le comte de Provence attend de la postérité. — MM. de Caumont et de Noailles. — La marquise de Talaru. — Le roi et la dauphine. — Elle veut marier à sa guise le comte d'Artois. — Joie du comte de Provence et de sa femme de ce qu'on le marie selon leur désir. — Réflexions. . . . . . . . . . . . . . 112

Chap. X. — Quelques événemens. — Le prince de Lambesc. — La chanoinerie du comte de Provence. — Son jeune frère a moins de savoir que le comte Sinéty. — Fin de la royauté des violons de France. — Guignon, roi détrôné et de mauvaise humeur. — Entrée à Paris du dauphin et de la dauphine. — Premières amours du comte d'Artois. — La chaumière et le pédagogue. — Inauguration du portrait du comte de Provence. — Son entrée à Paris avec la comtesse de Provence. —·Il travaille à plaire à la nation. . . . . . . . . . . . . . . . 125

Chap. XI. — Les Bourbon-Busset. — Maison du comte et de la comtesse d'Artois. — Mort de madame d'Egmont. — Disgrace du comte de Broglie. — Arrivée de la comtesse d'Artois. — Lettre du marquis de Brancas. — Mariage du comte d'Artois. — Plaisanterie du comte de Provence sur le feu d'artifice. — Madame Louise sa tante. — Colloque du roi et du maréchal de Richelieu, sur la mort du marquis de Chauvelin. — Le comte de Provence institué grand-maître de l'ordre de Saint-Lazare.—Le chancelier Maupeou. — Il se rapproche du comte de Provence. — Ils causent ensemble. — Ils sont du même avis. — La dauphine se déclare contre le chancelier. — Ce qu'elle en dit. . . . . . . . . . . . . 139

Chap. XII. — Madame de Montglas et ses deux illustres amans. — Le mari brutal et l'épée sanglante. — Cause de la disgrace du marquis de Monteynard. — Le mariage utile. — Querelle entre le dauphin et le comte d'Artois, à propos d'une contredanse. — Un coup de sifflet payé par un coup de poing. — Le roi désire que le comte de Provence se rende médiateur dans la querelle.— Bon naturel du dauphin. — Sortie contre les princes du sang.—Gluck et Piccini. . . . . . . . . . . . . 154

Chap. XIII. — Concession musicale de madame de Tavannes. — La dauphine à la cour. — Le prince de Beauvau et le comte de Modène parlent au comte de Provence en faveur du duc de Choiseul. — La dauphine vient à leur suite. — Comment ce prince se tire d'embarras.— Le duc de Choiseul lui adresse un mémoire justificatif. — Il en cause avec le dauphin.— Celui-ci, après l'avoir lu, le renvoie à son frère. — Billet qu'il lui écrit à ce sujet. — Désappointement de Marie-Antoinette. — Cette princesse n'aimait pas l'archevêque de Toulouse. — Le duc d'Aiguillon veut apaiser la dauphine. — Il rôde avec le duc de Richelieu autour du comte de Provence. — Sermon célèbre de l'évêque de Senez.— Ce qu'il s'ensuit. . . . . . . . . . . . . 169

Chap. XIV. — Première représentation d'*Iphigénie en Aulide*.— La dauphine cabale pour Gluck. — M. de Sartines en profite.— Approche de la mort du roi. —Situation politique de la France à ce moment.— Conseil donné par Lamartinière. — Partie fine à

TOME I. 28

Trianon. — La jeune fille et la petite-vérole. — Retour à Versailles. — Agitation de la cour. — Conduite héroïque des filles du roi. — Il faut que Louis XV se confesse. — Le comte de Muy. — Ce qu'il dit au dauphin et au comte de Provence. . . 182

CHAP. XV. — Scènes diverses pendant que le roi est sur son lit de mort. — L'archevêque de Paris. — Les évêques de Senlis, de Meaux et de Gap. — On se renvoie la balle. — Le chancelier demande une audience secrète au comte de Provence.—Matière dont ils traitent. — Renvoi de la favorite. — Mot sublime de la dauphine. — Le roi reçoit les sacremens. — On veut donner un guide au monarque futur.—Madame Victoire et M. de Machault. . . . . . . . . 197

CHAP. XVI. — Les ducs d'Aiguillon et de La Vrillière cabalent, en désespoir de cause, en faveur du comte de Maurepas. — Le marquis de Pezay. — Le comte de Maurepas. — Pourquoi madame Adélaïde se déclare en sa faveur. — Mort de Louis XV. — Voyage à Choisy. — Joie du peuple. — Détails. — Age des principaux membres de la famille royale. — Changement de politique. — Amis de la reine. — Suite des intrigues pour le choix d'un premier ministre. — Les choiseuls sont battus. — M. de Maurepas est nommé. — Lettre que Louis XVI lui écrit. — Madame de Maurepas. . . . . . . . . . . . 211

CHAP. XVII. — Arrivée du comte de Maurepas. — Il débute par tromper le roi. — Le duc de Richelieu disgracié en partie. — Incapacité du Mentor royal. — Mot de madame Victoire. — Le prince de Montbarrey. — La princesse de Lamballe. — Première faute de la reine. — La comtesse de Grammont. — Quelques femmes tombées en défaveur. — Chute du duc d'Aiguillon. — Le comte de Vergennes. — Fureur du duc de Choiseul. — Il vient à Versailles. — Propos du roi. — Un parti se forme contre la reine.—Maladresse de Mesdames. — Le chancelier écrit au comte de Provence, relativement au retour présumé de l'ancienne magistrature. . . . . . 222

Chap. XVIII. — Politique du comte de Provence. — Comment il agit envers M. de Maurepas. — Il va chez lui. — Le ministre lui chante une nouvelle chanson de Collé. — Conversation futile. — Le comte de Provence a peine à entamer le sujet du parlement avec le comte de Maurepas. — Le sort de chacun est décidé. — Le comte de Provence écrit un mémoire sur cette matière. — Il en cause avec le roi. — Arrogance des anciens parlementaires. — Prévisions du chancelier. — Service funèbre à Saint-Denis. — Le duc d'Orléans se brouille avec la cour. — Succès du comte de Provence, que ne partage pas le comte d'Artois. — Bonté de Louis XVI. — Avec quelle grace il donne le petit Trianon à la reine. — Comment elle reçoit ce cadeau. . . . . . 238

Chap. XIX. — Caractère de Marie-Antoinette. — Anecdote du marquis de Pontécoulant. — Ce que la reine en dit au comte de Provence. — Madame de Langeac veut se battre en duel. — Levée du scellé royal. — Dispositions testamentaires de Louis XV. — Le roi, le comte et la comtesse d'Artois, et le comte de Provence, se font inoculer. — Mort de madame de Valentinois. — La conduite de la princesse de Monaco irrite le roi.— Conversation du comte de Provence à ce sujet avec Louis XVI. — Désespoir du prince de Condé. — Rudesse du roi à son égard. — Tout s'arrange. — M. de Maurepas et le comte de Provence.— Exil du chancelier.— M. de Miromesnil. — M. de Sartines. — M. Turgot. — Dialogue politique avec la reine. . . . . . . . . . . 252

Chap. XX.— On nuit au comte de Provence dans l'opinion publique. — Voltaire pensait comme lui sur l'ancienne magistrature. — Opinion du comte de

Provence sur Voltaire. — Ennemis de la reine. — *L'Aurore*, libelle contre elle. — Scène très vive entre le roi et la reine. — Le comte de Provence les raccommode. — Histoire de l'abbé de Bourbon. — Vie privée de la famille royale. — L'éventail et les vers. — Le roi croit le comte de Provence savant. — On en profite pour le rendre redoutable. — Le roi n'aimait pas les jeunes gens. — Singularité de l'étiquette. — Le comte de Provence passe mieux la revue d'un régiment que le comte d'Artois. . . . 267

Chap. XXI. — Le duc de Choiseul à Paris. — La reine se plaint déjà des parlemens. — Réponse. — Cause de la défaveur qui s'attache à la reine. — On veut changer le costume des gens de cour. — Ce que le comte de Provence dit au comte d'Artois. — Propos de madame de Marsan. — Le roi se fâche. — L'archiduc Maximilien. — Sa sottise. — Son orgueil. — Querelle à son sujet avec la reine. — Prétention des princes de la maison de Lorraine. — Comment le comte de Maurepas tenait la balance entre le comte d'Artois et le comte de Provence. — La perruque de M. de Montyon. — Fermeté de M. Turgot. — Remontrance du roi à la reine. — Comment le marquis de Pezay faisait son chemin. — De quelle façon la reine apprend la grossesse de la comtesse d'Artois. . . . . . . . . . . . . . . 281

Chap. XXII. — La grossesse de la comtesse d'Artois ne plait pas à tout le monde. — Entrée du comte d'Artois à Paris. — Pourquoi il se brouillait avec le public. — Nomination de sept maréchaux de France. — Plaisanteries sur eux. — Fermeté du comte de Muy. — Bonté de Louis XVI. — Animosité réciproque du marquis de Montesquiou et du comte de Modène. — Mademoiselle Duthé. — Le comte d'Artois et M. de Turgot. — Le roi et la reine mis en jeu à propos d'une fille de joie. — Révolte des

farines. — M. d'Aligre. — Lit de justice à Versailles.
— Discours du roi et détails. . . . . . . . 298
Chap. XXIII. — La cour des aides et ses remontrances. — Le roi veut y envoyer son frère. — Entrée à Paris. — Discours du comte de Provence à la cour des Aides. — Entretien avec le comte d'Artois. — Sacre de Louis XVI. — Funeste présage. — Ce que le comte de Provence voulait répondre. — Mort du comte d'Eu et du prince de Conti. — Naissance du duc d'Angoulême. — La reine décide l'exil du duc de La Vrillière. — Détails à ce sujet. — Portrait de M. de Malesherbes. — Ce qu'apprend le comte de Provence. — Citation à propos. . . . . . . . 308

FIN DE LA TABLE DU TOME PREMIER.

www.ingramcontent.com/pod-product-compliance
Lightning Source LLC
Chambersburg PA
CBHW060403170426
43199CB00013B/1983